二松學舍大学学術叢書

戦後日本の国語教育

――二松學舍に学んだ沖山光の軌跡――

沖山光研究会編

東京学芸大学出版会

緒　言

　この共同研究プロジェクト「沖山光の研究――近代国語教育に遺した足跡――」は、筆者の高校時代の同期生太田由紀夫氏の呼びかけに始まった。実はそれ以前から、当時、二松学舎大学（以下、本学）教職課程の非常勤としてお願いしていた沖山吉和（本務校は玉川大学で教職センター教授であった）講師より、「同じ国語科教育に携わる身としては、二松が沖山光さんについて、このままに捨てておいてはいけないと思う」との御助言は受けていた。因みに沖山講師は同姓で、同郷ではあったが、遠い血縁で直接的には無関係との事であったが、同じ国語科教育を専門としていらした関係から、お会いする都度、そうおっしゃっていたのである。しかし、門外漢の筆者としては手をこまぬくばかりで、どうしたものかと考えていた。呼びかけはその矢先のことであったから、それはまさしく天の啓示であった。太田氏を通じて、沖山光氏の直弟子、全国構造学習研究会研究所長金井里子氏より沖山関係資料（緒言末に掲載）の提供も受け、本学図書館に収蔵される運びとなった。それについては、すでに本学の同窓会組織、松苓会の東京支部報に粗々書いたのでそちらに依るが、なんとも奇しき因縁であり、絶好の機会であった。以下に、その研究会の立ち上げから本書をまとめるまでの経緯を記す。

A「松苓会東京支部報」二〇一〇年一〇月一〇日付第48号掲載

二松人物列伝⑨　沖山　光（上）

構造学習論の提唱者、沖山　光

二松学舎大学文学部国文学科教授　磯　水絵（41期）

最近、三鷹高校時代の友人、太田由紀夫（日野市立日野第四小学校校長）から、専門学校第一回生、沖山光兄について問い合せを受けた。筆者は寡聞にして兄の情報を知らなかった。そこで聞けば、兄は国語教育の諸施策の実現に努力し、国語教育の研究と実践の指導に新生面を開き、後進の育成につとめて、昭和53年には財団法人博報児童教育振興会より、第九回「博報賞」（国語教育部門 東京都 個人）を受賞された方だという。

が、大学の百三十年史等に記述はない。これはいけないと思い、図書館を尋ねてみると、折から、沖山関係資料の収集が大学として開始されるところだと知らされた。本学の広報誌は、「二松学舎で学んだ文化人」として、相変わらず夏目漱石以下の諸氏を挙げる。しかし、指標としてそれは古めかしく、「その後はどうした」ということになる。専門学校一回生から、社会に貢献した本学の先輩たちを掘り起こし、舎史に反映していくべきである。加えて、高校・中学の国語科教員養成に力を入れる本学において、兄は看過できない国語教育の先達である。本学として、そして教えを受けた筆者としては、一回生〈第一部〉からは石川梅次郎先生、〈第二部〉からは金子哲太郎先生を著すべきかも知れない。しかし、今回は本学を巣立ち、国語教育の道を歩まれた沖山光兄に焦点を当てたい。卒業生の大半は学窓を離れて往かれるのである。

その指標とするのは、やはり同様に離れて往かれた方であろう。そうした多くの同窓生の誇りとして、第一に兄を紹介したい。

さて、兄の略歴は、「近代国語教育のあゆみ　3」「構造学習論の提唱と深化――沖山光の人と業績――」に、左記のようにまとめられているが、その間に兄は、戦後国定教科書の編集、国語指導書・全国学力調査問題・「筆順の手びき」の作製に当たるなど、常に初等国語教育の先端にあった。本学は早くその顕彰に当たるべきではないか。

明治38	一九〇五年	5月28日	東京都に生まれる。
大正14	一九二五年	3月20日	東京府青山師範本科第一部卒
同		3月31日	東京市港区桜川小学校訓導
翌	一九二六年	9月30日	早稲田大学文学科講義録の全科を終了
昭和3	一九二八年	3月31日	東京府青山師範学校訓導
同6	一九三一年	3月22日	二松学舎専門学校本科卒業
同21	一九四六年	10月1日	昭和21年度教科書編纂委員嘱託
翌	一九四七年	4月1日	昭和22年度教科書編纂委員嘱託
同		12月6日	文部省教科書局勤務
同24	一九四九年	6月1日	初等中等教育局勤務（教科書局改廃による）
同33	一九五八年	11月10日	初中局教科調査官となる（調査官制施行による）
同39	一九六四年	9月1日	行政職二等級に任ぜられる（筆頭調査官となる）
同41	一九六六年	3月31日	退職（定年退官）

最後に、専門学校当時の兄の詩歌を紹介して稿を閉じる。兄は専門学校第一回昭和5年度卒業〈第二部〉にあった。昭和3年松友会発行『二松』末の「諸規程」「二松学舎専門学校概要」を見ると、「国語漢文中等教員養成機関」二松学舎専門学校学則第一章第三条に、「本校ノ授業ハ第一部第二部ノ二部教授トス」として、「第一部　自午前八時至午後三時／第二部　自午後五時十分至午後九時四十分」とある。兄は青山師範学校の訓導を勤めながら夜学に通っていたことになる。多忙を極めたであろう。が、その中でも、『二松』の「月次詠草」「五月・六月課題」、「二部一年」として和歌二首を、次号の「会員詩欄」に七絶を寄せている。

春雨の今朝《けさ》しもはれて庭の辺《へ》にこぼれて匂ふ山吹の花　山吹

＊静かなる田の面の水にかげ浮けてみづ〳〵しくも生ふる早苗か　早苗

梅蕾芳香三両枝。吟懐閑訪美人姿。黄昏猶未催帰去。一片吟情月独知。　探梅

（＊歌は小渕朝男氏の教示にて補入）

B「松苓会東京支部報」二〇一一年一月一日付第49号掲載

二松人物列伝⑩　沖山　光（下）

構造学習論の提唱者沖山光と言語学者小林英夫

二松学舎大学文学部国文学科教授　磯　水絵（41期）

今回は、構造学習論の創始者沖山光兄と、兄の恩師小林英夫との邂逅について述べてみたい。全国構造学習研究会研究所長金井里子著『人間教育の原点』（悠雲舎　二〇〇八年）の序文中に、次のように見える。

構造学習論の創始者沖山光先生は、理論なき実践は根無し草と強調され、恩師であられる小林英夫博士の言語学を基に、主体の構造化に、『言語』『言』『言語活動』を据えられた。そして、学習の場に、『言語』を基礎学習、『言』を基本学習と定義づけられた。

ここにいう「恩師、小林英夫博士」とは、ソシュールの構造言語学を『言語学原論』として一九二八年に世界に先駆けて翻訳出版した言語学者で、長く東京工業大学教授をつとめた小林英夫博士（一九〇三〜七八年）のことである。しかし、兄の前回紹介した履歴だけでは、その接点が掴めない。そこで、今日びの常としてパソコン検索を試みると、はたして、楽天ブログ中に構造学習研究「小林英夫と沖山光の出会い」という金井氏の連載があり、そこに次のようにあった。

……年月は定かではないが、昭和四年頃だと思う。新聞に「満州帝国大学の教授小林英夫博士帰国」と報道された。この記事に釘付けとなった沖山は、単身、意を強固に、小林の自宅を尋ねた。そしてあの『言語学原論』を借りた。慎重に書写を始めた。ところが約束の期限に間に合わず、仕方なく返すことになった。（後略）

この前後の文章はおもしろいから、ぜひ、読んでいただきたいが、この一節からすると、その出会いは「昭和四年（一九二九）頃」と見える。その後、兄は東京の国語界で活躍する研究者を募って、小林博士に言語学論を教授してもらうことになるというのだが、それを小林側の記述（『小林英夫著作集10　随想』「想い出の新村出博士」みすず書房　一九七七年）に確認すると、『言語学原論』が印刷されたのは、博士が東京帝国大学言語学科を卒業する昭和二（一九二七）年のことで、それは翌三年正月に発刊されて、同年二月初旬に東京朝日新聞書評欄に新村出の紹介文が掲載されることになる。また、先に金井氏が「満州帝大」としているのは「京城帝国大学」の誤りと見えて、博士がそこに法学部専任講師として赴任するのが同四年。以来「終戦の年まで足かけ一七年間教鞭をとり東京に引き上げた」とある。すると、帰国は昭和二〇（一九四五）年ということになろうと思う。

したがって、兄と小林の昭和四年の出会い、勉強会の立ち上げには無理がある。そこで、これと沖山兄の前回紹介した年譜を摺り合わせてみる。

兄は一九〇五年の生れで、小林より二歳下。昭和四年当時には東京府青山師範学校の訓導を勤めながら二松学舎専門学校本科第二部に通っていたことになる。勤労学生であり、当時はすでに満二四歳であるが、発刊間もない『言語学原論』を理解しようとするには、未だ、土壌が充分に耕されているとは思われない。したがって、小林との出会いは、やはり戦後と見るべきかと思う。小林の帰国が二〇年で、翌年一〇月に兄は同年度の教科書編纂委員嘱託になる。その前年あたりのことと見るべきではないか。その小林との出会いがそれ以後の兄の道を拓いたと見ると辻褄が合う。小林との出会いなくして、兄のその後の道が拓けようはずもないように思う。貪欲な探究心、積極性に快哉を叫びたい。

こうしたＡＢ二篇の人物伝を、「松苓会東京支部報」に掲載し、冒頭に著したような状況から、学内にも資料が揃い、沖山兄を顕彰する機は熟したように感じた。そこで、学内の榎本善紀本学教職支援センター特別招聘教授と小渕朝男同センター教授を誘い、平成二六（二〇一四）年度東アジア学術総合研究所共同研究プロジェクトに、『沖山光の研究——近代国語教育に遺した足跡——』

と題して応募したのであった。

二

採択されたそのプロジェクトの第一回会合は、平成二六年七月七日（月）午後二時、二松學舍大学九段校舎九階九一四研究室において開かれた。出席者は、本学から筆者と榎本善紀特別招聘教授の二名（この日、小渕朝男教授は欠席）、加えて外部から太田由紀夫日野第四小学校校長と樋田明全国構造学習研究会常任講師の二名の計四名で、これに助手として、国語科教員を志望する本学大学院生畠山千春が加わった。

その席上で話し合われたことは、当時の議事録によると、主に次のような事であった。

一、今後の進め方

・三年後には五人で各章を分担し、評伝『沖山光』（仮称）を執筆する。本年度はそのための準備期間とする。
・その間に、太田氏と磯で沖山家を訪問し、遺族の知る沖山をリサーチする。
・榎本氏は、沖山の著作の序跋中に評伝の資料を渉猟し、さらに小渕氏と共に実験学校・教科書調査官時代について調査する。
・一二月八日（月）午前一〇時四〇分より、中間報告会を開く。
・来年二月七日（土）にワークショップを開き、本学の教職員、学生が沖山光を知る機会とする。

二、研究会・ワークショップについて

・年一度の割合でワークショップを開催し、第一回には磯と樋田氏が登壇し、磯は沖山の本学における姿を、樋田氏はその時に伝えたいこと（できれば、二松に入塾するまでの経緯）を中心に解説する。第二回目は太田氏と榎本、小渕両氏のいずれかが登壇する。第三回目は榎本、小渕両氏のいずれかとゲストが登壇する。

三、研究の公開・出版について

・三年後の出版を目指す。

仮構成　仮題	担当
第一章　生い立ち（青山師範入学まで）	磯
第二章　青山師範から二松学舎専門学校入学まで――小学校訓導時代――	榎本か小渕
第三章　教科書編纂委員として――最後の国定教科書――	榎本か小渕
第四章　その後の沖山	太田か樋田
第五章　構造学習論の提唱	太田か樋田
付録一：沖山家における父、祖父「光」	磯・太田
付録二：弟子金井里子氏に聞く「沖山光」	磯・太田

四、その他

・出版までに、あらゆる媒体に沖山光について文章を寄せ、沖山についての周知を図っていく。

・沖山の関わった国定教科書等を調査する。

（文責　磯）

さて、右の計画に一週間遅れ、二〇一五年二月一四日（土）に、東アジア学術総合研究所 共同研究プロジェクト沖山光研究会企画ワークショップ『沖山光――近代国語教育に遺した足跡――』第一回が、九段校舎一号館二階二〇一教室において開催された。

プログラムは次のとおりで、司会は榎本善紀教授が担当した。

講演一　二松学舎専門学校時代の沖山光　　磯　水絵

講演二　沖山光と構造学習論の創造　　樋田　明

講演一においては、筆者が先の「東京支部報」に著した二篇の記録に加えて、その後蒐集した二、三の資料を紹介し、本学の学生たちがおそらく初めて接する沖山光について解説し、樋田氏の講演に繋げた。

C『国語教育研究大辞典』（国語教育研究所編　明治図書出版株式会社　一九八八年刊）

沖山光　おきやまひかる　一九〇五（明治三八）年【～九〇（平成二）】構造学習研究所長。東京都八丈島生まれ。大正十四年青山師範学校本科第一部卒業。昭和六年二松学舎専門学校本科卒業。

東京市港区桜川小学校訓導を振り出しに青山師範学校附属小学校訓導として十八年勤め、昭和二十一年文部省入省。石森延男監修官を助け、戦後の国定国語科教科書『おはなをかざるみんないいこ読本』の編集に尽力。以来、教科調査官として、国語科学習指導要領同指導書の作成をはじめ、各種学力調査の実施、実験学校の研究指導、『初等教育資料』の編集等、文部省指導教育行政に献身的に努め、戦後国語教育の基盤を確立した。

特筆すべきは、昭和二十六年漢字習得状況調査に当たり、問題作成、採点と一人で背負い学年配当の科学的根拠の道を開いたこと、ひら仮名からの学習開始の定着を図ったこと、「筆順の手引き」を作成し、乱れ気味だった筆順の標準化を図ったこと、国語科をはじめ各教科の時間配当の適正化に努めたことである。

月給の大半は書籍代に当てるという読書家で、国語教育はもとより、教育学、心理学、哲学、文学、言語学、宗教、経営学、社会学等領域は広く学際的である。はじめの一冊にはあらゆるところに朱書きをするが、間をおいて二冊目を求め読書する方法をよく用いる。二冊目の朱に影響を受ける読書では、学問の純粋性、生産性がないという信念からで、極めて自己に厳しい形をとる。

国語科教育の改善、中んずく読解の在り方について思索すること十年、遂に「構造的読解」の理論を構築し実践研究を精力的に展開した。

文章は「思考の所産であり、意味の構造体である」という規定は、極めて画期的で、研究者、実践者の注目を集めた。文章を理解するという行為は、「君語り、我れ聞く」ということであり、「書き手と呼応すること」であるという考え方を強調している。国語科は「理解にしても表現にしても、人間関係に立つ言語機能発揮」という本質に即して実践されるべきものであり、その過程は、「意味構造に即した構造的思考の過程」をたどると主張している。この理論は、静岡・新居小、和歌山・妙寺小、神奈川・山王小、福岡・上頓野小、兵庫・精道小、東京・調布二小、千葉・鷺沼小、青森・三戸北小等各地で実践され注目すべき成果をあげた。

昭和三十三年四月、明治図書から、『意味構造に立つ読解指導』を著して以来、『目的論に立つ読解指導』『文章機能に立つ読解指導』、『国語教育の構造と思考』(全5巻)、『処理能力に着目した国語科指導の改善』を第1巻とする『構造学習シリーズ　全5巻』を著すなど一連の編著は、四十余冊に及ぶ。〈若尾　忠〉

D『茯苓二松学舎専門学校第一期卒業生回想録』第一号（一九八一年　二松学舎松苓会）

敗戦の焼土の中に灯火を

沖山　光

全面講和という敗戦の厳しさに打ちのめされて、国民は暗黒世界にさまようみじめさ。この地獄の苦しみから、いかにして立ち上がるか。誰にもその成算はない。私は敗戦の翌二十一年四月に文部省の教科書から一枚の辞令を受け取った。辞令といっても、ワラ半紙半切のもの、一度使った用紙の裏がわに謄写刷りといった、今の人には想像もできないおそまつなものである。アメリカ軍の占領下にあっては、官庁といえども、用紙一枚満足には使えない窮乏のどん底にあったことが、この一事によく現われている。

「教科書編修嘱託」という内容の辞令である。東京教育大学、お茶の水女子大、東京第一師範男子部の附属学校から国語主任が招集された。国語の監修官は石森延男氏を除いて、数名の方が戦争協力者という判定のもとに、すべてその職を解かれている。もちろん、アメリカ民間情報局の査定である。

残された監修官補の人々と私以下三名の嘱託と合わせて十二、三名。これだけの人員で、二十三年四月の新学期に間に合うように、国語教科書を完成せよとのアメリカ軍の命令である。

しかも小、中、高校の国語教科書を同時に新学期に間に合わせよとの厳命である。これは至上命令であって否という語は許されない。石森主任以下十二、三名の者が一人一役それぞれの使命を完遂させなければならない。私の分担は次のごときものであった。

1．選ばれた教材（アメリカ軍のＯＫを得たもの）を、ひらがな漢字まじりの、新かなづかいの表記に改める。

2．八八一字の教育漢字を学年に配当し、その漢字を使っての表記にする。

これがそのまま印刷原稿となるので、原稿用紙に一ますずつ正書していく。しかも、既出漢字は、すべて使用しなければならない。小学校教科書は、すべてで十五冊に分冊されているので、十五冊の教科書を書き続けたのである。帰宅しても洋服を脱ぐひまもない。洋服を着たまま、疲れればごろ寝、目覚めれば原稿用紙に向かうという日が何日も続いた。しかも、教科書になる原案は、石森主任と私だけが持っている。紛失は許されない。戦後の最悪の交通事情、もしものことがあればと思い、遺言状を認め、これに、この原稿は日本の子どもの心に灯火をともすべき教科書の重要書類である由を書き、もしも交通事故等の場合には、即刻文部省の教科書局に届けてほしい旨を書いておいた。

この教科書編修の劇務のためと、食糧事情最悪のため、また、冬でも暖房などという気のきいたものはない。冷え切った焼残りのビルの中で、外とうのえりをかき合わせ、足をふみつけなどして仕事を続行した。

その間、よび出されれば、いつでも民間情報局の担当官と面談しなければならない。アメリカ側も、教育担当官は知名の学者で、みな博士号を持っている人たちであった。世俗に伝えられるように、上からの押しつけではないが、お互いに人情風俗、習慣の違いなどで、会議が合意に達する事は容易なことではなかった。当方から差し出す教材の原案は必ず英文を添えて出すので、その手間も二重三重である。アメリカ側は、いささかなりとも、軍国的な思想のもの、マルキシズム的な匂いのあるものは、教材から排除した。

教科書の編修が終りに近くなるころ、「学習指導要領」（これは当時の教材調査課の青木誠四郎課長の訳と記憶している）を作れとの命令が出た。ところが、これまで「学習指導要領」なるものを見たことも聞いたこともない。あわてて、アメリカの代表的と言われるものを和訳し、それをもとに日本の教育事情に合わせて作られたものが最初の試案とよばれるものである。当時のこれらの苦労を知る者は、今日の文部省には一人もいない。

以下は個条書きに記すに止める。

1．二十六年ころのことであった。山本有三議員の文部大臣との対決に、教科書をかたかなから開始せよとせまられた問題がある。二ヵ年の全国調査によって、かたかな、ひらがないずれから始めても、子どもの習得事情には変りがない事実を示し、現状に落ちつかせた。

2．義務教育期間中の漢字の習得事情の全国調査を行い、その集計、解釈等に三ヵ年を費し、漢字の難易度、学年配当の科学性をつきとめた。

3．漢字の筆順の制定

4．文章読解力の調査並びに実験学校を設けての、その学習指導を三ヵ年指導し、文章読解指導の盲点を指摘し、その改善をはかった。

（首席教科調査官を定年退官）

E　参考『茯苓二松学舎大学　第21回～第26回　卒業生回想録』

（二〇〇八年　二松学舎松苓会）

第二十五回卒業生鴻上信彦「二松学舎との縁に感謝」より抜粋

文部省学力テスト開始の頃となり、行政に転勤させられ現場を離れて教師の指導に明け暮れする毎日に激変しました。読解力が厳しく取り沙汰されていた頃で、「沖山式読解指導法」が全国的に風靡していた時、二松学舎卒の沖山文部省教科調査官に直接新居浜にお招きし指導を受けました。マスコミ等で悪評だった通称「文テ」でしたが、愛媛全国一位、香川は二位でした。沖山先輩の指導は、学習指導要領を熟読することを、自己の指導と照合し、手抜かりがないか反省しつつ指導するという極めて平凡なことを諭された事が忘れられません。当たり前のことを当たり前になすこと、この真理を思い知らされた様に思います。後に指導課長に昇進しても、この指針に従い無事に職責を果たすことができました。

（前愛媛県支部長）

F　参考　二〇一五／一／一四、歌会始の儀：「本」を題に

入撰歌

おさがりの本を持つ子はもたぬ子に見せて戦後の授業はじまる

吉楽正雄（新潟・77歳）

今、筆者はこれらの文章にくどくどと解説しようとは思わない。しかし、戦後初の、そして最後の国語の国定教科書に二松学舎の先輩が大きく関わっておられたという事実には感激を隠せない

し、国漢の二松の面目躍如といった感を強くする。太田・樋田両氏は沖山兄の構造学習論の研究者であり、提唱者であるから、ともすると兄の後半生に焦点を当てるが、筆者の興味はDの兄自身による述懐の部分にある。一度の人生のどこに本懐があったのかは他人の判断するところではないが、二松の同窓として、戦後の国定教科書に携わり、筆順を決定した兄の営みが、その後の国語教育、ひらがなのあり方に非常な影響を与えた事実には、とにかく身震いする。

次に、樋田氏の講演二の要旨を記すが、氏は中央大学大学院博士課程（前期）の修士論文に沖山光の伝記研究を取り上げた、この道の先駆者的存在で、東京都の公立小学校長から、明星大学教育学部の非常勤講師を勤められた方で、現在は全国構造学習研究会の常任講師である。したがって、構造学習の普及が氏の研究の原動力となっているから、自ずと二松側の三人とは、色合いが異なる。が、それはそれで互いに互いの見解を、尊重しながら、この研究を推進していくこととした。

さて、氏は講演二を、次のような流れで進められた。

一　教師への呼びかけ
二　学習論創造への芽生え
三　構造的読解の提唱と確立のプロセス（具体操作を含めて）
四　今日的課題との接点

内容については、そのチラシの要旨を転載して報告に替える。

講演二の要旨から

沖山光と構造学習論の創造

今日、学習の方法に関する理論や実践研究は多岐に渡っていますが、ここでとり上げる構造学習論もその中の一つです。本学出身者である沖山光が文部省教科調査官だった昭和三三年に『意味構造に立つ読解指導』(明治図書出版)を著し、構造的読解指導という方法を提唱しました。

この国語科における「構造的読解」指導は、いわゆる「沖山方式」と呼ばれ、昭和三〇年代の教育現場に一大読解ブームを巻き起こしたと言われています。その方法の根底にあったのは、文章に即して意味構造をとらえ、書き手の表現意図を読みとることですが、それと併せて学習者が自ら思考操作をすることによる「ひとり歩き」の学習のプロセスに重点が置かれていることに大きな特徴がありました。

後に構造思考トレーニングを位置づけることにより、文章の読解だけでなく各教科・領域の学習活動の方法につながる構造学習論として展開されるようになります。

主体的に学ぶことは、今日も重要な教育課題の一つであり、沖山の学習論から学ぶ意味は深くて大きいものがあると考えます。

なお、この日は、この後に席をかえて、市ケ谷駅近くのアルカディア市ケ谷で当日の参会者も交えて反省会を行った。

三

二〇一五年度は、沖山光兄の伝記の出版にあたって、一年目に分担した担当部分を執筆するのが各自の課題であった。したがって、特にそのための会合は行なわずに、責任者である筆者と、外部研究者の太田が内外の連絡を取り合い、分担執筆における矛盾等を正すことをした。と同時に、沖山関係の写真等の収集を行なった。また、兄の校正まで漕ぎ付けながら未完に終わった著書『低学年における 総合的取扱の研究』を、大学院生鈴木和大をまとめ役として、国語教員を目指す磯ゼミナールの三年生に、兄の朱字の校正のとおりに入力してもらうことをした。それは、兄の生活科方面の当時としては先進的著作であった。

二〇一六年二月六日（土）には、共同研究プロジェクト沖山光研究会企画ワークショップ『沖山光――近代国語教育に遺した足跡――』第二回を、九段校舎一号館二〇一教室において開催した。

プログラムは次のとおりで、司会は小渕朝男教授が担当した。

報告一　沖山光と戦後国語教育政策　榎本　善紀

報告二　沖山光の教育思想　太田由紀夫

内容については、これもチラシの要旨を転載して報告に替える。

報告一の要旨から

沖山光と戦後国語教育政策

戦後日本の教育はＧＨＱの指導の下にスタートした。沖山光が文部省に勤務した昭和二〇～三〇年代の国語教育政策を概観する。

特に、第六期国定教科書「みんないいこ読本」の編集、第一期学習指導要領（昭和二三年）の作成を中心に考察するとともに、文部省初等教育実験学校における読解指導研究から構造的読解指導へと発展していく過程を展望する。

報告二の要旨から

沖山光の教育思想

沖山光の構造学習論は、いかにして成立したのか、子ども主体の国語教育をいかに創造していったのか、その軌跡を追います。

青山師範学校四年生のときに著した『創作ノート』なる手記、若干三〇歳、青山師範学校訓導時代に著した『一点凝視の読み方教育』、そして、翌年研究主任としてまとめ上げた未完の著『低学年における総合的取扱の研究』を基に、沖山光の教育思想を明らかにしていきます。

この日も、アルカディア市ケ谷で反省会を行ったが、二年目ともなると、外部の構造学習研究者と本学教員との間における兄への眼差しや、構造学習に対する見解の相違が明確になってきたが、それはやむを得ないことであった。兄の伝記を一書にまとめるに際しては、そこのところを留意しなければならないと、各自認識したことである。

四

さて、二〇一六年度は、プロジェクトの最終年ということで、五月一〇日（火）一〇時から研究会を実施し、榎本教授等の報告を伺うとともに、伝記出版に関する最終的な意見調整を行い、記名執筆を確認した。そして、最後のワークショップは、翌年の一四〇周年を記念した出版イベントに呼応して、折から提供を受けた三省堂書店神保町本店において行うこととした。沖山兄を世に知らしめる好機と判断してのことである。

二〇一七年三月一一日（土）午後二時から三回目のワークショップを三省堂書店神保町本店八階のイベントスペースに実施した。大学の行事が重なり、参会者は三回目にして一番少なかったのは残念であったが、同所における二松学舎大学お宝展の一角に沖山関係書籍や卒業アルバム、写真パネルを公開できたことは、「二松学舎専門学校出身の教育者・沖山光」の知名度を上げ、浸透させるのに大いに寄与したものである。

なお、ワークショップのプログラムは次のとおりであった。

報告一　大正期自由教育運動の背景と原理　樋田明
報告二　沖山光と大正期の合科学習　太田由紀夫
講演　沖山光と大正自由教育　小渕朝男

そして、報告一においては、大正期の「自由教育」は、沖山光が東京府青山師範学校に入学した一九二一（大正一〇）年前後を頂点として、大正から昭和初期にかけて教育現場に大きな影響を与えた新教育運動であったこと。それが、折からの大正デモクラシーの風潮の中で、各地の師範学校付属小学校や私立小学校において、欧米の新しい児童観や教育方法観に基づき、先進的なこころみが展開されたこと。その中で沖山も自らの教育理念と重ね合わせてその実践に打ち込んだこと等が報告された。

また、報告二においては、一九三六（昭和一一）年に沖山が著した未完の書『低学年における総合的取扱の研究』成立の社会的背景とその教育原理、実施された内容と、現在の生活科との共通性、及びその相違点についてが報告され、それを通じて、古くて新しい「主体的な知識獲得型教育と伝統的な知識教授型教育との相克、あるいは調和」についての問題提起がなされた。

最後の講演は、研究会員の中で最後の登壇となった小渕教授に依るもので、先の二人の報告を受け、大正時代の自由教育についてが、左記の資料を駆使して講じられた。

資料一　日本における自由教育関連年表
資料二　樋口勘次郎のヘルバルト派教育学への批判
資料三　北原白秋の学校批判
資料四　沖山光の年譜
資料五　沖山光の主な著作
資料六　沖山光『低学年における 総合的取扱の研究』の目次
資料七　沖山光『低学年における 総合的取扱の研究』抜粋
資料八　児童観変遷の表

その内容はおおむね次のとおりで、兄が遺した資料からそれを探っていくものであった。

大正時代は、師範学校付属小学校や先進的な公立小学校において、それまでの形式的な授業のあり方を改革する動きが一斉に広がり出した時期で、海外の教育思潮からの影響も受けつつ、学校現場の教師たちが教育実践者として専門的な探求精神を旺盛に発揮し始めた時期で、その運動が大正自由教育であった。一九二五（大正一四）年に青山師範学校を卒業し、小学校教師となった沖山は、そうした同時代の新教育の動向を注意深く研究していた教師の一人であったが、一九三五（昭和一〇）年、沖山は同時代の実験学校等の動向を紹介するとともに、自らの勤務校である青山師範学校付属小学校における低学年教科の総合的取扱について報告書を刊行しようと試みる。その未完の書には、沖山が大正新教育からどのような影響を受け、どういう教育観・児童観を抱いていたかが語られている。戦後、沖山は文部省で教育行政に携わり、国語科教育の指導者となっていくが、沖山だけでなく、戦後日本の新しい教育の創出を担った世代には、大正自由教育の教育観や児童観の中で、自らの教育論を形成していった者が少なくない。大正自由教育とは何であったのか、沖山はその中で何を学んでいったのか。とりわけ、子どもという存在をどう捉え、「指導する」・「教育する」という営みをどういうものと考えるようになったのかを探っていく。

その後、三省堂の地下に場所を移して、研究会員による反省会に移ったが、その集まりでは忌憚のない意見が取り交わされ、非常に有意義なものであった。

長々と述べてきたが、以上が研究会の営為である。上梓が少し遅れたのは、ひとえに筆者の責任であるが、一四〇周年というこの時に、専門学校の第一期生であり、国語科教員の先駆者である沖山光兄の伝記を何とかまとめることができた。うれしいことである。

磯　水絵

二〇一七年一〇月一〇日

付　＊当時、二松学舎附属図書館に寄贈された沖山光関係資料一覧

Ⅰ　著書

『読解力向上の理論と実践』　金沢書店　一九五七年
『意味構造に立つ読解指導』　明治図書　一九五八年
『目的論に立つ読解指導』　明治図書　一九六〇年
『読解における生産的思考』　明治図書　一九六二年
『読解と構造的思考　思考の原理と方法』　新光閣書店　一九六二年
『文章機能に立つ読解指導』　明治図書　一九六二年
『読解能力開発への道』　新光閣書店　一九六三年
『学習過程の構造とトレーニング』　新光閣書店　一九六五年
『読解指導の原理と方法　構造的読解の基礎理論』　新光閣書店　一九六五年
『小学校国語科基本的事項の指導　学習指導要領の構造的解明』　明治図書　一九六六年
『構造国語教育入門』　新光閣書店　一九六九年
『構造思考トレーニング』　明治図書　一九七〇年
『読解のつまずきとその指導』　新光閣書店　一九七〇年

『表現学習における構造思考』　新光閣書店　一九七一年
『人間教育の原点』　不二書房　一九七二年
『形象理論と構造学習論』　明治図書　一九七三年
『人間変革の学習論』　不二書房　一九七七年

Ⅱ　共著

『言語教育と言語教材』（新国語教育大系5）　金子書房　一九五〇年
『教科における思考と構造　国語・社会・算数・理科』　東洋館出版　一九六六年
『教科における思考と構造・その発展』　東洋館出版　一九七三年

Ⅲ　編著

『読解の基本的学習構造』　明治図書　一九六四年
『講座・国語教育の構造と思考』1～5　明治図書　一九六七―六九年
『思考過程の分析と評価　理解・表現・思考能力開発のために』　新光閣書店　一九六九年
『読解のひとり歩き』　明治図書　一九六九年
『教科における思考学習の開発』　新光閣書店　一九七〇年
『ひとり歩きと磨き合い学習』　明治図書　一九七四年
『処理能力に着目した国語科指導の改善』（構造学習シリーズ1）　明治図書　一九七四年
『国語科指導の基本と基礎』（構造学習シリーズ2）　明治図書　一九七五年
『低学年における読むことの基本的指導』（構造学習シリーズ3）　明治図書　一九七六年
『中学年における確かな読みの指導』（構造学習シリーズ4）　明治図書　一九七六年

『高学年における開かれた読みの指導』（構造学習シリーズ5）　明治図書　一九七七年

Ⅳ　雑誌・論文・記事ほか

『読むことの系統指導　理解訓練から読書指導まで』　新光閣書店　一九七二年

（作成、二松学舎大学大学院後期課程一年　鈴木和大。協力　二松学舎大学附属図書館）

（磯　水絵）

目　次

第一章　教師を目指す

一　沖山光の幼年時代

（一）　生い立ち

沖山光は、明治三八（一九〇五）年五月二八日、八丈島大賀郷において、父沖山順作、母みつとの間に一人息子として生まれ、明治四五年八丈島大賀郷村立尋常小学校第一学年に入学した。

八丈島は、明治一一年、静岡県から東京府に移管以来、今日に及んでいる大賀郷村は、八丈本島の中心部にあり、経済活動の中心地である。

沖山が自分の生い立ちについての記憶を『読解能力開発への道』（新光閣書店、一九六三）に記しているので、引用する（五〇頁）。

父は小学校の教師で、当時東京府豊多摩郡（現在の渋谷区）の臨川小学校に職を奉じて、わたしとは別居していた。わたしは小学校一年を修了するまで、八丈島に育った。父は沖山家へのむこ養子である。父の実家は、八丈島に三軒あった浮田秀家の直系の一つである。

八丈島には、浮田と喜田の二つの姓があり、浮田と名乗る家とはあまり交渉はなかったが、他の二軒は喜田と名乗る家で、互いに親族づきあいをしていた。喜田の姓は、もと宇喜田と書いていた。徳川の時代に、江戸（現在の板橋区）に土地を与えるから江戸に上れとの命があったにもかかわらず、豊臣に刃を向けた徳川の禄はいらぬとその命に従わなかった。そのことが代官の怒りに触れ、宇喜田の「宇」の字を削られ、喜田と称するようになったと父から聞かされている。この話は、まんざら作り話でもなさそうである。現に板橋区に浮田という地名が残っているし、父方の墓は秀家の墓所と隣り合っている。父方の紋所は五三の桐である。

小学校に入学以前の幼時、畑に出かけるおとなが、わたしが通るとわざわざ道をゆずり、ほおかむりの手拭を取って立ちどまり、「おでかけですか」といった、ていねいなことばをかけてくれたのも、一つには、浮田家に対する作法であったのであろう。わたしは、ほとんど一日を父方の家ですごした。わたしの今日あるは幼時における喜田家の祖父母、特に祖母の感化によるものである。わたしに読書の喜び、いかなる権威にも屈しない節操というものを植えつけたのも、この祖母である。

この「いかなる権威にも屈しない」ということについて同書は次のようなエピソードを紹介している。

国語の授業でいまだに印象に刻まれていることは、黒表紙の国定読本でのある学習の場面である。その教材は、

ヒゴヒガ　ヰマス。
一ピキ　ニヒキ　三ビキ　四ヒキ　五ヒキ　六ピキ　七ヒキ　ハヒキ　九ヒキ　十ピキ十ピキ　ヰマス。（表記ママ）

というのである。担任の先生は男の先生であった。その先生の名は記憶していない。わたしを指名して、板書の「ヒゴヒ」をむちで指し、これを読めというのである。わたしは立ちあがって、文字どおり「ヒゴヒ」と発音した。先生は「ヒゴ　イ」と発音し、板書を指してわたしに読ませる。こうしたことが十数回くりかえされた。わたしはあくまで文字どおりに「ヒゴヒ」と発音し、「ヒゴイ」とは発音しなかったのである。「ヒゴヒ」と書いてあるのを、先生が「ヒゴイ」と読むのは誤りで、わたしの読んでいるのが正しいのだといって、何回「先生のように読め」と言われても、それに従わなかったのである。学校は正しいことを教えるところで「ヒ」を「イ」と読めといわれていることが、子ども心には、なっとくがいかないのである。

と、頑固な一面を持っていた。

沖山が八丈島から東京に転居したのは、小学校二年生の時であったが、郷里の八丈島との関係は戦後も続いていたようである。『石森延男国語教育選集第二巻』の「解説編」（五〇〇頁）に、昭和二一年石森延男監修官を援け最後の国定教科書の編集を手がけていた時の一コマにそのことがわかる記述があるので紹介する。

文部省で弁当箱をあけて食事。石森先生の弁当は、青豆ごはん。といっても、すべて配給という割りあての米であるから、豆の中にごはんが散らばっているおそまつなもの。私のは、八丈島のさつま芋。当時、食堂という気のきいたものはない。それでも食べる物があるというのは、大きな救いである。食べられさえすれば、何でもよい。これが占領下の生活である。

沖山の母のみつは五人姉妹の長女で、長女だったので家事などに時間を取られ、学校にもろくに行けず、字を読むことができなかったそうである。しかし、大変活動的で教育熱心な母だったようである。その片鱗がうかがえるのは、東京渋谷の美竹町にいた八丈島出身の親戚筋に土地と家を借り、一家で八丈島を出ているのである。一人息子の光に十分な教育を受けさせたかったのであろう。

光が大賀郷尋常小学校一年生修了の時であった。沖山は父の奉職していた東京府多摩郡渋谷町の臨川尋常小学校に転入学し、ここを卒業した。

当時、尋常小学校を卒業した児童は、旧制中学校に進学し、大学に進学していくか、高等小学校に進学して、その後就職していった。また、あまり裕福ではないが成績が優秀な児童は、授業料が免除される師範学校に進むことができた。

光は、父の勧めと母の熱意に立派に答え、当時難関であった、青山師範学校附属小学校高等科に合格し、大正八（一九一九）年に一五歳で卒業している。この附属小学校高等科は、高等小学校と同じであった。今でいう中学校である。

しかし、義務教育期間は尋常小学校六年間だったので、高等小学校の二年間は義務ではなく、授業料を必要としたので高等小学校への進学者はあまり多くなかったようである。

沖山家に収蔵されていた写真から光の在籍した青山師範附属小学校高等科の同級生は六人であった。そのうち三人が東京府青山師範学校に入学している。

「たった６人のクラス」という書き込みあり。
大正九年青山師範附属高等小学校卒業の折　一五歳（かぞえ）

（二） 青山師範学校時代

青山師範学校への入学の資格は、明治四一（一九〇八）年の師範学校規定により、高等小学校三年修了程度、または、予備科修了となった。なお、定員は八〇名で本科一学年の定員と同数とされ、入学志願者の資格条項にあった高等小学校卒業生の入学試験も行われていた。

そこで、光は、大正九（一九二〇）年（数え年一五歳）で青山師範学校予備科を受験し、一年間の予備科を修了し、大正一一年四月に青山師範学校本科第一部にそのまま進学し、父と同じ道を歩んでいった。光一六歳であった（なお、予備科在学者は私費であった）。

当時の師範学校本科一部への入学は予備科試験の結果で決まっていた。一部生の入学人数は、資料によると一五〇名、予備科の定員と同じであった。光は、難関を突破する学力があり、成績優秀であった。

コラム

大正九（一九二〇）年、青山師範学校では、新たに「通学規定」が制定せられた。本人及び保証人の希望よって、本科第一部三年以上の者は自宅「又ハ之ニ準ズベキ場所」より、本科第一部第二学年以下の生徒は自宅より通学できるとし、（略）一九二〇年の調査では本科生二九六人中通学者一人、予備科生七四人は全員寄宿舎であった（『東京学芸大学五十年史（通史編）』四一九―四二〇頁）[1]

光は、一七歳から二〇歳までの青山師範学校の四年間、自宅より通学していた。当時の師範学生は予備科生も含め、ほぼ全員が寄宿舎から通学していることを考えると、沖山家の生活は豊かになっていたようである。

青山師範学校での学生生活を彷彿と浮かび上がらせるのは、大正一四年二月、四年生の時に指導教官に提出し

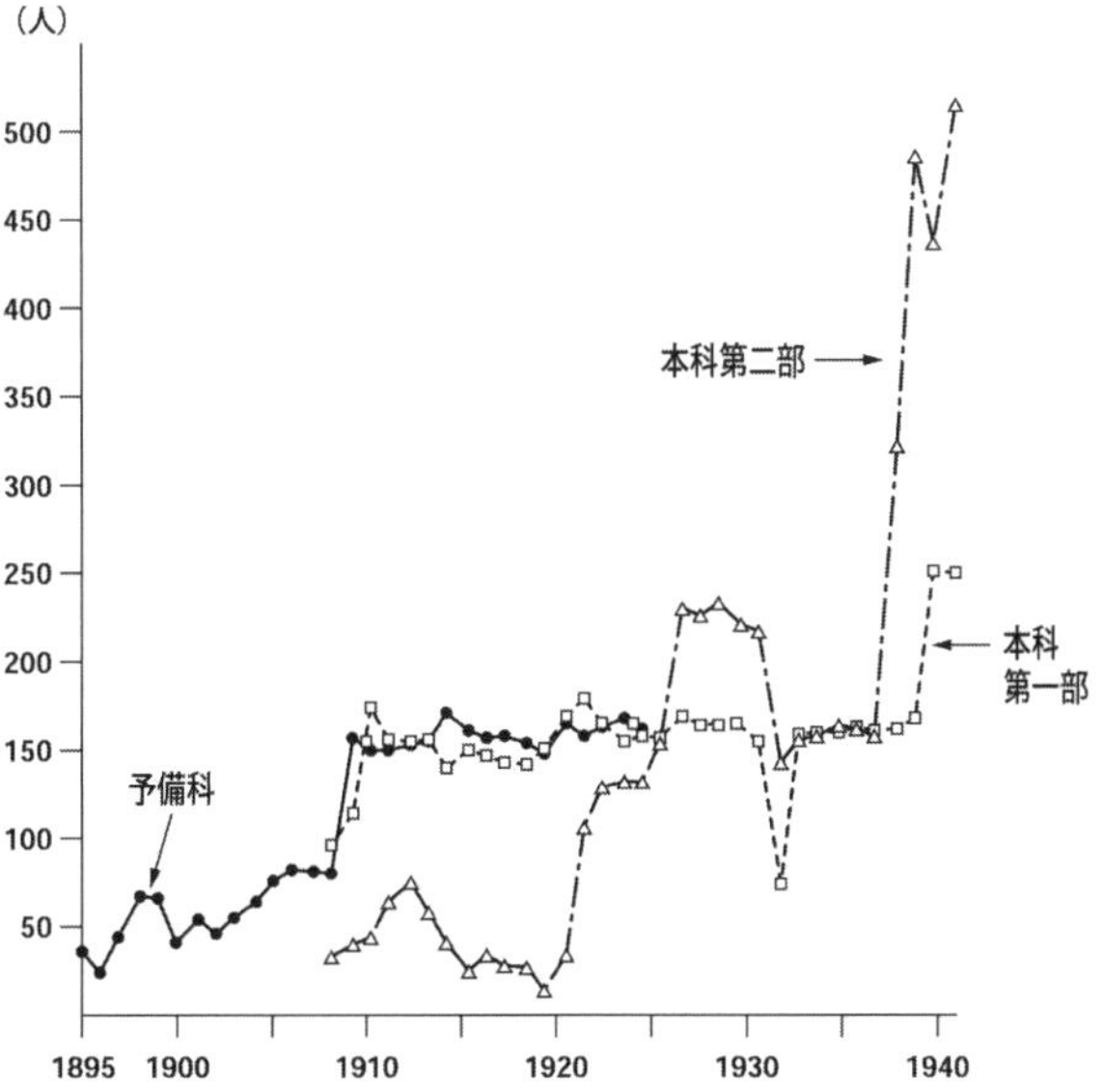

東京府立男子師範学校予備科・本科第一部・第二部別
入学者数の推移
(『東京学芸大学五十年史(通史編)』四一〇頁)

た「創作ノート」である。そこには、多感な青春時代を国語教師としての土台を築くべく、先輩教師の実践に学び、自らの思想を耕し、新たな国語教育論を生み出そうとした意気込みが記されている。

二　青山師範附属小学校訓導時代

（一）　青山師範附属小学校訓導となる

青山師範学校は、明治五（一八七二）年の学制発布に応じて、明治六年に開設された東京府「講習所」が始まりである。この「講習所」は、学制発布によって多くの寺子屋や旧藩の藩校が小学校となったため、寺小屋などの師匠を教員にしていくためのものであった。すなわち、現職教員の講習所だったのである。

東京府は府内の教育と質の良い教員の確保、養成のため、明治九年講習所の校舎を新設し、装いも新たに「東京府小学校師範学校」として開校した。同年の一一月には「東京府師範学校」と改称し、その年に、附属小学校の設置のため、満六才から一〇才までの幼年生徒六〇名を募集する旨、各区戸長に通達した。名実ともに師範学校としての体制を整えたのである。

その後、明治二九年師範学校令の発布により東京府立尋常師範学校となった。そして、明治三〇年の師範教育令の実施に伴い、再び東京府師範学校となった。また、沖山の生まれる前年の明治三七年には、当時としても先進的な「附属幼稚園」を設置している。

明治四二年に豊島師範学校開設により、竹早から移転していた赤坂区青山の地名をとり、東京府青山師範学校となっていた。

沖山は、大正一四年三月青山師範を卒業し、東京市港区立櫻川尋常小学校に訓導として着任した。そして、文部省師範学校令(2)による既定の三年間が終了すると同時に昭和三（一九二八）年、自分を育ててくれた母校の青山師範附属小学校に奉職できたのである。喜びはひとしおであったろう。初めての担任は四年生男子組であった。そして、おそらく、代用教員の資格であった父、順作は、何にもまして、自分と同じ教育の道へ進んだことを誇りに思っていたであろう。この青山師範附属小学校での教師生活が沖山の教育思想を育み、理論と実践の充実をもたらすのである。

青山師範附属小学校で初めて担任した四年生

（二）　充実した家庭と教師生活

昭和九（一九三四）年二九歳の沖山は、沖山家とは遠い親せき筋にあたる宮城県の薬商の娘であった奥山かつと結婚する。その翌年の昭和一〇年には、初めての著作となる『一点凝視の読方教育』を南光社より出版した。

この著作は、沖山が学生時代より「創作ノート」に温めていた国語教育に関する思想を教師としての実践を通して具体化したものといえよう。そして、自身の思索や思想を固めるためにいろいろな学者や教育者の書籍から言論を引用しつつ論旨を展開していくという沖山の以後の著作スタイルの基礎となった著作である。時の『帝国教育新聞』に書評が掲載され、大きな反響を呼んだ(3)。

同書後半の「実践の流れ」には、自身の担任した四年生の「詩」の読みとりの授業記録が記載されている。これを見ると、その後の構造学習論の核心である「児童自身が教材に立ち向かっていく力を育てる」という沖山の教育論の芽生えを見ることができる。

この昭和一〇年には、長女美子が生まれ、さらに昭和一三年には次女の亘子が生まれている。その頃、世田谷の等々力に家を買い、独立している。

学校においては、国語主任として、家庭においても子宝に恵まれるなど、充実した仕事と家庭を営む日々であった。

青山師範学校は、昭和一一年世田谷の下馬に移転する。そのとき、生徒一人一人に本や椅子を持たせて、青山から世田谷まで歩いて引っ越したという（平成二八年四月、長女美子の聞き取りより）。

この年の一一月二五日の日付で、沖山は研究主任の立場で『低学年における総合的取扱の研究』という新構想の教科についてのカリキュラム研究をまとめている。(4) これを出版するつもりでいたが、未完のまま終わっている。

書斎にて（昭和一〇年頃。書籍は、莫大な量となり
床の間の床が抜けたそうである）。

昭和一三年ころ等々力の自宅で
（左より）光、妻かつ、次女亘子、母みつ　長女美子、父順作

この研究著作は、大正自由主義運動の影響を受けた教育思想である「児童中心主義」の影響を受けた教育活動の集大成である。

青山師範学校では沖山が奉職する以前の大正八年以来「直観科」を特設して「低学年の教育はその生活を生活させることによって、陶冶指導せんとするもの」という趣旨でより直観科を充実しようとしていた。この総合的取り扱いの研究は、当時各師範学校などで、盛んに研究されていた、今でいう合科学習、あるいは生活科学習のようなもので、教科の枠を外して、児童が自己の興味関心や力量に応じて学習するという自由な学習形態をとる、きわめて先進的なとりくみであった。

昭和五九（一九八四）年の全国構造学習研究大会の座談で沖山は、このことについて

> 昭和九（一九三四）年ごろ、総合教科、直観教科と呼ばれ、各師範学校で研究されていた。今の考えでいけば「創造学習」で一年生から二年生までやっていた。「外に出て、興味を持つと植物を観察する、気が向くと葉の数を数えるという算数科になっていく。」という、教科の枠をなくして学習する、子供の自発的な願いで、遊んでいるうちに学ぶということの意義を研究していた。このようなことを昭和九年にやっていたということを皆さんに知っておいてほしいのです

と語っている。(5)

(二) 青山師範附属国民学校から東京第一師範学校附属国民学校時代

沖山にとっては、順風満帆の時代であったが、世の中は戦争の不安が渦巻いていた。昭和六年（一九三一）年の満州事変から昭和一一年年の二・二六事件、その翌年には日中戦争、そして、昭和一六年の太平洋戦争に至る一〇年間は、明治国家の滅亡へと突き進んでいった時代であった。

教育現場もこの時局の動きと無関係ではなかった。太平洋戦争勃発の年「国民学校令」が施行され、教育の統制が行われた。附属小学校は、「青山師範附属国民学校」となった。このことは国民学校の目的は、国民学校令第一条の「国民学校ハ皇国ノ道ニ則リテ初等普通教育ヲ施シ国民ノ基礎的錬成ヲ為スヲ以テ目的トス」に要約されている。

太平洋戦争さなかの昭和一八年、師範教育令が改正され、青山師範学校は国立に移管し、都立女子師範学校と統合して官立の「東京第一師範学校」となった。

このころ、戦局は悪化の一途をたどり、昭和一九年には、アメリカ軍による本土空襲が始まった。政府は、子ども達を空襲から守るために、東京都国民学校集団疎開実施要綱により人口の多い都市から田舎への疎開を奨励していた。その年の八月四日、東京都から学童疎開第一陣が出発した。(6)

東京第一師範附属国民学校も、長野県浅間温泉西石川、東石川、菊の湯、亀の湯の四つの旅館を宿舎とする疎開学園を実施した。沖山は、担任していた六年生を卒業させるために、昭和二〇年の初めに東京に帰った。母のみつは、学園の寮母としてこの疎開学園に奉仕したそうである。当時、長女の美子は東京第一師範附属国民学校三年生だったので、父とともに学童疎開したが、父の帰京の後、次女の亘子と一緒に、妻の故郷、宮城県若柳町へ疎開した。

本土空襲が一層激しくなり、昭和二〇年三月一〇日東京大空襲では、下町のほとんどが焼け野原になった。沖山は、国語教育研究のための貴重な本の焼失を避けるために自宅の庭に作った防空壕に運んでいたが、幸い尾山台付近の被害は少なかった。しかし、風雨に晒されたためにほとんど読めない状態になってしまったとのことであった（平成二八年四月、長女美子、次女亘子の話）。

政府は、戦争による非常事態を受け、「決戦教育措置要綱」を閣議決定した。これにより国民学校小学校初等科以外の学校は、昭和二〇年四月より一年間授業を停止することになった。いわゆる、学徒動員によるさまざまな社会奉仕や労働奉仕であった[7]。

これらの努力もむなしく、昭和二〇年八月一五日、大日本帝国はポツダム宣言を受諾し、終戦を迎えた。混乱の中、「昭和二〇年四月ヨリ一年間授業を停止する」という決戦要綱も無効となり、東京第一師範附属国民学校は、疎開学園を引き払い、焼け残っていた世田谷校舎に復帰した。沖山は、最後に受け持っていた六年生をこの翌三月に卒業させている（長女美子の手紙より）。そして、七歳となった次女亘子は、四月に父の勧めもあって、東京第一師範附属国民学校に入学した。

沖山は、当時、高等科の生徒を担任していた。また、昭和二一年九月一七日「本校始業式の日なり、教生指導部主管として出席す。」と沖山の蔵書の表紙の裏書[8]に書き込みがあることから、正常な授業が実施されていたようである。

しかし、昭和二一年度が附属国民学校として、最後の年となってしまった。それは、アメリカ合衆国国務省の勧告に基づき、GHQ（連合国軍最高司令官総司令部）民間情報教育局が指令した、昭和二二年四月の義務教育九年制、「六・三・三・四制」の新たな学制の施行によるものであった。

主な教育改革指令とは（竹前栄治『GHQ』岩波新書、一九八五、一八四頁）

① 軍国主義的・超国家主義内容を教科書から排除する。さしあたり軍国色の強い国定四期本（サクラ読本）

を平和的な国定三期本（ハト・マメ読本）に戻す。
②　修身、国史、教練は、軍国主義鼓吹の道具であったのでカリキュラムより排除する。
③　天皇制崇拝の道具とされてきた御真影や奉安殿を撤去し、宮殿遥拝、詔勅奉読、祝祭日の学校行事を禁止する。
④　軍国主義的・超国家主義的教員や行政官を追放し、思想統制に手を貸した文部省教学局を解体する。
⑤　教員養成機関（師範学校）を民主的に改革する。

というもので、昭和二〇年の米軍進駐後ただちにＧＨＱにより実施されていった。同書一八五頁には、文部省で実際に国語の教科書を執筆した沖山は「ＣＩＥは、①明晰な思考②生き生きとした話し方③簡潔な表現④楽しくわかりやすく、の四原則を示しただけで自由に書かせてくれました」と証言している。

（四）　東京学芸大学の生みの親となる

昭和二二(一九四七)年四月附属国民学校は改組され、附属小学校となり、「東京第一師範学校男子部附属小学校・東京第一師範学校女子部附属小学校」となった。また、高等科は新制中学校となり、「東京第一師範学校男子部附属中学校・東京第一師範学校女子部附属中学校」となった。

沖山は、二一年の教職追放にも合わず、変革の時期を前向きに迎えていたようである。それは、終戦翌年の昭和二一年、ＧＨＱからの突然の呼び出しに応じ、東京第一師範教官を兼務するかたわら文部省事務官となったことに表れている。その時のことを、全国構造学習研究大会（和歌山大会）の座談で、進駐軍から呼び出されましてね、そして、現在専門学校である師範学校を、これを大学にするんだと、大学にするためのカリキュラムを作るから、そのことのためにいろいろ訊ねたいことがあるから、出てこいということで、あと、学芸大学の、去年だったか亡くなりました教育心理の五十嵐とかいう教授がいましたね。学生の教育の面については五十嵐が担当しろ、実習の責任者は、おまえがやっているので、実習に関するいろいろな問題は、沖山がやれといった具合でした。結局、委員会(9)といったって、結局二人なんですよ、指名されているのは、後は文部省の教員養成課の課長とか、局長とかあるいは、学芸大学の学長とか部長とか、そういう人たちは、いっさい、発言を許さんという厳命なんです。口を開くのは、五十嵐さんと私だけでよい、ということなんです。

これは大変なことですね、とにかく小学校教員の養成の学校、師範学校を大学にするカリキュラム、その骨子となるようなことを、そこで返答していくわけですからね、

そうなると、人間強いんですよ、腹決めちゃうとね・・・どうにでもなれと思って、破れかぶれといいますかね、そういうときにいい知恵が出てくるもんですよ。(10)

と語っている。

昭和二〇年一月に就任した当時委員である東京第一師範学校最後の校長木下一雄は、この沖山が作成にかかわった「カリキュラム」を根拠に「師範教育を刷新して全く新しい『特別な教育』の構築をこそ考えるべきである」と主張していた。そして、彼は全国の師範学校を「教育者の育成を主とする学芸大学に」という構想を粘り強く推進していたのである。このことが『東京学芸大学五十年史（通史編）』（一六頁）にあるので引用する。

東京第一師範学校がすでに一九四六年四月に着手していた教員養成カリキュラムの研究である。その成果は、「大学に於ける教育学科のカリキュラム——東京第一師範学校案——」（東京学芸大学附属図書館蔵）として一九四六年一二月三〇日付けでまとめられている。『米国教育使節団報告書』をはじめ、諸外国の教員養成制度に関する文献等を検討した上で、四年制の「新制大学の教育学科」を想定して作成されたカリキュラム案であった。

昭和二三年五月三一日、紆余曲折を経て、国立学校設置法が施行された。東京第一・第二・第三師範と東京青年師範学校を母体として、東京学芸大学が発足した。学長には、木下一雄が就任した。

一方沖山は、石森延男文部省教科書監修官を援け、最後の国定教科書の編纂にもかかわっている。その後昭和二二年には東京第一師範教官の職を辞し、石森監修官と共に教科書局事務官として『指導要領』の編集をＩＣＥと交渉しながら執筆を手掛けた。

沖山光は、自ら奉職している職場に、娘二人を入学させ卒業させたわけである。これは、少年時代、青年時代と、教育者としての自分を育ててくれた師範学校に限りない愛情を持っていたからであろう。そして、戦前、戦中、戦後と母校の教育に深くかかわり、小学校教育の実践者として理論と実践を打ち立ててきた自信と誇りが、戦後の混乱期を乗り越え、新たな日本の建設と母校の発展、そして、日本を背負って立つ子ども達を育てる教師育成のために尽す意欲を生み出したのであろう。

先述の全国構造学習研究大会の座談の中で、母校が学芸大学になったことについて、自分の奉職した学校への恩返しを、終戦の時にできたのかなと思っております。

と述べている。

IFEL（Institute for Educational Leadership）教育視察団
訪問（昭和二五年一二月五日）、学芸大学にて。
Dr.Nash 講師と。

【注】

（1）『東京学芸大学五十年史（通史編）』（東京学芸大学創立五〇周年記念誌編集委員会、一九九九年）によると、明治三六（一九〇三）年の「師範学校学則」で、予備科の定員は八〇名（本科一学年の定員と同数）とされ、入学志願者の資格条項にあった「本府下ニ戸籍ヲ有シ若クハ全戸寄留」の限定も緩和された。そして、実際に本科入学者の大半が予備科出身者になった明治三八年の段階で、一種生の選抜は予備科入学時だけに適用することになった。

一種生　明治十年東京府が各区戸長に指示した「村落師範生志願者の募集に応募した学生で後に「郡区長ノ推挙ニ係ルモノ」となる。

二種生　「直ニ師範学校ニ願出タルモノ」。

本科一部生の入学資格は高等小学校三年修了程度、又は、予備科修了

本科二部生は中学校修了の資格で入学し、二年間修業する。

（2）当時の文部省師範学校令第六一条の三「本科第一部私費卒業者ニ在リテハ卒業証書受得ノ日ヨリ三箇年、其ノ道府県ニ於テ小学校教員ノ職ニ従事スル義務ヲ有ス」の規定により、住する地区の公立小学校に勤務する義務を負っていた。

（3）『帝国教育新聞』昭和一〇年九月五日の全国版（本書七章「沖山光の教育思想」に収録）。

（4）昭和一一年九月沖山が研究主任としてまとめた未刊の冊子（原本は二松学舎大学図書館所蔵）。

（5）昭和五九（一九八四）年第二六回全国構造学習研究大会（和歌山大新小学校）の座談会記録テープに収録（二松学舎大学図書館収蔵）。

（6）「東京都国民学校集団疎開実施要綱」によると、疎開先ノ宿舎（一）宿舎ハ受入先ニ於テ之ヲ斡旋ス、（二）都の教職員及児童ハ合宿ニ依リ家族-的ニ共同生活ヲ行フモノトス、とある。

（7）「決戦教育措置要綱」による措置（昭和二〇年三月一六日閣議決定）

一 全学徒ヲ食糧増産、軍需生産、防空防衛、重要研究共ノ他直接決戦ニ緊要ナル業務ニ総動員ス
二 右目的達成ノ為国民学校初等科ヲ除キ学校ニ於ケル授業ハ昭和二十年四月一日ヨリ昭和二十一年三月三十一日ニ至ル期間原則トシテ之ヲ停止ス
（国民学校初等科ニシテ特定ノ地域ニ在ルモノニ対シテハ学童疎開強化要　綱ノ趣旨ニ依リ措置ス）

（8）沖山光蔵書（『スタンダアル』（大岡昇平訳）創元社、一九三九）の表紙の裏書き。

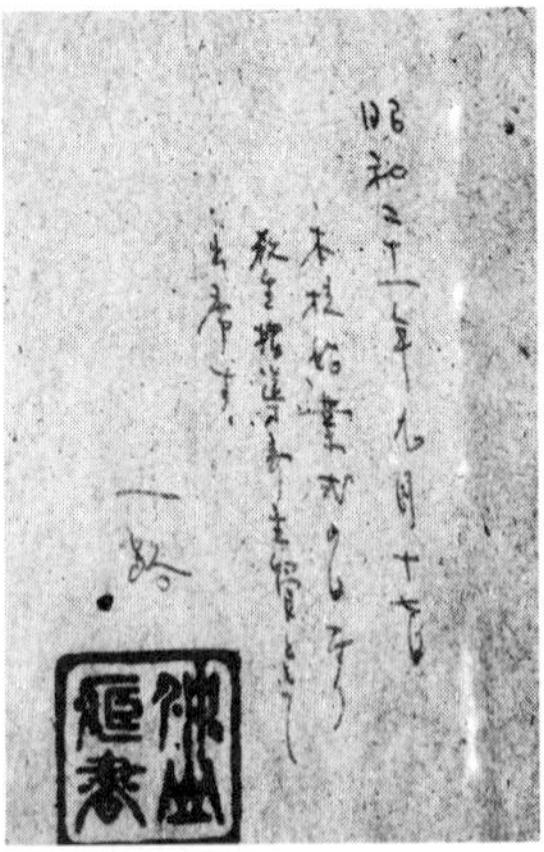

（9）委員会とは、一九四六年八月ＣＩＥ（民間情報教育局）の命にて文部省内に設置された教育刷新委員会のこと。
（10）昭和二一年一〇月八日ＣＩＥ担当官トレーナーとの会議のこと（国立国会図書館憲政資料室所蔵）。

（太田 由紀夫）

第二章　二松学舎専門学校時代

一　二松学舎専門学校

青山師範学校附属小学校訓導となった昭和三（一九二八）年の四月、沖山は、二松学舎専門学校に入学した。青山にあった附属小学校勤務の傍ら、九段の二松学舎専門学校の第二部（夜間部）に本科生として通い、勉学を続けたのである。二松学舎専門学校は、明治一〇年に漢学者の三島中洲が創立した漢学塾二松学舎を母体としている。明治三六年に公布された専門学校令に基づいて、昭和三年二月に専門学校設置が認可され、四月に開校した漢文学と国文学の専門学校である。

漢学塾二松学舎では、創立五〇周年に当たる昭和二年一月、山田方谷の義孫である山田準を教授兼専門学校校長事務取扱として迎え、文部省所定の中等学校国語漢文科教員養成を目的とする専門学校を設立する計画を進めた。山田準は、三島中洲の師であり備中聖人と讃えられた山田方谷の孫養子として家学を継ぎ、この時、鹿児島の第七高等学校教授を退職したところであった。漢文科の教授陣は、旧二松学舎の教授陣を主軸として継承することで支障はなかったが、新たに発足する国文科の陣容を整備することが急がれた。同年後半に迎えられた橘純一教授の構想によって、近代文学研究の塩田良平他が着任し、国文科の体制も整った。

文部省の認可が下りた後、昭和三年四月、二松学舎専門学校学則が施行された。教育方針と教育課程は次の通りである。(1)

「二松学舎専門学校学則」(抄)

昭和三年二月　文部省認可

同　　四月　開校

第一条　本校ハ専門学校令ニ依リ漢文学及国文学ニ関スル専門教育ヲ施シ東洋固有ノ道徳ニ基キ人格ヲ陶冶シ併セテ中等教員ヲ養成スルヲ目的トス

第二条　本校ニ本科及別科ヲ置キ其ノ修業年限ハ三年トス

第三条　本校ノ授業ハ第一部・第二部ノ二部教授トス

第一部　　自午前八時　　至午後三時

第二部　　自午後五時十分　　至午後九時四十分

第四条　本校ノ生徒定員ハ各部三百名宛トス

第五条　本校ノ学期ハ四月一日ニ初マリ翌三月三十一日ニ終リ左ノ二学期ニ分ツ

前学期　　自四月一日　　至十月三十一日

後学期　　自十一月一日　　至翌年三月三十一日

第六条　本校ノ休業日左ノ如シ

大祭祝日　　日曜日　　本校記念日（十月十日）
春期休業日　自三月二十一日　至四月五日
夏期休業日　自七月十一日　至九月十日
冬期休業日　自十二月二十五日　至翌年一月十日

第七条　本校ノ学科目其ノ程度左ノ如シ

学科／学年	第一学年	毎週時間	第二学年	毎週時間	第三学年	毎週時間
修身	国民道徳	二	倫理学史	二	倫理学	二
国語	講読・文法 作文・作歌 習字 文学概論	一〇	講読・文法 作文・作歌 有職故実 文学史 国語学概論	一〇	講読・作文 作歌・文学史 教授法 日本仏教史概論	一〇
漢文	講読・文法 作文・作詩 解題 文学史	一〇	講読・文法 作文・作詩 解題・時文 文字学 哲学史	一〇	講読・作文 作詩・時文 教授法 日本儒学史	一〇
英語		三		三		三
歴史	日本史	一	支那歴史 地理	一	東洋史	二

教育学	教育学	一	教育史	一	学校管理及教育法令	一
哲学	倫理学	一	心理学	一	哲学概論	一
	心理学	一	哲学概論	一		
法制経済	法学通論	一	経済通論	一	憲法及皇室典範	一
体操		二		二		二
総時間数		三二		三二		三二

国語及漢文ニ関シテハ以上ノ時間ノ外科外講演及演習ヲ行フコトアルヘシ
各部二種生ハ許可ヲ得テ英語ヲ学習セサルコトヲ得

第八条　本校入学期ハ学年ノ始三十日以内トス

第九条　本校ニ入学シ得ヘキ者ハ一種生・二種生トシ左ノ各号ノ一ニ該当スル者ニ付詮衡ノ上入学ヲ許可ス　但シ入学志願者募集人員ニ超過スル場合ニハ選抜試験ヲ行フ

一種生（本科生）

一、中学校卒業者

二、専門学校入学者検定規定ニ依リ一般ノ専門学校入学ニ関シ中学校卒業者ト同等以上ノ学力アリト指定セラレタル者

三、同規定ニ依ル試験検定合格者

二種生（別科生）

一、小学校本科正教員ノ免許状ヲ有スル者

二、尋常小学校本科正教員ノ免許状ヲ有スル者

三、小学校専科正教員及小学校準教員ノ免許状ヲ有スル者
（以下　略）

このような経緯を経て、漢学塾二松学舎は、専門学校としての設立認可を受け、高等教育機関として漢文学と国文学の専門教育と中学校教員の養成を開始した。

二　入学の経緯

沖山光の経歴を見ると、小学校の訓導を勤める傍ら、開設されたばかりの二松学舎専門学校に一期生として通学していたことがわかる。青山師範附属小学校の日々の勤務を終えてから、二松学舎専門学校に通学して夜間部で学んだ。

大正一四（一九二五）年　　東京府青山師範学校　卒業
〃　　東京府港区桜川小学校　訓導
昭和　三（一九二八）年　　東京府青山師範学校附属小学校　訓導

〃　二松学舎専門学校　入学
昭和　六（一九三一）年　二松学舎専門学校　卒業

二松学舎専門学校入学の経緯を振り返って、沖山は、昭和三八年に刊行された『読解のひとり歩き』において、次のように回想している。

わたしは、今の東京学芸大学の前進である、東京府立青山師範を大正一四年に卒業した。そのころの師範の卒業生が向学心を満足させる道は二つしかなかった。一つは、東京か広島の高師に進学する道、一つは夜間を開設している日本大学の高師部に進学する、この二つの道である。
　わたしは、家庭がそのような理解もなし、経済的にも恵まれていない、小学校教師の息子であったので、後者を選ぶより外なかった。それで、一時、日大の高師部の国漢科に籍を置いたのであるが、どうしたことか、教授の休講が多い、（略）このようなことが原因して、一学期在籍しただけで、退学してしまった。（略）わたしは、昭和六年（「三年」のまちがい—引用者注）に開校された、二松学舎専門学校に推薦学生として入学し、ここで、みっしりと三か年、学に志す者の道をたたきこまれた。この学校では、漢学の教授には、老大家が多く、使用するテキストも、すべて、上海《しゃんはい》本で、いわば原書である。ここでは、三か年の間、休講というものは、ただの一回もなかった。[2]

青山師範学校で小学校教員免許を取得した沖山は、勤務の傍ら、日大高師部を経て、昭和三年に開校した二松学舎専門学校に入学した。この経緯から、文中の「向学心を満足させる道」とは、国漢の学問を修め、中等教員免許を取得する、ということであった。二松学舎専門学校は、昭和六年に中等学校漢文科教員無試験検定資格を付与されている。同年に卒業した沖山は、一期生として漢文科の中等教員免許を取得したと思われる。なお、二松学舎専門学校が国語科の中等学校教員無試験検定資格を付与されるのは、昭和一〇年のことである。

戦前の教員免許制度において、中等教員免許を取得することは、師範学校、中学校、高等女学校の教員資格を有するということである。中等教員免許の取得には、養成方式と検定方式があった。養成方式は、沖山が述べている通り、官立学校の高等師範学校、女子高等師範学校、臨時教員養成所において行われていた。しかし、これらの学校は、いずれも昼間部のみであったため、すでに初等教員資格を有して小学校訓導を勤める沖山の選択肢にはなかった。

残る選択肢が、検定方式である。当時、中学校、高等女学校の教員の七〜八割が検定方式で中等教員免許を取得した教員であった。そして、この検定方式にも、二種類あった。

一　直接検定方式（検定試験）

二　間接検定方式（無試験検定）【指定学校・許可学校】

一つ目の直接検定方式とは、国が実施する検定試験（文部省師範学校中学校高等女学校教員資格試験）に合格する方法である。これは、合格率一割の難関で、合格者は「文検出身者」と呼ばれ、篤学家が多かった。

二つ目の間接検定方式は、無試験検定と呼ばれ、指定学校・許可学校を卒業する方法で、合格率は八〜九割であった。この間接検定方式を分類すると、指定学校である官立高等教育機関の卒業生が中等教員免許を取得する指定学校方式と、許可学校である公私立高等教育機関の卒業生が中等教員免許を取得する許可学校方式とがあった。

二松学舎専門学校は、昭和三年に開校し、昭和六年に中等学校漢文科教員無試験検定資格を付与され、許可学校となった。そして、沖山は、夜間部を開設する二松学舎専門学校が、昭和三年に開校すると一期生として入学し、昭和六年に間接方式の許可学校となった同校を卒業し、中等学校漢文科教員免許を取得したと思われる。沖山は、当時の勉学について、次のように回想している。

春秋二回の期末試験には、テキストの全ページが、その対象となり、ほかの大学のように、何ページから何ページと限定されることなど、全くなかった。したがって、その日、その日のノートの整理が、毎晩、夜半の午前二時ごろまで連続した。よくも、三か年がんばったものと、自分ながら思うのである。かかる厳しさのためか、落伍者も多く、入学当時の一五〇名は、卒業の時には半減して六〇名たらずであった。

わたしは、この当時の漢籍を今なお、大事に保存している。どのページにも、何月何日受講と書き入れがしてあり、当時のがむしゃらな、ひたむきだった自分の姿が、なつかしく想い出される。国文では、源氏物語の池田亀鑑、万葉集の森本治吉、明治文学の塩田良平の三教授が、お若い頃の情熱を傾けられて、独特の講義を展開してくださった。(3)

沖山は、仕事と学業の両立に苦労しながらも、学問へ向かう姿勢の基礎を身につけ、二松学舎時代を収穫の多い時期であったと振り返っている。沖山は当時の勉学を鮮烈に記憶しているが、この回想を裏付ける資料『昭和六年三月　記念寫眞帖　二松學舍專門學校　第一回卒業生』がある。今日でいう卒業アルバムである。創立者三島中洲の座像と洗足池畔の神式墓の写真を掲げた頁から、舎長渋沢栄一、理事國分三亥、督学安井小太郎、校長山田準の順で経営陣が紹介された後、当時の教授陣の写真も掲載されている。沖山の回想にある、池田亀鑑、森本治吉、塩田良平といった諸先生の若き日の容貌を知ることもできる。また、巻末には「郷關錄」と題して、卒業生五十五名の氏名と郷里の記載があり、沖山は、「沖山　光　府下八丈島大賀郷村」と記されている。

二松学舎在学中の沖山の足跡として、短歌と漢詩がある。創立間もない昭和三年一二月に刊行された校友会誌『二松』第壱号には、「二部一年　沖山光」の短歌二首が掲載されている。[4]同誌の「月次詠草」というコーナーに学生の短歌が掲載されている中で、五月課題の一つ「山吹」という題で詠んだ短歌。

　春雨の今朝しもはれて庭の邊にこぼれて匂ふ山吹の花

六月課題の一つ「早苗」という題で詠んだ短歌。

　静かなる田の面の水にかげ浮けてみづ〱しくも生ふる早苗か

山吹の咲く庭の春の情景を詠んだ短歌、田植えを終えた水田を詠んだ初夏の短歌を通して、四季の移ろいを味わいつつ、充実した日々を過ごす沖山の面影が彷彿とする。

また、昭和四年七月刊の『二松』第貳号には、漢詩が掲載されている。[5]「漢文漢詩」コーナーの「探梅」と題した十二人の学生の七言絶句中の一編である。

探梅　　二部二年　沖山光　　　梅を探ぬ

梅蕾芳香三兩枝　　梅蕾の芳香、三兩の枝

吟懐閑訪美人姿　　懐を吟じ、閑かに訪ぬ美人の姿
黄昏猶未催歸去　　黄昏、猶ほ未だ歸去を催さざるがごとし
一片吟情月獨知　　一片の吟情、月のみ獨り知る

早春の梅香に誘われて美人を想像するロマンチックな一面も見て取れる七言絶句である（書き下し文は引用者）。

三　言語学との出会い

二松学舎専門学校を卒業した後、沖山は、昭和九年、奥山かつと結婚した。沖山光、二十九歳の夏である。そして、昭和一七年、父順作の逝去にともない家督を相続した。

この間、沖山は、生涯にわたって傾倒する言語学者との邂逅を経験している。その言語学者とは、ソシュールの講義録『Cours de linguistique generale』（1916 Paris）を他国に先駆けてフランス語から翻訳し、『言語學原論』（昭和三年、岡書院）として刊行した小林英夫である。小林は、後年、改訂版の訳者はしがきで、翻訳の経緯を次のように回想している。

わたしが初めてCoursに触れたのは、東大文学部言語学科に在学中、卒業論文を書きつつあった一九二六年の秋のことであり、翌年春、卒業と前後して岡書院主・岡茂雄氏の依頼をうけ、黽勉三か月、一気呵成に訳出。同年暮押しつまって製本されたものを手にしたのであった。(6)

ソシュール（Ferdinand de Saussure 1857―1913）は、スイスの言語学者である。記号論の基礎を築き、後の構造主義思想に影響を与え、近代言語学の父といわれている。しかし、ソシュールは、生前、一冊の著書も出版していない。「Cours」とは、晩年、故郷のジュネーブ大学で講義をした際の講義ノートを、没後に弟子たちが編集したものである。小林の邦訳は、世界に先駆けての翻訳であった。成立して間もない言語学の分野に明確な指針を示す訳書の出版として、学会での評価も高く、当時の世評も新聞紙上で知ることができる。(7)

小林は、出版後、昭和四年から京城帝国大学講師として現在のソウルに赴任していた。一方、青山師範附小訓導であった沖山は、国語教育の基盤には言語学理論に基づく国語観が必要であると考えたようである。言語学関係の書籍を読み進めていくうちに、小林英夫が訳した『言語學原論』を知り、小林に連絡を取った。出版から十年程経過し、『言語學原論』の入手が困難であったため、借用を依頼したのである。小林は、快く承諾した。昭和一二年の暮れ、小林が東京に帰省した際、沖山は、小林を訪問して面会し、筆写をするために『言語學原論』を借用したという。(8) この出会いが機縁となり、沖山は、小林に師事して言語学を学び、後年、ソシュールの言語理論から発想して構造的読解指導の基礎を形成することになる。(9)

【注】

（1）二松学舎編『二松学舎百年史』一九七七、二松学舎、四八一―四八四頁。
（2）沖山光『読解のひとり歩き』一九六九、明治図書、九―一〇頁。
（3）同右、一〇頁。
（4）二松學舍專門學校松友會『二松』第壱号、一九二八、一二二―一二三頁。
（5）二松學舍專門學校松友會『二松』第貳号、一九二九、一五五頁。
（6）ソシュール（小林英夫訳）『一般言語学講義』（改版）一九七二、岩波書店、viii頁。
（7）『東京朝日新聞』（昭和三年二月三日朝刊、六面「讀書ページ」）に、新村出による『言語學原論』の書評が掲載されている。

言語學界の新機運――ソースユール『言語學原論』――

文學博士　新村　出

大正の十五年間に沈滯しきつてゐた日本の一般言語學は、昭和の新時代にいつて、二人の新導師を西洋から迎へて、今や正に新機運の到來を見るに至った。導師の一人はいま世界の言語學界に盛名を馳するところのデンマーク國都の老言語學者イエスペルセンで、その卓見に富む言語學の新著は一九二一年にあらはれて以來六年の後昨昭和二年の夏市川、神保の二氏によって譯出された。他の大導師は一九一三年に割合に早く他界したのを惜しまれたスヰス壽府大學における言語學の大家ソースユールで、著書こそ少けれ、その精致な研究と總合の才能とをもって佛國の學徒を指導し、ドイツ專門家を壓してゐたその人が講述の遺篇たる言語學原論は、新進の小林英夫氏の譯によって今春世に出ることとなった。

スヰスの名高い理學者の家系に生まれたフエルヂナン・ド・ソースユールは、一八七八年その二十一歳の時、早くも印歐語母音の原始體系論をあらはして學界に名を擧げ重きをなした俊才であったが、細心精致な研究と總合概括の精神とを兼備した得がたきせき學であった。ドイツの一學者は、彼を評して、建築家と密畫家とを兼ねた人だといった。適評である。粗大な理想論、超越的言語哲学、それらからソースユールは全然遠ざかっていたが、零細な考證や断片的研究、それらにもソースユールは終始して終るべき學徒ではなかった。堅實な考證を經由して深遠な原論を組み立てた所に、かれのおよびがたき光彩ある長所はあった。言語學上の自他の新業績をふまへて、それを融化しつゝ言語學原論の新組織を試みた點が、特に私たちの敬仰するゆゑんである。その原書はスヰスの壽府大学における一般言語學の講義を、高足たるバイーとスジユエーとの二人が主として、師の講述案と學生の聴講録とに基いて、師説を結集したものであって、編さんの來歴が、既に非凡であり情味の豊かなものがある。初版は一九一六年に出たが、今この譯本は一九二二年の再版によったものである。

譯者小林英夫氏は、私たちが少壮時代に典據とした所のパウルの言語史原理が言語學者の舊約だとされたに對して、このソースユールの言語學原論をば、この學問の新譯だと推稱された。従ってその譯文そのものにも、その祖述の文章にも、論贊の詞句にも、非常な熱がこもり情があふれ、原述者の諸説に對する理解どう察まことにゆきとゞいてゐる。かういふ透徹とかういふ思慕とがあつてこそ原述者の精神氣はくがよくあらはされもって讀者をひきつけ、もつて新學徒を啓發することが出來る。私は確信する。新約書の使徒たり導師たり得る資格は、譯者において正に完全に備はってゐる。私も三十年前、舊師の手引きによつて、舊約たるパウルの言語史原理を講じて、今の小林君のやうに、使徒をも勤め導師とも自任し、あの難解な一二章のせう譯をも試みたことがあった。よしやあの時この舊約書を譯了したところが、今このソースユールの譯本ほど手際よくは到底譯しこなせなかったことを思ふと、私は密かに譯者に對して敬重の念を禁ずることが出來ない。小林君の譯文にも譯語にも造語にも、多少生硬な點のないことはなからうが、然し私の壮時などの述作を顧みて比較すれば、語句の精到周密と俗語の驅使じゅん致、時代の進みとはいひながら、推服に價するものが多い。加ふるに章節の中間にはさんだ注解識語、篇末に添へられた幾多の付説と圖表、各種の索引、まことに親切を盡くしてある。

佛文の最新言語學書の最初の譯述。英米系統又は英米經由の言語學書の極少數な譯本のみであった日本の言語學界に、突如かゝる絶好の著作、しかも絶好翻譯を得たことは、私の第一の感激である。内容の詳しい紹介批評をする紙面を今こゝに求める余裕はない。【六〇〇頁、價五圓半、岡書院刊】

（8）沖山光「ソワレをめぐって」『小林英夫著作集』月報2、一九七六、みすず書房。本書第四章の注1参照。

（9）本書第四章「諸家との交流」、第五章「構造的読解指導の形成」参照。

【参考資料】

二松学舎編『二松学舎百年史』一九七七、二松学舎。

二松学舎小史編集委員会編『明治一〇年からの大学ノート』二〇〇七、三五館。

牧昌見『日本教員資格制度史研究』一九七一、風間書房。

海後宗臣編『戦後日本の教育改革8　教員養成』一九七一、東京大学出版会。

（榎本　善紀）

第三章　文部省時代

一　敗戦直後の文部省

ポツダム宣言を受諾した日本は、GHQ（連合国軍最高司令官総司令部）の軍政下に入った。GHQ内の教育担当部局は、民間情報教育局（CIE）[1]である。CIEは、昭和二七年四月まで、日本の教育制度の改革に当たった。昭和二一年一月、GHQはアメリカ合衆国の陸軍省に対して、教育使節団の派遣を要請した。三月初旬、ストッダートを団長とする二七名の調査団が来日し、一ヵ月間の調査を経て、四月七日、勧告案を発表した。これが教育使節団報告書とよばれるもので、六年間の義務教育を九年間に延長すること、中学校を改め三年間の初級中学校と上級中学校とを置くこと、学区制を採用し男女共学とすること、ローマ字の一般的使用と国語改良のための委員会を設置すること等を勧告している。

この報告書を受けて、内閣に教育刷新委員会が設置され、昭和二二年四月からの新学制（六・三制の小・中学校）、二三年度からの教育委員会制度発足に向けて教育改革が進んでいく。そして、新学制開始に合わせて新しい教科書を編集することが決まった。当時の文部省における国語担当者は、教科書局長有光次郎、第一編集課長　石山脩平の下に石森延男、藤井信男が所属し、調査課長西村巌の下に釘本久春、広田栄太郎、関宦市、吉田澄夫、白石大二が所属していた(2)。

一年足らずの期間で、しかも方針も内容も不明の編集作業を進めるために、文部省は、編集協力者を集めた。第一師範学校附属小学校教諭の沖山光は、昭和二一年五月頃、文部省嘱託を兼務することとなった。同時に教科書局嘱託（国語）の辞令を受けたのは、飛田隆、西原慶一、輿水実、花田哲幸、志波末吉、滑川道夫、沖山の七名であった。この日から沖山の文部省通いが始まった。沖山の通勤経路は、世田谷区等々力にあった自宅の最寄り駅尾山台から、東急大井町線で大井町へ出て、京浜東北線に乗り換えて新橋、そして虎ノ門の文部省までは徒歩。約一時間の通勤であった。沖山は、当時の文部省周辺の風景を次のように回想している。

　文部省の四階、現在の初等中等教育局が当時の教科書編修関係の仕事場である。四階から虎ノ門方面を見ると、一面の焼野原、瓦礫の山である。はるか彼方に品川の海、吹いてくる風には磯の香りがする。走っている車は、すべて草色の進駐軍の車だけである。新橋駅付近も、焼け崩れたり、爆撃による建物のかけらがうず高く積まれてある。そのすき間の細い道を拾うようにして歩く。銀座四丁目あたりも見わたすかぎり、寒々とした瓦礫の原である。道路ぞいに新橋から上野方面へかけてあちこちに露店商が、地面に布きれを拡げて、焼け残りの小間物など売っている。新橋駅周辺は、このあたりで一ばんこみ合っている。やみ屋の市場といったところだ(3)。

戦災の復興ままならぬ東京の情景が目に浮かぶようである。

二　教科書編纂

敗戦から半月後、九月の新学期から学校が再開された。昭和二〇年九月二〇日に出された、教科書の取扱方に関する文部次官通達に基づき、教科書中の敵愾心をそそる教材を削除し、黒ぬりの教科書が使用されていた。続いて、昭和二一年一月から二二年三月までの間、暫定教科書が使用された。新聞用紙に印刷された一六頁の折り畳み式教科書で、児童は、自分で切りそろえてとじなければならなかった。それも数回に分けて配給されたり、全員に行き渡らなかったりしたこともあった(4)。

この間にも国語政策は、進んでいた。昭和二一年六月一七日、各省庁の事務次官で構成する次官会議において「官庁用語を平易にする標準(5)」が申し合わせ事項として決定され、口語文平仮名書きが原則となり、国語改革の機運が高まった。一一月一六日、漢字一、八五〇字の「当用漢字表」、歴史的仮名遣いに替わる「現代仮名遣い」が公布された。

二二年、暫定教科書の使用と同時に編集が開始されたのが、二二年四月から二四年三月まで使用された最後の国定教科書（第六期）「みんないいこ」読本である。編集責任者は、文部省教科書局第一課の国語担当で児童文学者の石森延男であった。石森は、「敗戦直後の国語教育」の中で、次のように語っている。

無条件降伏国日本、まさに日本語そのものが、消えてしまうかもしれないと思った。国語科などという教科は、はたして存続するのだろうか。当の責任者であるわたしにすら不明であった。局長でも、大臣とても予測はしかねたであろう。それほど混沌としていたさ中に、国語教科書の編集は、なみたいていのわざではなかった。（略）まずＣＩＥの担当官からは、時間制で原案作成が要求される。いままでの教科書を部分修正することは、さほどむずかしいことではなかった。また仮本を作ることも、そんなに暇どらなかった。けれども、小学校、中学校、さらに高等学校と、ぶっつけに新しい国語教科書計三十六冊(6)を、十四ヵ月の間に完成する段になって、まったく心身ともに、くたくたになりやりきれなかった。(7)

石森は、小学校、新制中学校、新制高等学校の国語教科書の全てを担当していた。一方、ＣＩＥの初等教育担当官は、フェファナン女史(8)から、ヤイデー女史、ハークネス氏、オズボン氏へと引き継がれていった。担当官は英文の資料を提示して、対日占領政策の一環として国語教育に対する指示を行った。ＣＩＥは、日比谷内幸町の日本放送協会を接収していた。担当官との協議は英文の資料と通訳を介して行われ、困難を極めた。しかし、当時の担当官の印象を、石森は次のように回想している。

ヤイデーさんとは、わたしは、もっぱら国語科のつながりだけであるが、忘れがたいいくつかの示唆がある。戦後ＣＩＥの初等教育担当係官として、ヤイデーさんの前任者に、ヘファナン女史が来任した。「さん」づけするほど親しめなかった。それは、接することがさほど多くなかったし、最初の担当者でなじめなかったというきもちも強かったからであろう。それにヘファナン女史はじつに堂々たる体格で、ことばなども歯切れがよく、その表情もなかなかいかめしかった。そのくせユーモアを語り、人がらはじつにおだやかなのであったが近づけないまま、まもなくつぎのヤイデーさんと交替してしまった。

ヤイデーさんの次の担当官は、ハークネス氏、そうしておしまいはオズボン氏、二人とも男性である。この間、二カ年ぐらいであったが、戦後のわが国の国語教育を語る場合には、等閑視することはできない。いや長い日本の国語教育史では、貴重な一時期を画するものである。(9)

ＣＩＥの担当官は、教育の専門家で、立派な人物であった。ＣＩＥ担当官の指示を受けながら最後の国定教科書となる国語読本を作成するに当たって、石森は次のように考えていた。

　敗戦とことば、人間とことば、戦勝国と敗戦国、ことばの教育とは、いったいなにかをしみじみと考えさせられた。（略）戦後暗黒時代を生きていかねばならない少年少女たちに明るさを持ってほしかったのである。ともに助けあい支えあってもらいたかったのである。人間みな等しく、信頼しあいたかったのである。この編集理念を土壌にして、思いきり芽を伸ばさせたのが、わが国、最終の国定国語読本「おはなを　かざる　みんないいこ」だ。(10)

石森は当時を回想して「小学校の教科書は一番むずかしいですね。編集で。編集者が書かなければならないから。(11)」と述べている。中学校、高等学校の教科書は教材文を編集したものであるが、小学校の教科書は、児童文学者でもある石森が書き下ろした。嘱託として小学校国語の教科書編集に携わり始めた沖山であったが、石森の責任の重さと職務の大きさに茫然とした。沖山は、この難局を乗り切るために、東京第一師範附属小学校の教諭との兼務ではなく、文部省の業務に専念して石森の役に立ちたいと決心した。この頃の気持ちを次のように語っている。

新橋駅のやみ市を通りぬけるようにして歩いている時だった。先生に対して、私は一つの申し入れをした。（略）石森先生という人は、国語の教科書を作る人としてこの世に運命づけられているのかも知れない。それにしても、一か年に三十数冊を完成させるということは、まさに人殺しの命令である。私は決心した。私も敢えて先生と共にこの猛火の中に飛びこもうと。この先生には、思索と執筆だけしてもらうことだ。あとの雑務は私が引き受けよう。この申し出に対して先生は、「そうかい。やってくれるかい。」とだけの返事だった。先生の胸の中は、討死はわし一人でたくさんということがあったのではあるまいか。(12)

以後、沖山は、石森の書いた原稿の清書と各学年の配当漢字の選定を担当することになる。沖山は、この仕事とその苦労を次のように回想している。

文部省に日参する私の仕事は、小学校用十五冊（こくご一～四、三年上下、四年以上三分冊）の浄書、印刷原稿の作成にある。原案として練りに練ったもの、それはワラ半紙の謄写刷の上に、赤鉛筆で、判読に苦しむほど右に左に、推敲の書き込みがある。石森先生は、想があふれ出て、ペンで書くのはまどろかしいのであろう。いつも鉛筆で推敲してある。どこへどう続いていくのか、よほど注意していかないことには、読み取れない。その上、先生の想そのものが泉のようにわくためか、文字がみなおどりはねている。先生の文字に読みなれるまで、およそ一か月くらいは苦労した。

この原稿を、印刷所にまわせるように、規定の原稿用紙に浄書する。戦後の正書法に従って、現代かなづかい、ひらがな漢字まじり文にする。その上、学年に八八一（「六八四」のまちがい―引用者注）の漢字をふりわりする。いわゆる学年への漢字配当である。進駐軍によって、最終期日が切られているので、一時間たりとも遅延は許されない。このようにして、丹精こめて、六学年にわたる十五冊を、徹夜に徹夜で書き上げる。

ところがどうであろう。丹精込めて浄書した原案が、またまた、削られたり、書き改められたり、書き加えられたりして、先生の手から戻ってくる。浄書した私としては、泣いても泣ききれない。事実この時は、私は先生を恨んだ。(13)

沖山は、辛い仕事に負けて、学校の教師に戻ろうとしたことがあったという。この時、励ましたのが夫人であった。

それでもあなたは男ですか。石森先生は、あなたを信頼すればこそ、この仕事をあなたにまかせたのでしょう。だったら信頼に応えるのが男でしょう。あなたが男でないのなら、私はこの家から去ります。(14)

という夫人の言葉で、沖山の気持ちが定まった。後年、この沖山夫妻のエピソードを知った石森は、沖山夫妻に宛てて次のような礼状を書いた。

わたしの「国語教育選集」を手にとってゆっくり見たのはようやくきのうからでした。それまでどうも気がおちつかなくて、読むにも読めなかった。まっさきに読んだのは、第二巻の解説、あなたの書かれた解説でした。

「占領下における魂の雄たけび」うまい標題をつけたものだ。あのときにともに働いたものでなければ、こうした題はつけられるものではない。いまからみると、なんだか気おいすぎたような力み方に見えるが、あのときにはりつめていたわれわれの覚悟と意気とはまさにこうであった。あのさ中に手をとって働いていた人はもういない。実感をもって書ける人はあなた一人だ。それだけにあの一文は、かけがえのない雄たけびである。読みながらわたしは、そのころを新しく思い出して胸がいっぱいになった。占領軍の係官に対しての態度をはじめ、文部省上司の考え、われわれ同僚の仕事、家庭のふんいき、わたし自身の決心など、あの新橋から虎の門にいたる道を歩く毎日の時間にあふれた感慨が蘇ってきたよ。

わたしにも貴重な思い出であるが、あなたにとっても、一生忘れ得ぬ実感にちがいない。あの文章につまっている雄たけびが、そのままに受けとれる人は年々減じていくにちがいない。しかし事実はあの通りなのだから、この選集が残る限りあなたの解説は生きつづけると思います。よき文章を書かれたことをわたしは感謝したい。もしあの文章にわたしの感想をつけ加えたら、どんなに当時の苦しみと不安と意気込みとつらさ——が迸しり出ることだろう。

あなたが苦しみにたえかねて奥さんにうちあけるところがある。奥さんは敢然とこれに答えられた。あのくだりを読んで、わたしは涙を催した。あの奥さんにして、この決意あり、と深く胸うたれたからであります。あのやさしい奥さまなればこそ、この勇気、男まさりの励ましをされたのだ。

りっぱな奥さんの態度を思うとともに、あなたの幸福を思ったことです。今度この手紙を書き、あなたがたに送る喜びをともにします。

昭和五十三年十二月二日

石森延男

沖山　光様
奥様

こうして生まれた『みんないいこ読本』は、新学制の発足とともに、二二年度、二三年度、全国の小学校で使用され、戦後日本の新しい小学校教育がスタートした。翌二四年度からは、教科書検定制度による教科書の使用が開始された。

次に、沖山が担当した第六期国定教科書『みんないいこ読本』の学年別配当漢字を、前後の時期の学年別配当漢字と比較して示す(15)。

戦後の国語政策を反映して、第五期国定教科書から、第六期国定教科書にかけて、小学校学年別配当漢字が半減しているのが分かる。ちなみに、第六期国定教科書を中心に、個々の漢字について調べてみると、第一期から第六期まで、国定教科書にほぼ共通して小学校に配当されていた「甲」「乙」の漢字が、昭和二三年の「当用漢字別表」以降の教育漢字には採られていない。「甲乙つけがたい」「甲論乙駁」等の慣用句はあるが、通知表で、甲乙丙、優良可が、５４３２１、ＡＢＣＤにとって代わられたことが理由であろう。また、第六期以降、新たに小学校に配当されるようになった漢字もある。「刊」である。民主主義の時代となり、言論の自由が認められ、新聞や刊行物が重要視されるようになったからであろうか。そして、注目すべきは、第六期にだけ小学校学年別配当漢字に入っている漢字である。一つは「償」である。これは、賠償、戦後補償等の用語が世相を賑わしていた敗戦国日本の時代背景があったからであろう。そして、もう一つ、「哲」である。これは、学年別配当漢字の担当が沖山であることを考えると、学問の方向付けとして「哲学」を重視する沖山の意向が少なからず影響したと推測することもできる。

小学校学年別配当漢字数
教育漢字

現行学習指導要領	33年 学習指導要領	第6期 みんないいこ読本	第5期 アサヒ読本	学年
80	46	50	129	1年
160	105	98	276	2年
200	187	150	244	3年
200	205	144	225	4年
185	194	133	234	5年
181	144	109	193	6年
1006	881	684	1301	計

教科書の編集・発行に続いて、ＣＩＥは、学習指導要領の作成を指示した。担当官は、バージニア州のコース・オブ・スタディ（Course of Study）等を提示して、教科の目標、学習指導の範囲・方法、教材の配列、考査測定等の内容を教師に対して示す資料の作成を指示したのである。当初、文部省の各教科の担当者も、コース・オブ・スタディの意義と役割が理解できなかった。それまで我が国の学校教育における指導基準ともいうべき「教師用書」は、教科書の内容を解説するもので、いわばティーチャーズ・ガイドであったから、ＣＩＥから様々な文献を借りて研究を重ねる必要があった。その結果、「学習指導要領」という用語が確定した。訳語は、当時の教科書局教材研究課長青木誠四郎の案によるという。本来は教科書編集以前に、学習指導要領を作成すべきものであったが、新学期に教科書を間に合わせるために順序が逆になったのである。当時の文部省内の急を要する対応を、沖山は次のように回想している。

コース・オブ・スタディの全貌をつかむために、アメリカの代表的なものを貸してもらって、そのアウトラインを早急に訳してもらった。この時は手が足りないので、私の教え児の尊父、松隈秀雄氏にお願いした。松隈氏は戦時中の大蔵次官をされ、当時は閑職の身であったので、快く協力していただいた。後に専売局総裁になった方である。(16)

『学習指導要領一般編（試案）』が昭和二二年三月、『学習指導要領国語科編（試案）』が同年一二月に発表された。作成に当たったのは、文部省の石森延男、猪股竜弥、沖山光、白石大二、民間からの協力者として西原慶一、輿水実、花田哲幸、滑川道夫であった[17]。

ＣＩＥの担当官は、国語教育として重視すべき四本の柱を提示したという[18]。

1　明快なる思考力（clear thinking）
2　生き生きとした話し方（vivid speech）
3　筋の通った分かりやすい作文（intelligible writing）
4　興味関心と理解（joy and understanding）

以後、今日の学習指導要領に至るまで引き継がれ、戦後日本の国語教育の指針となってきた内容であり、用語である。石森は、担当官との協議を回想して、

順序だてて話してくれるのが、わたしには、たのしみであった。いかにも平易で、実際的で、なっとくがいくからである。勝利者らしいおししつけがましいところが、微塵もない。こちらがわかるまで、具体的な事例を示してくれる。係官その人が変っても、語ることに違いはなく、その人らしい明るさと温かさとには変りはなかった[19]。

と述べている。沖山は石森と共に出向いたＣＩＥとの協議の場面を次のように回想している。

学習指導要領作製上の折衝で、一ばん暗礁に乗り上げたのは、作文の領域である。私は戦前の綴り方指導

の歴史を詳細に調べたメモを手に、先生と共にフェファナン博士と討議した。どうしても話がかみ合わない。私は日本の綴り方指導の理念を述べるのであるが、心情を表現するなどということは、全く理解してもらえない。アメリカは実用主義の上に立って、手紙が書けメモがとれることに重点があるように思われる。討議がかみ合わないままに、フェファナン博士の手がこきざみにふるえて、メモを取ろうとするシャープペンシルのしんが何回も折れる。相手は占領軍の民間情報教育局が任命した第一級の学者である。しかし決してわれわれに、はげしいことばや態度は示さない。じっと自分の感情をおさえようと努力しておられる。（略）お互いに良識ある文化人として、誠意をもって接し合ったのである。まことに文化の戦いである。こちらが善戦善処すれば、相手もまた然りである。あとに何のしこりも残さない。[20]

当時、アメリカでは、ジョン・デューイ（John Dewey）の経験主義教育論が全盛であった。「行ふことによって学ぶ」（Learning by Doing）という教育思想は、ＣＩＥから日本の教育界にも広がった。

四　実験学校

教科書、学習指導要領の作成を終えた文部省は、教育実践の成果を上げるために、各地に実験学校を設置した。

今日の研究指定校に相当する。沖山は、自分が担当した文部省初等教育実験学校について、次のように紹介している。

構造的読解から文章機能に応ずる目的的な読解へと、私とともに歩み続け、自己研修、校内一丸となっての相互研修、その実践化というけわしい道を、互いに手をたずさえて、児童生徒の主体性の確立、国語の学力向上、ひいては主要科目の学力向上という、かがやかしい成果をおさめて、明るい陽光を迎えた兄弟学校は、すでに十指を屈するほどにまでなった。(21)

沖山の構造的読解指導の形成と深くかかわっている実験学校は、次の二校である。その実践報告は、沖山の著書で紹介されている。

栃木県日光市立清滝小学校　　昭和二八年～三〇年
『読解力向上の理論と実践』(昭和三二年、金沢書店)に実践報告

静岡県浜松市立伊佐見小学校　　昭和三二年～三五年
『文章機能に立つ読解指導』(昭和三七　明治図書)に実践報告

この他、沖山が担当した小学校国語の実験学校には、次のような学校があった。

栃木県今市市立今市小学校

新潟県新庄市立日新小学校
東京都墨田区立第一寺島小学校
東京都文京区立金富小学校
静岡県浜松市立都田小学校
岐阜県加茂郡坂祝村立坂祝小学校
石川県小松市立大杉小・中学校
愛媛県西条市立玉津小学校
鳥取県日野郡溝口町立溝口小学校　他

沖山の実験学校における国語教育の調査・研究を言語学者の小林英夫が応援していた。小林は、沖山の著作と活動について、『続日本文法講座』（昭和三三年、明治書院）の「短信№３」において、次のように紹介して評価している。

一般日本人のリテラシーの調査は、一九四八年にＣＩＥのしりおしで大々的に行われたことは、まだ世人の記憶に新たなところだろう。

しかし学童の読みの能力調査のほうは、一、二の実験学校にたいして、つつましやかに行われており、その報告も公にされているのだが、そして、しかもそれが主として文部省の一事務官の手になるものだが、当の文部省自体が、灯台下暗しのたとえどおり、くだんの実験とその報告との価値を一向に認識していず、したがってそれを教育面に十分利用しようとしないのは、これは官庁の通弊だが、せっかく予算をぶんどって買い入れた機械を倉庫に眠らせておくたぐいではなかろうか。

実験学校というのは、日光市の清滝小学校におかれているもので、ここはもう長年の経験をつんでいるが、昨年新たに設けられたものに静岡県浜名郡湖東村の伊佐見小学校がある。

指導者そして報告者は、一貫して文部省の沖山光氏だ。清滝校の実験報告は『読解のつまずきとその指導』(二冊)にくわしいが、さらに伊佐見校のを加えた新しい報告は、近刊の『意味構造に立つ読解指導』だ。

氏のテストの要領は、特定の文脈の中におかれた漢字に対する児童の理解力を測定することだ。孤立した漢字に振りがなをふらせるような旧式のものではない。ある程度まとまりのある短いお話の中に適度に漢字をまじえ、それを理解させようとするものなのだ。

コトバは生き物だ—たれしもいう。なにか偉大な真理でも発見したかのように、しかしこの命題を観念としてではなしに、映像として実感したいなら、沖山氏の報告書をよむがいい。おそらく日本全国の児童の大部分は、これらの報告書に報ぜられているような反応を示すことだろう。かれらの能力の限界を知らずに国語政策を立てようとするのは、統計資料なしに予算を組むにひとしい暴挙といわざるをえない。

一部の有識者相手に私的会話を試みるのではなしに、一般大衆の末永き支持を求めたいなら、文士や評論家よ、来るべき世代の識字能力をとくと計算に入れなさい。(略)

実験学校における「読むことの学習指導」の研究成果と文部省の調査を通して、沖山は、主に次の二点を追求した。

1　文脈中の漢字に対する児童の理解力の測定

2　文章の意味構造を引き出す能力の育成

この内の第一の内容における成果は、次の文部省刊行物によって発表されている。

『児童・生徒の漢字を書く能力とその基準』（昭和二七）
『児童・生徒のかなの読み書き能力』（昭和二九）
『読解のつまずきとその指導』1、2（昭和三一）

第二の内容における成果は、本書第五章の「構造的読解指導の形成」で紹介する。

五　筆順指導の手びき

この時期、沖山が中心になって編集した文部省刊行物に、『筆順指導の手びき』（昭和三三年三月）がある。江戸時代には、人々が文字を書く際に、行書、草書を用いていたため、筆の流れが解りやすく、筆順は運筆という概念で理解されていた。しかし、明治になると活字印刷が普及し、公用文において楷書が使用された。また、学校教育では、楷書を先に学習することになった。楷書は、点画から点画への連続性が分かりにくい書体である。ここに筆順に関する諸問題が発生した。

昭和一六年、文部省は、学校教育における筆順の統一に乗り出した。第五期国定教科書の教師用書において、六六八字についての筆順を掲載したのである。「運筆順序」というタイトルで、筆順をできるだけ統一して示したが、絞り切れずに二つの筆順が並記されている漢字も多い。

戦後の国語政策によって、昭和二一年の当用漢字表、昭和二三年の当用漢字別表（教育漢字）、昭和二四年の当用漢字字体表が内閣告示として示された。そして、漢字の使用制限と字体整理が進行する中で、再び筆順が国語教育の課題となり、文部省は教員向けの資料として、『筆順指導の手びき』を昭和三三年に刊行した。「まえがき」を読むと、当時の漢字教育の情況と『筆順指導の手びき』を作成した文部省の意図がよく分かる。

まえがき

漢字の筆順については、書家の間に種々行われているものや、通俗的に行われているものなどがあって、同一文字についてもいくつかの筆順が行われている。このことが、そのまま学校教育にも行われているのが現状である。

これに加えて、昭和二十三年四月に当用漢字字体表が告示されるにおよび、新字体に基く筆順等もあって、小・中学校の現場におけるこの面の指導は、同一学校、同一学年においても必ずしも統一されているとは言えない。このような指導上の不統一は、児童・生徒に対し筆順を軽視せしめる結果となるのみならず、教師の漢字指導の効果や能率にも影響するところが大きいと思われる。

文部省においては、この指導上の不統一を解決したいと考え、さきに学識経験者、大学教授、指導主事、現職の学校長、教師の方々十数名に御協力を願って、筆順指導統一に関する原案を作成していただいた。この原案をもとに、さらに省内において、告示された新字体表の方針等も考慮し、教育的な観点を重視して、同一構造の部分はなるべく同一の筆順に統一するという観点で検討を加え、ここに筆順指導の手びきを刊行するはこびとなった。

本書の刊行に当たり、さきに御協力いただいた方々に、心から感謝する次第である。

昭和三十二年十二月　初等中等教育局　初等教育課長　上野芳太郎(22)

文部省が『筆順指導の手びき』を刊行した目的は、学校教育における漢字指導上の混乱を回避することであった。この『筆順指導の手びき』という小冊子は、次のような構成になっている。

目　次

文部科学省の現行の「義務教育諸学校教科用図書検定基準」（平成二一年三月四日告示、平成二二年一一月三〇日改正）では、〔国語科〔書写〕〕の項目で筆順に触れて、「④　漢字の筆順は、原則として一般に通用している常識的なものによっており、行書で筆順が異なる字については、適切な説明を加えていること、（略）」と示されている。今日の小学校国語教科書には、学年ごとに新出漢字の筆順が示されている。各教科書では、当初の教育漢字「八八一字」の筆順は、『筆順指導の手びき』に従っており、現行の教育漢字「一〇〇六字」で増えた漢字の筆順は、『筆順指導の手びき』に示された原則に基づいて作成されている。『筆順指導の手びき』の「1　本書のねらい」「5　本書使用上の留意点」を読むと筆順選定に対する考え方が明確に示されている。

1　本書のねらい

筆順とは文字の形を実際に紙の上に書き現わそうとするとき、一連の順序で点画が次第に現わされて一文字を形成していく順序であると言えよう。

筆順は、全体の字形が、じゅうぶんに整った形で実現でき、しかもそれぞれの文字の同一の構成部分は、一定の順序によって書かれるように整理されていることが、学習指導上効果的であり、能率的である。このことは、漢字ばかりではなく、かな、ローマ字等についても、おなじことが言える。（略）

もちろん、本書に示される筆順は、学習指導上に混乱を来たさないようにとの配慮から定められたものであって、そのことは、ここに取りあげなかった筆順についても、これを誤りとするものでもなく、また否定しようとするものでもない。[23]

『筆順指導の手びき』の特徴は、他の筆順を認めないわけではない、あくまでも学習指導上の便宜を図っただけだと断りつつも、教育漢字八八一字について、それぞれ一種類の筆順を示したことである。この断りは、「5本書使用上の留意点」においても、その冒頭に繰り返し述べられているところである。

本書に取りあげた筆順は、学習指導上の観点から、一つの文字については一つの形に統一されているが、このことは本書に掲げられた以外の筆順で、従来行われてきたものを誤りとするものではない。(24)

このような立場を前提とした上で、筆順を整理するために、二つの大原則、八つの原則を示している。「4本書の筆順の原則」の概要は、次の通りである。

大原則1　上から下へ
大原則2　左から右へ
原則1　横画がさき
原則2　横画があと　a　田　b　田の発展したもの　c　王　d　王の発展したもの
原則3　中がさき
原則4　外側がさき
原則5　左払いがさき
原則6　つらぬく縦画は最後

原則7　つらぬく横画は最後
原則8　横画と左払い

二つの大原則のあと、八つの原則を立てる作業には、以前から示されていた原則をまとめること、各委員の異なる意見をまとめること、という二つの要点がある。具体的には、これまでに行われてきた筆順を収集し、規則性を導き出すという帰納的な方法である。この方法に加えて、原則に基づいて、その原則に適合する筆順に改めるという演繹的な方法も行われている。漢字の筆順は、日本と中国、台湾で異なり、書く人によっても違いがあるとともに、筆順に関する考え方も多様であり、『筆順指導の手びき』についても、様々な意見、評価がある。『漢字百科大事典』（明治書院）の筆順の項目（片野達郎）では、小学校の漢字指導の立場から次のように、筆順の基準として評価している。

筆順は従来慣習的なものとして師承されてきたが、昭和三三年、文部省で『筆順指導の手びき』を発行、教育的な観点から統一的な筆順を制定するに至った。（略）筆順は文字を正しく美しく書くための法則であり、覚えまちがった筆順はなかなか直せないので、少年期から正しい学習が必要である。[25]

一方、漢字文化の観点から漢字教育を構想してきた藤堂明保は、その著作『漢字の過去と未来』において、次のような批判的意見を述べている。

書き方の強制と並んで、教師と児童を悩ませているのが「筆順」の強制である。これは文部省に責任がある。（略）サンプルを書いた書家が、もし戦前戦中と同じ流儀を伝えた人であったなら、問題は小さかったはずだが、たまたま行書の筆法を楷書に持ち込むくせのある人であったから、戦前戦中の教育を受けた親たちと、今日の子どもたちの間に、筆順の違いが目立つようになった。(26)

天下の教師や父母に申し上げる。筆順はその基本を身につければよいのであって、それ以上は、個人の流儀にまかせればよいのである。そしてカタカナを、ぜひとも小学一年、二年のうちにしっかりと教えこんでいただきたい。漢字教育の重点は、じつは筆順や字形の細部を教えることではない。「ことばの仲間」を教え、漢字のほんとうの意味を知らせて応用の力を養うことである。(27)

藤堂は、そもそも、「カタカナは漢字の一部を取ったものだから、カタカナの筆順に慣れれば、おのずと筆順の基本が身につく」（同書二〇〇頁）という考え方に立っている。

後日、沖山が『筆順指導の手びき』を作成するに至った経緯、作成中の苦労を紹介したエピソードが、『読売新聞』に紹介された。昭和五〇年に連載された「日本語の現場」シリーズの一七回、「官製筆順〈その三〉〝決める会議混乱」と題する、六月三〇日付の記事である。

文部省認定の書写技能検定では、文字によっては二種類以上の筆順を知っていないと、パスできない。（略）もっとも、小学校の教科書に示されている筆順は一つしかない。（略）

二十年前の秋、文部省小学校教育課の沖山光・教科調査官（当時）（七〇）は、課長から肩をたたかれた。「小、中学校教師の筆順に乱れがひどい。一つ、楷書（かいしょ）の〝指導書〟をまとめてみないかね。」沖山さん、二つ返事で引き受けた。専門家から〝正しい筆順〟を聞き出してくればそれですむ、と踏んだからだ。

〈二、三か月もかければ、じゅうぶんだろう〉

さっそく大学教授、学識経験者、現場の先生など十二人を委嘱、「筆順についての委員会」を発足させた。メンバーの先生たちが学校で教えている筆順を〝たたき台〟にした。一気に……のつもりだった。ところが、どうしてどうして。第一回会合から荒れに荒れたのである。

「上」の筆順。沖山さんは「丨 ト 上」の順序に、少しの疑問も持たなかった。すると「止」や「足」の ト の部分の順序と合わないではないか、と異論が出た。「耳」も「馬」も「書」も「感」も……と、議論百出。ある書道の大家が「私の流派の書き順を認めないなら、切腹する」と、大臣室の前に座り込むという騒ぎにまで発展したのである。

こうして〝官製筆順会議〟は八十余回を重ね、教科書用手引きが完成するまでに、二年もかかった。

沖山の苦労がしのばれるエピソードである。戦後の混乱期、国語教育における多様な価値観が錯綜する渦中にあって、小学校国語教育の前進をただひたすらに追究した文部事務官の姿が浮かんでくる。

『筆順指導の手びき』が発行された昭和三三年の一一月一〇日、文部省に教科調査官、視学委員が設置された。教科調査官は、文部事務官というラインの職種ではなく、専門職として新設された職種である。沖山は、国語の教科調査官に任用された。教科調査官としての沖山を、同僚の教科調査官（道徳、学校図書館）井沢純は次のように紹介している。

沖山先生という人

沖山先生はいうまでもなく国語の調査官である。初等教育課のデスクに向かっている時も、大抵こわい顔で思想書などを読んでいる。だから「沖山先生はこわいお方だ。厳しいお方だ。いや、少し厳しすぎるうらみもないではない」といった評価を受けることがあるという。それはそうかも知れない。沖山先生は、読解という難題にとりくんで、それこそ一生を歩んでこられた人である。落語や漫才を志した訳ではないのだ。しかし、私がお付合いいただいた五年間の経験では、右の評価は片手落ちである。先生には底抜けに人の好いところがある。その点を見落とすことは評者にとっての不幸ではないかと思う。

伝説によると、先生は若い頃から、月給の大半を本に入れ揚げていたという。それでは生活費はどこからひねりだしたのであろう。などと問うのは正しくぐ問でしかない。それほどに、世間知らずで、一途な方でもあったということを読み取れば足りるのだ。こういう人が、「冷たすぎたり、厳しすぎたり」する筈はない。若い頃から蓄財に専念し、出すものは舌でも断り続け、ついに一家をなした……なんて筋書とは丸で違うのである。

そのような性向は、先生の「おしゃれ」とも無縁ではないだろう。初等教育課きってのモダン・オールド・ボーイは先生である。上着とズボンのとりあわせ、合オーバーの色合いなど、若輩の私などでも心にくく思うことがある。そして、風に飛びちる枯葉のごとく、昼休みには銀ブラとしゃれられるのである。おそらく銀座の街並で、読解の理論の着想が芽生え、ふくらみ、書斎での執筆につながるのだと思う。そんな先生が、デスクに向かって、ゲルベゾルテをくゆらせている姿が私は好きだ。

初等教育課の部屋の中では、先生は黙然として机に向かっていることが多いのだが、ひとたび先生を尋ねて理論を問う人が現れると、それこそ時間などおかまいなしに、烈々たる気魄をこめて道をお説きになる。「……そうではないのです……」などという声が、私のデスクにも流れてくる。「ハハア、おやりだな」と私はにっこりする。そして、あの声がきかれる内は先生は健在なんだな、と心に言いきかせる。ちなみに、先生はひそかに「一路」と号されているらしいのだが、いくぶんロマンチックな心象を伴うこの号を見ると、先生の若い日の風貌を垣間見る思いがするのである。

最後に私の臆測を記しておこう。先生の理論は、まことに明晰であって、フランス的知性を思わせるものがあるのだが、その反面、先生の人生観の根底には、神道とも仏教とも実存主義とも限定しがたいような純体験への志向が横たわっているように思われる。意味の中軸とか洞察とかいう考えを支えるような体験の世界が、私を先生に近づける原因なのかも知れないが、明晰・冷徹な理論を養うものは、まぎれもない日本の心性である。そうした矛盾を克服し統一していくところに、先生の人生があるようにもうかがわれる。

先生は酒をたしなまれない。そのくせ、酒席の雰囲気にとけこんで、いつまでも酔っぱらいのお相手をしてくださる。私などは、そんな先生に甘えて、勝手な反論をふりまわしたりする。先生は、私の言い分で一考に値するものは素直に承認される。私はそんな折に、一つの理論を支える人の重荷・十字架を感得し、敬愛の念がいやますのを覚えるのである。(28)

【注】

（1）ＣＩＥとは、The Civil Information and Education Section の略称。

（2）「文部省職員抄録」（昭和二一年一〇月二日現在）による国語関係職員。肥野田直・稲垣忠彦編『戦後日本の教育改革6　教育

課程　総論』一九七一、東京大学出版会、二一三頁より重引（初出は『文部時報』第八三五号、一九四六年一二月十日）。

教科書局長　有光次郎、

第一編集課長　石山脩平、国語　石森延男、同　藤井信男、同（兼）麓保孝、

調査課長　西村巌、国語調査　釘本久春、同　広田栄太郎、同　関宦市、同吉田澄夫、同　白石大二

（3）沖山光「占領下における魂の雄たけび」、石森延男『石森延男国語教育選集第二巻』解説、一九七八、光村図書、四九九―五〇〇頁。

（4）坪井栄『二十四の瞳』には、暫定教科書に触れた、次のような一節がある。（一九六一、角川文庫）

海も空も地の上も戦火から解放された終戦翌年の四月四日、この日朝はやく、一本松の村をこぎだした一隻の伝馬船は、紺がすりのモンペ姿のひとりのやせて年とった小さな女を乗せて岬の村のほうへ進んでいった。（一九一頁）

古びてしまった校舎の、八分どおりこわれたガラス窓をみたとき、瞬間、絶望的なものが満ち潮のように押しよせてきたが、昔のままの教室に、昔どおりに机と椅子を窓べりにおき、外を見ているうちに、背骨はしゃんとしてきた。なにもかも古いこの学校へ、新しいものがやってきはじめたからだ。古い帯芯らしい白い布で作った新しいかばん。まん中に一本縫い目のあるらしい銘仙のふろしき、そのなかには、新聞紙を折りたたんだだけのような、表紙のないそまつな教科書がはいっているだけでも、子どもたちは希望にもえる顔をしていた。昔どおりの岬の子の表情である。（二一一頁）

（5）政府は、この申し合わせ事項「官庁用語を平易にする標準」を拡充して、昭和二四年四月五日、「公用文作成の基準について」

として、内閣官房長官から各省大臣に依命通達した。

（6）三六冊とは、小学校一五冊（一—三年各二冊、四—六年各三冊）、中学校一五冊（『中等國語』一・二年各三冊、三年四冊、文法二冊、『習字』一—三年各一冊）、高等学校六冊（『高等國語』一—三年各二冊）。

（7）石森延男「敗戦直後の国語教育」、現代国語教育論集成編集委員会『現代国語教育論集成　石森延男』一九九二、明治図書、三一二頁（初出は『教育科学国語教育』一九六六・二、明治図書）。

（8）フェファナン女史（Helen Heffernan）は、カリフォルニア州教育局初等教育課長から、CIEの少将待遇の文官として昭和二一年一〇月二六日、来日。問題解決学習論の専門家として知られる教育学者。

（9）石森、前掲論文、三一一頁。

（10）同右、三一四頁。

（11）石森延男「『みんないいこ』読本をめぐって——国語科教育学の歩み——」、現代国語教育論集成編集委員会、前掲書、三三〇頁。

（12）沖山光『文章機能に立つ読解指導』一九六二、明治図書、一一頁。

（13）沖山光『教科における思考と構造』一九六六、東洋館出版社、あとがき。

（14）沖山、前掲論文、一九七八、五〇三頁。

（15）佐藤喜代治他編『漢字百科大事典』一九九六、明治書院、一四一二—一四一三頁。

（16）沖山、前掲論文、一九七八、五一一頁。

（17）「文部省職員録抄録」、二六年の学習指導要領改訂時の国語関係職員（昭和二五年五月現在）（肥野・稲垣編、前掲書、二四〇頁より重引）（初出は『初等教育資料』第一号、一九五〇年五月）。

初等教育課　課長　大島文義

国語係　篠原利逸・小山定良
調査係　松本順之・沖山光　他

（引用者注　石森延男は、昭和二四年五月、文部省を退職）

(18) 沖山、前掲論文、一九七八、五一一頁。
(19) 石森延男「占領下のころ」、現代国語教育論集成編集委員会、前掲書、三〇二頁。
(20) 沖山、前掲論文、一九七八、五一六頁。
(21) 沖山、前掲書、一九六二、一一頁。
(22) 文部省『筆順指導の手びき』一九五八、博文堂出版、まえがき。
(23) 同右、七頁。
(24) 同右、二六頁。
(25) 片野達郎「筆順」、佐藤編、前掲書、四五頁。
(26) 藤堂明保『漢字の過去と未来』一九八二、岩波書店、二〇〇頁。
(27) 同右、二〇二頁。
(28) 沖山光・井沢純他『教科における思考と構造』一九六六、東洋館出版社、あとがき三〇一―三〇四頁（引用者注　今日では不適切な表現があるが、当時の表記を尊重し、そのまま表記した。）

【参考資料】

肥野田直・稲垣忠彦編『戦後日本の教育改革6　教育課程　総論』一九七一、東京大学出版会。

海後宗臣編『戦後日本の教育改革8　教員養成』一九七一、東京大学出版会。

松本仁志『筆順のはなし』二〇一二、中央公論新社。


（榎本　善紀）

第四章　諸家との交流

一　国語教育と言語学――小林英夫

ソシュールは、言語学を二つの分野に分けた。一つは、言語の歴史的側面を扱う通時言語学。もう一つは、言語の非歴史的・静態的な構造を扱う共時言語学である。それまでの言語学が、言語の起源や歴史的変化を問題としてきたのに対して、ソシュールは、通時言語学、共時言語学の双方を研究対象とし、ある一時点における言語の内在的な構造も解明しようとした。そして、言語の構造をラング（語彙や文法など、社会に共有される側面）と、パロール（個人が行う言語活動の側面）とに二分して説明し、ラングを共時言語学の対象とした。

沖山は、このソシュールの言語理論を小林英夫の訳になる『言語學原論』（ソシュールの講義録、昭和三年、岡書院）を通して知った。昭和一二年頃のことである。以後、このソシュールの言語理論から得た示唆は、国語教育のポイントの一つとして長らく沖山の中で胚胎された。文部省初等中等教育局の事務官として勤務していた沖山は、昭和二六年から、小林英夫を囲む勉強会に参加している。(1)場所は、当時、東京工業大学の教授であった小林の研究室が当てられた。東工大の大岡山キャンパスは、沖山の自宅のある尾山台駅から大井町線で四つ目の至近にあった。テキストは、『一般言語学講義』(『言語學原論』の改訳、昭和一五年、岩波書店)の他、小林が言語学入門書として著した『言語学通論』(昭和一二年刊、昭和三〇年改訂、三省堂)等であった。沖山は、『言語学通論』をテキストとした時の様子を次のように回想している。

わたしども数名の、ごく限られたメンバーで、博士の東京工大在任中、その研究室で、全文を通読しながら、問題点の解明をしていただきました。それは、昭和三〇年一二月から三一年五月にわたる前後十一回の研究会で、この時のテキストとして使用したのが、三〇年一〇月刊行の改定第五版のものでありました。この本には、博士からの示唆が多くの書きこみとして残されております。さらにわたしは、三三年の改定第六版を自分の目で読みながら、構造国語教育論への思索と結び付け、たくさんの書きこみをしております。(2)

このような研究と文部省実験学校における実践を経て、沖山は、自身の国語教育論を世に問う。主著『意味構造に立つ読解指導』(昭和三三年、明治図書)である。その中で、ソシュールの言語理論にあるパロール(parole)を言語の個人的側面、ラング(langue)を言語の社会的側面として紹介した上で、それぞれは、国語における言(具体的、機能的ことば)と言語(一般的、辞書的ことば)に相当すると説明している。この考え方を現行の学習指導要領に即して考えると、次の内容に相当する。

「中学校学習指導要領　国語」(平成二〇年告示)　第一学年

・文脈の中における語句の意味を的確にとらえ、理解すること。〔C（1）ア〕
・語句の辞書的な意味と文脈上の意味との関係に注意し、語感を磨くこと。〔伝国（1）イ（イ）〕

沖山のいうところの「言」とは、語句の文脈上の意味であり、「言語」とは、語句の辞書的な意味と対応していると理解することができる。この後、沖山は文部省の実験学校における構造的読解指導の実践を数々の著書で紹介していく。その著書において、自分の国語教育論の基盤として、自らが学んできた小林英夫の著作を紹介している。次に掲げる小林からの書簡は、そんな二人の言語学を介した交流を示している。昭和一二年から続く長い交流の一端である。

【小林英夫からの書簡　昭和四三年六月二二日付け】

表書　世田谷区玉川とどろき二―二五　沖山　光　様
裏書　〒一八〇―〇四　北多摩郡清瀬町元町二―二四―一〇　小林英夫

御新著「構造国語教育入門」をご恵贈下され御芳情手厚く感謝いたします。わたしに関係のある「言語学の窓」をさっそく通読いたしました。通論の真意を根底から汲みとっておられ、最良の読者を得たよろこびにひたっております。

貴書のねらいが、たんに狭い専門書からの吸収に終始せず、ひろく真実の書物から養分を摂取するところにあるのは、学問の本筋と思われます。現場の教師たちにとって又とない指導書となることでしょう。

貴書の発刊を大いに祝賀するゆえんです。いつか機会をえてつもるお話をしたいものです。

先週の土曜から日曜にかけて軽井沢にいってきましたが、雨にたゝられ散々でした。しかし高原はあやめの花ざかり、だれも摘むものなく、一面の紫野でした。

一九六八年六月二十二日　朝　　小林英夫

この書簡は、沖山が、同年六月刊の『構造国語教育入門』（明治図書）を贈呈したことに対する小林の礼状である。日付から考えて、受け取ってすぐに目を通し、この書簡を書いたことが分かる。沖山は、同書の第一部で哲学や心理学の書物を紹介している。ハイデガーやブルーナ、高山岩男や和辻哲郎などの代表作を紹介して、内外の先学から思考に関する言説を学ぼうとする沖山の姿勢がうかがわれる。そして、第一部の最後、第五章「言語学の窓」が、小林英夫『言語学通論』改訂第五版（昭和三〇年、三省堂）の紹介に充てられている。大岡山キャンパスで行われた勉強会「ソワレ」のテキストである。

二　号「一路」――山本有三

沖山光は、しばしば「一路」という号を使用している。初めて使用されるのは、昭和七年である。沖山蔵書の倉田百三『出家とその弟子』（岩波書店）の扉に次のような書き込みがある。

昭和七年一一月一日　更生の気ほの見ゆる日
　　再々再讀みし本書を記念にとて改めて求む　　南海一路

次いで、石原純『人間相愛』（二元社）の扉にも、次のような書き込みがある。

　昭和七年十二月廿日　K氏邸よりの帰途　路傍の雑書の中より　　南海一路

また、戦前の著作『一点凝視の読方教育』の「序」を「昭和十年八月　山中湖畔よりもどりて　一路識」[3]と結んでいる。戦後の著作では、昭和三七年二月刊の『読解と構造的思考――思考の原理と方法――』（新光閣書店）の「はしがき」に「昭和三十七年一月　一路」[4]と記している。『構造思考トレーニング』の「まえがき」でも「昭和四十四年六月　郷里八丈島なる山荘にて　一路」[5]と結んでいる。

沖山の使用した号「南海一路」の由来は、何であろうか。「南海」は、故郷の八丈島を指すと思われる。では、「一路」は、どのような思いで選んだのであろうか。その手掛かりは、『読解と構造的思考――思考の原理と方法――』の本文中にある。

　すべて、この世においてわれわれが生きることは、真実を求めての努力である。七月下旬にテレビで放送された「真実一路」（山本有三作）には、心打たれるものがあった。これを見ている人々の、その放送劇から受ける反応は、千差万別であろう。それは受け取る人の身がまえによることである。どのような身がまえで受け取るかによって、その劇から受ける感銘にも、感想にも、各種各様の、その人なりの受け取り方が出

てくる。(6)

かつて放映されたテレビドラマ「真実一路」の紹介をもって、本文の導入としている。続けて、読解指導においては、「形式段落」ではなく、「意味段落」に着眼させるべきであるという主張を述べた後、自己の胸中を次のように記している。

この節の書き出しに、「真実一路」なる放送劇のことに触れた。原作は山本有三氏の作である。同書の最初のページに北原白秋氏の

真実諦メ、タダヒトリ、　真実一路ノ旅ナレド。

真実、鈴フリ、思ヒダス。(「白秋全集」第三巻。二四一ページ所載)

の「巡礼」なる一つの詩が載せられている。放送劇の中でも、真実一路に生き抜く父親について、お前の父とは、このような人であると語られる。娘はこのことに気づいてはいなかったのである。父と別居している母親の兄(画家)の口からこのことを聞いて父の生活信条について不審を抱いていた年ごろの娘心は大きくゆさぶれていく。このおじのことばの中に、娘は、はじめて、父の心の底深く秘められた真実一路の人生の旅路を知らされ強く打たれる。父を捨て、愛人のもとへ去っていった不貞の母と比べて、真実一筋に、しかも、そのことをおのれの心の底に秘めて、なさぬ中の娘を男手一つに守り育ててきた父親の真実の愛情。愛情とは打算ではなく、真実であればこそ愛情の名に値するものであるが、——おじのことばを聞く娘ならずとも、この放送劇を視聴する人々の心を打つものがある。

真実一路に生きるこの父の心情、野中の山路に春日を受けて精いっぱいに、つつましく咲くすみれ草、山

路にふと足を止めて、このひともとのすみれ草に合掌し、「山路来て」と歌いだした、芭蕉の芸道の真実、いずれにもつらなる一つのものがある。

学問というのもまた、この真実一路の旅でなければならない。少しのごまかしがあってもいけない。いささかのあいまいさも許されない。それは、きびしい自己修練の細道である。どんな、ささやかな細道であろうとも、道なきところに、真実の心の鈴をふりながらふみしめて、一本の道しるべをつけていく思考の旅、そこには、いささかの自己偽瞞や誇張があってもならない。いささかの不明朗さも許さない厳しい旅である。

国語教育における思考といい、人間形成といい、それは、ことばによる表現やことばによる理解のけわしい、きびしい旅の一本道であると思う。しかもその旅は真実一路の旅でなければならない。「ことばと対決する」とは、このような、きびしい、けわしいものなのである。「ことばのあや」で、ごま化すような浮ついたものではない。(7)

沖山は、山本有三、北原白秋、芭蕉に触れながら、胸中を激しく語っている。この記述から推測すると、学問に志した若き沖山が、打算を排し、真実一筋に自らの希望に邁進しようとする決意を込めて、号「一路」を使用したものと思われる。

沖山は、先に引用した中で、「七月下旬にテレビで放送された『真実一路』（山本有三作）には、心打たれるものがあった。」と記している。昭和三七年二月刊の『読解と構造的思考――思考の原理と方法――』で書いているのであるから、「七月下旬」とは、前年の昭和三六年のはずである。七月下旬のテレビ番組を『朝日新聞』で調べると、「七月二二日（土）」のＮＨＫテレビ・１チャンネル、八時〜九時に、プロ野球（平和台球場から中継）西鉄対南海（野球中止の場合「真実一路」）

と記載されている。しかし、翌日の新聞には、西鉄が二対一で南海に勝ったという記事が掲載されている。つまり、七月二二日にはプロ野球が放送されたため、「真実一路」は放送されていない。「真実一路」が「七月下旬にテレビで放送された」というのは、沖山の記憶違いであると思われる。

さらに追ってテレビ番組を調べてみると、八月五日（土）、ＮＨＫ・１チャンネル、八時〜九時に、

ＮＨＫ劇場「真実一路」山本有三作、中山三雄演出、佐分利信、伊藤弘子、松原祥喜、荒木道子、松村達雄、中原弘二、西本裕行他

と記載されている。沖山が視聴したテレビドラマ「真実一路」は、この放送であったと思われる。そして、「七月下旬」の野球中止の場合の放送予定が強く記憶に残っていたということは、沖山が「真実一路」のテレビドラマを楽しみにしていたということを示すのではないだろうか。山本有三の原作を読み、真実一路に生きる「父」の姿に深く共鳴した沖山は、テレビドラマの放映予定をみて、視聴できるのを心待ちにしていたとすると、「七月下旬」の時期が印象に残ったことが説明できるのである。

なお、後年、沖山は山本有三という人物を高く評価して、次のようなエピソードを紹介している。

このことは、昭和二十四年、石森先生が文部省を去られてからのことである。先生は文部省を辞する時、「きみが、私の心を受け継いでくれると思うから……。」ということばを残して行かれた。この先生の心を体して、

『児童・生徒の漢字を書く能力とその基準』(昭和二七)『児童・生徒のかなの読み書き能力』(昭和二九)『読解のつまずきとその指導』①②(昭三一)「筆順の手びき」(正しくは「筆順指導の手びき」—引用者注)(昭三三)の四つの調査が文部省の報告書として刊行されている。(略)時の参議院議員であった山本有三先生が、文部大臣に対して、国語の学習は、かたかなから開始されるべきではないかという質問が発せられた。このことは、戦後ようやく定着した「ひらがな漢字まじり」の文章表現が戦前の「かたかな漢字まじり」の文章表現に逆転するおそれが生じてきた。(略)この調査は、入学当初から「ひらがな」で学習する学級、「かたかな」で学習する対照学級を設け、当方の指示どおり忠実に、各教科の学習を実施してもらわなければ、実験研究の意味がない。また、山本有三先生に納得してもらうだけの説得力もないものとなる。

このため、特に山間僻地の学校数校を選んで、この実験研究とその結果の七月における習得状況調査のための説明に出向く。(略)結果は次のように判明した。入学以来一学期の終わりには、かたかなを中心にして学んでも、ひらがなを中心にして学んでも、その習得能力には殆ど差異が見られないということである。この調査結果のすべての数字的データを持参して、私は参議院会館に山本有三先生を訪れた。詳細をありのままに報告し、現状のまま「ひらがな漢字まじり文」で学習することが、子どもたちに被害を与えないですむことを強調した。終始、私の報告に耳を傾けておられた山本先生は、次のように語られた。

「調査方法には多少の異論がある。しかし、誠意をもって、私の議会の質問に答えてくれたことに満足する。この問題に関して大臣に質問したことは、取りさげる。」

さすがに文化人たる山本先生の態度である。大臣に逢う用事もあるから、私の車でいっしょに役所に帰るようにとの厚意まで示された。現在の、ひらがな漢字まじり文という一線を守り得た私の心は、明るかった。思えば二年ぶりの苦労がむくわれたからである。(8)

国字問題に独自の見解をもつ山本有三であったが、戦後の平仮名先習について納得した経緯が語られている。沖山としては、年月をかけた実験結果を持って説明した結果に自負の念を抱くとともに、山本が労をねぎらって示した好意に満足していた。

【注】

（1）沖山は、この頃の回想を『小林英夫著作集　第一巻』（一九七六、みすず書房）の「月報二」（三―五頁）に次のように記している。

ソワレをめぐって　　沖山　光

私が小林英夫先生の著に初めてめぐり合ったのは『批判的解説・一般文法の原理』であった。もちろんこの言語学者がソシュールの世界最初の外国語訳者であるなどということも、いっこうに知らないおそまつな読者である。この書を求めたのは初刊（岩波書店）間もない昭和七年十二月末のことである。

その後、昭和十年四月末に『言語学方法論考』（三省堂刊）なる大著に接し、続いてこの年の十月十六日に、ふとしたことでバイイの『生活表現の言語学』（岡書院刊初版本）を入手した。また、その前年の四月十五日には、明治書院の「国語科学講座」の第六回配本の一冊『文法の原理』を、十二年十二月末にはアンリ・フレエの『誤用の文法』を手にした。フレエの書の扉には「先生のご好意により『言語学原論』の書写をする」と書入れてある。おそらくこの頃、私はめくら蛇におじず京城帝大にお便りして、ソシュールの原論が入手できないので、その借用方を申し入れたのであろう。先生は一面識もない私に、ただ先生の著書を読んでいるというだけのご縁で、快く門外不出の（先生の書架から外部に貸し出されたことのない）初版本をお貸しくださった。正月の休暇にもどられた先生をお訪ねし、初めておあいしたのは、渋谷区代々木上原町のご尊母のお宅であった。

私は入手不能の「原論」を、かくして大学ノートに全文書写した。先生に返却すべき当日、再び私は代々木上原のお宅に伺った。その時、「全文写し終えましたか」との先生の問いに対し、まだ四分の一ほど残っていますが、お返しするお約束の日ですのでと答えますと、即座に返ってきたことばは「あなたはソシュールを学びたいと言って原論の借用を申し入れた。私もまた、あなたの希望を入れて、他に貸し出したことのないこの書をお貸しした。全文の書写が終わっていないで返すというのでは、初志が通らぬことではないですか。」というおことばであった。私は今なお、先生のこのおことばが胸に刻まれている。先生の学問に対するご熱意と厳しさが心にしみたのである。それ以上に、学を求める者に差し出される先生の温情というものが、より強く私の心を打ったのである。私が一生この師から離れまいと覚悟したのも、おそらくこの時であったろう。先生の学問的良心が、今日の私を支えていることは疑い得ないことである。戦前私が先生にお目にかかったのは、後にも先にもこの時一回きりであるが、それ以来、先生のつぎつぎと発表される著作は、すべて私の書架にある。

終戦となり、バイイの岩波文庫本ただ一冊だけをリュックに入れられて、帰京。何日かして、軍靴に軍の外套といういでたちで、拙宅の玄関に立たれた先生の姿に接し、全くことばもなかった。先生の全精力を費やされて蒐集された内外の貴重な文献、それにも増して書き続けられたぼう大な論文は、そのまま外地に残して、たった一冊の文庫本しか持ち帰れなかったご心中を察すると、ただただ無言で先生の話に聞き入るより外はなかった。

やがて先生は東京工業大学長の請めに応じ、工大に研究室をお持ちになる。このころから、先生を囲んでの有志のセミナー、「ソワレ」の会が始まる。ソワレとは、フランス語の soiree 夕べの集いの意である。この会は、昭和二十六年九月から昭和三十二年四月まで足かけ七年の長きにわたっている。その折に用いられたテキストと回数とを記してみよう。

『一般言語学講義』　二六・九・一四—二八・七・九　三〇回。

オグデン、リチャーズ『意味の意味』二八・九・一〇—二八・一二・二四　六回。（原書および石橋訳使用）

イェルムスレウ『一般文法の原理』三三・六・三—三四・一一・一〇　四九回。

フォスレル『言語美学』二九・一〇・一四—三〇・一二・八　二二回。

小林英夫『言語学通論』三〇・一二・二一—三一・五・二四　一一回。

バイイ『言語活動と生活』三一・六・七—三二・四・一六　一三回。

以上六冊のテキストを通して総計一〇一回のセミナーが行われた。毎回夜の七時から九時までの二時間である。ソシュールの『一般言語学講義』の時だけ十数名の人が参集したが、第二のテキストの時から数名の人になった。この数名とは、石井庄司、石井米雄、饗場一雄、山口光、上田幸夫の諸氏と私とである。これらの方たちが常連となって、最後のテキストまで、輪読しては随時先生の補説、解説を受けた。この七か年の間、多くは工大の研究室が使われたが、後には研究室が工大増築のため狭い部屋に移されたため、止むなく戸山が原の公務員宿舎の先生の書斎に集まることとなり、先生の奥様にも随分とご厄介をおかけしてしまった。何かの都合で、代々木初台の米田さんの一室を借用したことも数回にわたったと記憶している。米田さんは先生夫人の友人の方とか聞いている。

話は前後するが、第二のテキスト『意味の意味』を、英文で石井米雄氏が、きれいなしかも流れるような声で朗読されたことが今も耳に残っている。訳文の方は、残るものが交互に読み、原文と対照する形がとられた。序文のところから訳語の不適切なものが目立ちかなりの訂正書きこみがなされている。訳文の不備もいたるところで指摘された。第三章の記号の境地（「場面」と訂正）は、中心主題と言われているところであるが、表現が古く、使われていることばはやさしくても、その意味するところがはっきりしない。その上文学的な形容が加わり、意味をいっそう混迷させている。英国の然かるべき学者に尋ねても不明ということで、あまりの時間の空費となり、この章の前半で打ち切ることとなる。

最後にソシュール祭のことに触れたい。内地で初めて催されたのは、二五年一一月二五日ソシュール誕生の日の夜であった。工大の研究室である。常連の外に、招待客として、波多野完治先生、都立大の三宅徳嘉教授、グロスターさんなどの名が記憶に残っている。

先生はこの日の夕刻から心をはずませて、会場（といっても研究室内のこと）のしつらえに、あれこれと心細かに気をくばっておられた。ソシュールの写真をかざり、その姿を前にして、ソシュールに関する新情報を語られた。その学恩に心から感謝しておられる様子が、参会者の胸にもひしひしと伝わってきた感動がなつかしく想起される。そのあと参会者からもソシュールに関する思い出話が語られ、まことにソシュール祭にふさわしい内容であった。そのソシュール祭は、あれ以来二五年を経た今日まで、毎年、何らかの形で行われている。もちろんその中心は先生のよびかけである。

〔元文部省教科調査官〕

＊引用者注　今日では不適切な表現があるが、当時の表記を尊重して、そのまま表記した。

（2）沖山光『構造国語教育入門』一九六九、明治図書、一一九頁。
（3）沖山光『一点凝視の読方教育』一九三五、南光社、序四頁。
（4）沖山光『読解と構造的思考――思考の原理と方法――』一九六二、新光閣書店、二頁。
（5）沖山光『構造思考トレーニング』一九六九、明治図書、二頁。
（6）沖山、前掲書、一九六二、八頁。
（7）同右、一五―一六頁。
（8）沖山光「占領下における魂の雄たけび」、石森延男『石森延男国語教育選集第二巻』解説、一九七八、光村図書、五〇八―五一〇頁。

（榎本 善紀）

第五章　構造的読解指導の形成

はじめに

昭和二二年四月、六・三・三制の学校制度が発足した。三月三一日に施行された学校教育法に基づき、国民学校は小学校に戻り、新制中学校が設置され、小中六年間が義務教育となった。次いで翌昭和二三年四月、新制高等学校が発足した。新しい学校制度が実施されたことにより、戦後日本の社会に単線型教育制度が導入されたのである。

新学制の発足に際して、国語教育がどのように転換され、戦後国語教育の流れの中で沖山光がどのような視点と経緯で、構造的読解指導を提唱したのか。本章は、昭和二〇年代から三〇年代にかけての小学校国語教育論の分析を通して、経験主義から読解指導へという流れの中における構造的読解指導の形成過程を明確にすることを目的とする。

一　経験主義と単元学習

昭和二二年一二月、学習指導要領国語科編（試案）が発表された。小学校・中学校における国語科学習指導を改善するために、示唆を与えようとするものである。「第一章　まえがき」の「第二節　國語科学習指導の目標」には次のように記されている。

國語科学習指導の目標は、兒童・生徒に対して、聞くこと、話すこと、読むこと、つづることによって、あらゆる環境におけることばのつかいかたに熟達させるような経驗を與えることである。

ところが、これまで、國語科学習指導は、せまい教室内の技術として研究せられることが多く、きゅうくつな読解と、形式にとらわれた作文に終始したきらいがある。今後は、ことばを廣い社会的手段として用いるような、要求と能力をやしなうことにつとめなければならない。(1)

言語技能を重視し、経験を与えることによって習熟を図るという教育方法が示されている。これは、CIE（民間情報教育局）の指導により、アメリカの経験主義教育思想を背景にして構成された学習指導である。これまでの国語教育を「せまい教室内の技術」「きゅうくつな読解」「形式にとらわれた作文」と批判して、「ことばを廣い社会的手段として用いる」という新たな目標を示している。

ここに示された学習指導は、経験主義、活動主義の立場から、教科主義を否定し、児童生徒の生活課題を学習課題として取り上げ、系統主義に立つ各教科の枠組みに捉われずに学習活動を追究する教育であるから、総合主義でもある。学習指導要領国語科編（二二年版）の巻末には、「参考一　單元を中心とする言語活動の組織」が添えられている。「われわれの意見は、他人の意見によって、どんな影響をこうむるか。」という題材を提示し、話し合ったり、読んだり、書いたりする言語活動の範囲を世論、新聞、雑誌、ラジオ、映画等、多種多様な生活上の場面に広げ、社会生活における作業単元学習の指導計画を具体的に例示している。

このような学習指導要領の示唆を受けて、全国の学校では、明治以来の教科書中心の授業、いわゆる「教科書を教える」授業から、子どもの生活に基づいた「単元」ユニットを構成する「教科書で教える」授業へと方向を転換する試みが模索されていた。当時、どのような単元学習が展開されていたのであろうか。生活経験に即した単元学習の一例として、昭和二四年二月に発表された、沖山光の「我が校の読書指導」を見てみよう。この資料は、当時、文部省嘱託として学習指導要領の作成に携わっていた沖山が、本務校である東京第一師範学校男子部附属小学校の教諭としてまとめた実践報告である。

新しい教育は、廣く兒童の生活に卽し、その教育内容も、素材も、場もその窓が開かれたのである。兒童の生活々動の中に占める讀書の地位はここに新しく大きく檢討されなければならない。そして、その實態を確認し、讀書指導を新しい教育活動に組織的に編成しなければならない。（略）讀書指導には今まで二つの大きな力點があったのである。つまり、一つは、「如何なる本を讀ませるか。」ということと、「如何なる方法で本を讀むか。」ということであった。前者は書物の選擇であり、後者は讀書の方法技術であった。

勿論このことは重要なことであるが、それが兒童の生活經驗に卽し系統的に考えられてはいなかった。
文部省は、國語の學習指導要領の中の「讀みかた」の項には、低學年、高學年の段階に卽した「讀みかた」の目標や技術が相當詳しく述べられている。尚高學年には「辭書の利用について」という項を設けて、特にその必要性や利用法を説明しているのであるが、我校では、今回、新しい教育の重要な一部門として「讀書及圖書館利用の教育單元」というものを構想して、研究に着手し、讀書指導の萬全を期し、やがて廣く世に問う機會を待っているのである。(2)

これまでの読書指導が、どのような本を読ませるか、どのような方法で読ませるか、という本の選択、読書の方法技術等、指導者側の観点に終始していたのに対して、児童の生活活動の一つとして読書を捉え直した上で、図書館を利用した生活単元学習を紹介している。沖山は、学習指導要領作成委員でもあり、師範学校附属小学校教諭としての立場もあり、本論文からは、学習指導要領の趣旨に即して、経験主義の新しい教育の推進に努める姿勢をうかがうことができる。
小・中学校で一斉に始まった単元学習であったが、考え方や完成度にかなりの相違があり、混乱している状況も見られた。戦前の国語教育界を理論的に支えてきた垣内松三が学習指導要領について語った次の言葉は、当時の国語教育界の困惑を端的に示している。

その要点は、教材単元と、作業単元とがどういう関係になっておるかということであろうと思います。アメリカの教科書の立場と、現在においての、わが国の教科書の立場は、自ら異なるものがある。国語教科書として現在常に用いておる教材を中心としてか或は基礎として、これと作業単元を如何に結びつけるかということが、実際家の大いなる苦心であらうと思うし、またその方向をとっても、十分国語教育が効果的に用いられると思うのでありますが、この点、教材単元と、作業単元とが、どういう関係に立っておるかということがこの要領を読んで、すぐ胸中に起る一つの疑問であろうと思う。(3)

この垣内の言葉は、昭和二三年三月に行われた「学習指導要領国語科編について」と題された対談における発言である。出席者は、東京文理科大学の垣内松三、文部省国語科教科書編修主任の石森延男、学習指導要領編修委員の輿水実の三人であった。このような国語教育界の実情を、当時、千葉師範学校男子部教授であった倉澤榮吉は、昭和二四年四月に発表した論文「國語と單元學習」において、次のように述べている。

根が新しいもの好きの、國語教育界だから、またたくうちに廣がつて、この節では、「單元學習でなくてはならぬもの」と相場がきまつてしまった。（略）一體、教材カリキュラムから、經驗カリキュラムへという叫びが大きすぎた。國語の單元學習においても、教材單元と、經驗單元（作業單元）とを區別しすぎたきらいがある。そして、すべて單元学習は、經驗單元でなくてはならぬかのように考えすぎた。（略）今までは、教材は、固定し閉じられており、終點であり、よみの訓練が目標であった。ところが新しい教材觀では、教科書だけが内容をなすのでなく、ノート、鉛筆はもちろんのこと、副讀本や課外讀物も、同一の資格をもつてその内容をなす、もつと廣く、すべての環境（environment）がはいる。友人の協力、先生の暗示、圖書館、參考書目、インタービユーの相手、等々。つまりこれらの資料（sources）を通じて、學習者が經驗する内容が、教育の對象となるのである。

學習の計画は、その資料をいかに與えて、いかに活用させるかを考えるのにある。そして、その學習を、どう展開するかに、學習の成功不成功がかかっている。（略）學習者が、ある學習意欲を持ち、その意欲に従って、自發的に活動し、目的を果たして、あゝよかった、いいことをした、と思う。それまでの一連のまとまりなのである。その意味で、「單元」と名づけるのである。(4)

ＣＩＥから文部省を介して流布した経験主義の単元学習をすべての学習に用いようとする風潮に対して、「すべて單元学習は、経験單元でなくてはならぬかのように考えすぎた。」と警戒感を示すとともに、「學習の計画は、その資料をいかに與えて、いかに活用させるかを考えるのにある。そして、その學習を、どう展開するかに、學習の成功不成功がかかっている。」と、後に大村はまが実践した情報読書を中心とした単元学習へと発展していく萌芽を示している。

経験主義一辺倒ではなく先を見ようとしていた倉澤であったが、しかし、同論文後半の「四、單元学習の必要と可能」と題した章では、先に引用した学習指導要領（二二年版）の一節「これまで、国語科学習指導は、せまい教室内の技術として研究せられることが多く、きゅうくつな読解と、形式にとらわれた作文に終始したきらいがある。」を踏まえたと思われる文脈で次のように述べている。

國語教育において、従来効果があがらなかったのは、教室、教科書、教師のわくの中で生徒は、狭い視野で教科書をよみによむという作業を、教師によってさせられていたからである。

單元法は、兒童生徒を、「國語の教室」という狭いわくから解放する、國語教育は、特定の國語の時間だけに行うのではない。オペラのストーリーをよむのも、社會科の圖表を作るのも、研究發表をすることも、すべて、經驗を豊かにしていくことは、國語力を伸ばし、國語力をつければ、教育の地盤となるところの生活が豊かになる。學校がすべて國語教室なのである。（略）單元法は、よみ（深いよみ）にかたよった古い方法を嫌う、こどもは、一冊の教科書をよみによみぬくなどという單調な強制には堪えられないし、生活上の要求でもない(5)。

ここで倉澤は、児童生徒の生活各方面の中から、音楽と社会の資料を採り上げて、国語との教科の枠を超えた総合主義の単元学習で、国語力を伸ばすことができると論じている。その上で、これまでの国語教育を「一冊の教科書をよみによみぬくなどという單調な強制」として批判し、その根拠に「生活上の要求でもない」ことを挙げて経験主義の立場を明確にしている。ここで批判の対象となっているのは、戦前、一世を風靡した垣内松三の『国語の力』（大正一一年）に示されている形象理論に基づくセンテンス・メソッド、芦田恵之助が実践した七変化の読み方教式等、解釈学に立った読解指導を指しているものと思われる。当時のＣＩＥの指示により文部省が学習指導要領で示した単元学習が盛んな時期、倉澤の所論からは、戦前の解釈学的読解指導の克服と新単元主義の原型、将来の国語教育の素描を読み取ることができる。

二　総合主義批判から読解指導へ

当時行われていた国語教育の多くの実践と様々な論考を分析した高森邦明は、次のようにまとめている。

小学校の全教科担当制と違って、中学・高校のように一教科担当制では、生活単元にもとづく単元学習が根づきにくい要素をもっていた。しかし、そこにおいて、旧式のままの教育が行われていたかというと、そうではなく、いわゆる「新教育」が浸透してはいて、それによる問題に対する批判が生じていた。（略）単元学習が始まったときから、すでに批判があった。けれども、それは全面的に受け入れられたゆえのものではなく、また、大ていは従来のままの指導法をとってもいなかったのである。結局、現場は、都合のよい部分をとり入れるというしたたかさをもっていたように思われる。(6)

では、単元主義に対する批判はどのように行われていたのであろうか。次に、同じ時期、昭和二四年五月に発表された「國語教育に於ける誤られた總合主義と科學主義」を読んでみよう。筆者である東京大学文学部教授の時枝誠記は、文部省が、国語教育の在り方を学習指導要領によって示したことを受けて、文部省側は国語教育の実践家の意見を聞き、教師の指導法開発を支援すべきだ、と述べた上で次のように論じた。

将來、國語教育の最高方針が、決定される場合に、何らかの寄與ともならうかと考へ、最近の國語教育に見られる一二の著しい傾向について、私の考へ及んだ點を指摘し、識者の批判を乞ひたいと思ふのである。その一は、國語教育に於ける總合主義といふことである。（略）我々の國語生活の行はれるところは、むしろ學校以外のところに於いてであると云ってもよい。そして、それは極めて總合的な形に於いて行はれるものである。（略）國語が、學校に於いては、あらゆる學科に關聯を持ち、又、我々の社會生活のあらゆる面に接觸を持ってゐるといふことは、事實であるが、そのことが、學校に於ける國語教育が常に總合的でなければならないといふ理由にはならない。一體、學校教育そのものが、我々の具体的な、總合的な社會生活を分析し、その個々のものについての知識の獲得や、實踐を訓練して、他日の準備をなすことに意義があるのである。（略）總合的教授法に對して、私が、なぜ分析的教授法を回想するかといふならば、總合的といふことが、國語生活の具體的な姿、即ち國語生活と社會生活との關聯を見失はないといふ意味でならば、正しいと思ふのであるが、實際には、明かに分立してゐる「讀み」「書き」「聞き」「話し」の四の働きを、故意にあいまいにさせるといふことは、教育的方法から云っても決して正しいことではないのである。(7)

時枝は、分析主義の立場から、経験主義、総合主義の単元学習を明確に批判した。続けて、教科の枠を超えた総合主義をも明快に批判する。

今日の國語教育の更に一つの危機は、誤まれる科學主義によって國語教育が導かれていることにある。（略）例へば、ここに、天體のことを記述した一の文章が與えられたとする。百科全書によって、太陽系について調査したり、星座のことを、抜書きしたりすることが、この文章を科學的に讀むことになるであらうか。（略）

國語の訓練といふとは、國語の知識を獲得することではなくして、讀むこと、書くこと、聞くこと、話すことを完全に行ふことの出來るやうな實踐を積むことである。（略）國語科は一の實踐的學科であり、生徒はその實踐主體であり、教師は、生徒の實踐を助けるところの補助者である。（略）社會生活に關聯した問題を取り上げて、これを單元として取扱へば、生徒の關心を刺戟することが出來ると考へるのは、餘りに皮相的である。（略）讀本教材が、單に討議や意見發表の問題を作り出す手がかりとしてのみ提供されてゐるといふことは意味のないことである。今日の國語教育が、一種の國語遊戯に陥りつゝある一の原因は、國語讀本が、眞劍に讀まれるべきものとして提供されてゐないことにあると私は考へるのである。(8)

単に総合主義、科学主義を批判するだけでなく、時枝の国語教育観がよく表れた論旨になっている。時枝は、同論文を「國語科は、實踐學科であり、訓練學科であるから、この實踐や訓練を、方法的にし、合理的にすることが國語科に科學性を附與することになる。(9)」と結んでいる。説得力のある本論考により、国語教育の進路は明確に示された。経験主義、総合主義に基づく単元学習は、能力主義、系統主義に基づく言語能力を育成する国語教育へと向かう。そして、「國語讀本が、眞劍に讀まれるべきものとして提供されてゐない」という時枝の指摘を受けて、国語教育は読解指導へと進んでいく。

時枝によって方向づけられた国語教育界は、二二年版の学習指導要領の改訂版として作成された学習指導要領（二六年版）を経て、新たな展開を遂げ、読解指導法の繚乱現象を迎える。分析批評による読解指導、読者（生徒）の読書行為に視点を置く読解指導等、様々な読解指導が提唱され、実践されたが、以下、沖山の構造的読解指導と軌を一にする解釈学的読解指導の動向を追ってみよう。昭和三二年に発表された、蓑手重則の「読解力の分析とその指導」を紹介する。蓑手は、当時、鹿児島大学教育学部助教授であった。

鹿児島県の教育研究大会において、過去三か年間、読解指導の問題がとりあげられてきた。（略）ここではその読解力の分析とその指導について、考えてみたい。（略）読解力の分析については、輿水さん、滑川さん、平井さん、増淵さんなどから、その見解が発表されているが、必ずしも一致していない。（略）「文意」という用語は、垣内先生が、『国語の力』で、「センテンス・メソッドの方法に従えば、文意・節意・句意・語意と進むべきである」と述べられたことにはじまる。（略）多くの文章は、最初の一読によって、ある程度文意が想定される。いわゆる文意の直観である。この直観的に想定された文意が、真の文意であるかどうかを決定するためには、さらにその主題にもとづいて、構成・構想を吟味し、記述・叙述を検討することによって、それを実証しなければならない。[10]

蓑手は、諸氏の読解指導論を比較検討した上で、垣内のセンテンス・メソッドを継承する解釈学的読解指導の過程を私案として示した。垣内のセンテンス・メソッドの第一歩は、文章の大意を直観するところから始まる。蓑手は、直観した大意を吟味するための方法として、各段落のキーワードに着目して、文章の構成を理解させる方法を提唱している。以下、同論文で蓑手の読解指導論を追ってみる。

構成をつかむ具体的な指導の方法としては、「まず文章全体を大きく幾つかの段落(節)集団にわけさせる。次に、それぞれいくつかの段落（節）にわけさせる。必要によっては、さらに、それぞれいくつかの小段落（小節）にわけさせる。」と段落ごとの意味を考えさせる指導を提案した。要点をつかむ指導方法としては、「文章全体の流れを深く見つめて、①各段落（節）の中心をなす語句（キイワード）を早くとらえさせる。②結論的なことば、原則的なことばを早くとらえる。」という方法を提案している。次に、段落の要旨を捉える能力の指導方法としては、「各段落（節）ごとに重要でない語句から順に消去させて、中心語句（キイワード）をいくつか残させる。それを文脈に即して、特にコソアドことばや接続関係のことばに留意して、簡潔な短いことばにまとめる。(11)」と述べている。

段落のキーワードを見付けて、段落ごとの要旨をまとめるという、文章の構成に着目した指導方法である。蓑手が提示した段落構成に着目した解釈学的な読解指導を分析することによって、大正一一年の刊行以来、多くの読者を得て戦前の国語教育の基盤となっていた、垣内松三の『国語の力』へと回帰していく経緯と、「文意の直観」を補うプロセスへの注力が、解釈学的読解指導の研究の方向であることが分かる。

三　構造的読解指導の形成

沖山も、垣内理論を拠り所としつつ、読解指導の発展を目指した。自らの提唱した構造学習論の形成過程を振り返って、『形象理論と構造学習論』（昭和四三年）において、次のように述べている。

本年は垣内先生の『国語の力』が刊行されてから五十年目を迎えるとのことである。このことを記念して、文化遺産の継承ということをテーマとして、記念大会が鎌倉の御成小学校を会場に、全国的な規模で国語教育に関心のある人々によって開かれる計画がある。私は私なりにこの大会を機縁として、垣内先生の学恩に報いる一書を書きおろした。それが本書である。(12)

ここで、蓑手、沖山が継承する垣内のセンテンス・メソッド（全文法）を確認しておこう。垣内松三の『国語の力』は、大正一一年に刊行された。欧州留学から帰った垣内は、欧州で「現今一般に行はれて来た読方は所謂「文自体」から出発する sentence method であって(13)」とセンテンス・メソッドを紹介した上で、

我々の読方をこの立場から反省する時にこれまで余り訓詁の方に傾き過ぎて居たことに心づくであらう。それはもとより文字を覚える困難もあり字音の複雑な性質にも因り、文体の整理されて居なかったことにも因るので、専らこれ等の学習に骨を折らねばならなかったのであるが、それ等の障碍を除くために種々の註釈や辞書が現はれて居ても読方の実際に於ては依然として訓詁の上に力を入れて居るので新生面が開けて来さうにもない。(14)

と、これまでの読み方指導、ワード・メソッド ward method を否定した。続けて、センテンス・メソッドの実例として、芦田恵之助の『読み方教授』から、大正四年に行われた「冬景色」の授業記録を紹介した上で、センテンス・メソッドの優位性を論じている。

この実例に基いて我々の読方を内省して見ると、普通に文字語句の註解から出発する読方の最後の到着点がこの読方（センテンス・メソッド　引用者注）の出発点となって居るので、我々のこれまで実行して居る

読方はかなり重いハンデイキヤツプをつけられて居るといはなければならぬ。それであるからその決勝点に達するまでに疲労してしまって行き着くところまで達し得られないことゝなって居るのである。語句の解釈にしてもこの読方に於ては一語一句が文の全体の関係に於て生きて居るので言語の活力 vitality を明らかに考へる要求が自ら生れて来るのであるから、一語一句の解釈は註釈や辞書に一般的に抽象的に説明してある蒼ざめたいひ換へでなくて、その語句のそれぞれの活きた力が見出されるのである。その解釈はその場合に適合した特殊的な具体的な意味を要めなければならぬことゝなり、又内容の会得の結果も文の意味を知って、その主観的な興味に耽って居るのではなくして、その文を書いた作者の創造の作用を明かに認識するのであるから、作者の精神を透して文の産出された根源にまで導かれるのである。文の産出される内面的な作用を見る学習の態度が解って来たらおのづから自分の考へを文に表現する作用も目ざめて、解釈は文の意味が解ったといふ程度に止まるのでなくして創造の力を体験させられるのである。我々の普通に行つて居る読方よりは遙かに先に進むことゝなるのである。[15]

センテンス・メソッドにより、全文を読んで文意を捉えることにより、「文の全体の関係に於て生きて居る」一語一句の「言語の活力 vitality」を見出すことができる。一方、これまでのワード・メソッドでは、一語一句の註釈や辞書に説明してある「蒼ざめたいひ換へ」をもって文章を理解したとしているに過ぎない、と説明している。

この垣内のセンテンス・メソッドを、沖山はどのようにして継承しようとしたのであろうか。沖山の強みは、実態調査に基づく分析と、小学校における実践指導によって、垣内理論を検証し、補強し得たことである。沖山は、先に引用した『形象理論と構造学習論』において、次のように回想している。

私の構造学習の思索は昭和二八年ごろから栃木県清滝小学校における実験から開始される。これは一九五三年ということになる。構造学習論の提唱は、全国の読解調査の分析から出発したものである。[16]

ここでいう「全国の読解調査」とは、文部省が昭和二七年二月下旬から三月上旬にかけて行った読解調査で、小学校一年生から六年生まで、計二、六六〇人の児童を対象として実施された。この調査結果の分析は、『国語学習における診断・治療の技術』（昭和二八年）において、次のようにまとめられている。

今回の「読解調査」において、いずれの地域、いずれの学年とも文脈に即して　語句を理解する不徹底さが、最も強く露出されている。この文脈に即して読むということは、語句に限らず、内容においても同様な弱点を露出している。

なおこの章でとりあげたことを結論的にいえば、

1、文脈に即して語句をとらえることの学習指導に欠けるところが強くみられる。

2、文脈に即して、語句が明確にとらえられていなければ、文の読解力も当然低下してくる。

といえる。その意味において、この読解の基礎技術としての文脈に即して読み取っていく技能を身につけるために、より多くの努力を払ってほしいと提言するものである。[17]

垣内のセンテンス・メソッド理論を、読解調査によって実証したと確信した沖山は、文章全体との関係において捉えた語句と、語釈・注釈の対象とする語句との違いに着目し、この相違を言語学的に説明しようとした。文章全体との関係において捉えた一語一句を「言」と呼び、語句として取り出した辞書の中の一語一句を「言語」と呼ぶ。これは、捉え方の異なる二通りの一語一句にソシュール言語学の理論に基づく名称を付けて区別することによって、垣内の説明をより明確にしようと考えたためである。言うまでもなく、この「言」と「言語」は、ソシュールの講義録を翻訳して、『言語學原論』（昭和三年、岡書院。後に改訳して『一般言語学講義』昭和一五年、岩波書店刊。）として出版した小林英夫の訳語「言 parole」と「言語 langue」によるのである。ソシュールは、言語の個人的側面を「parole パロール」と呼び、社会的側面を「langue ラング」と呼び、ラングを言語学の研究対象とした。沖山は、この概念を援用して、語句の意味を全文との関係で捉える、という垣内の読解法の根拠を明確に説明しようとした。『意味構造に立つ読解指導』（昭和三三年）には、実験学校であった静岡県湖東村立伊佐見小学校の研究会（昭和三二年十一月）において、「言」「言語」という用語と読解指導との関係を説明した講演記録が収録されている。

「言語」は、人がこれを文章中に定着し、使用すれば、文章中において限定された意味をになってくる。この文章中に、限定された意味をはらんで定着されたものが「言」である。

文章（談話でもよい）中に、位置づけられる以前の、約束としてのことば、それが「言語」である。辞書の中における語いは、すべて「言語」である。「語法」というものも、ことばのきまりで、いわば、「言語的」な世界のものである。文章として表現された「ことば」は、いずれも、書き手によって、特定の意味を担わせられたものであるから、それはすべて、「言」の世界に属する。つまり発表以前の「ことば」は「言語」とよび、表現としての「ことば」は、「言」とよぶ。（略）これを混同するところに、「言いかえ的な読解」が、表現読解の世界へまぎれこんでくるのである。（略）

ちょうど、碁における布石の関係に似ている。碁石は、盤の上に関係的にぱちりと置かなければ、価値を発揮しない。（略）つぼの中にある石は「言語」であり、盤の上に関係的に置かれた石は「言」である。われわれの読解の対象となるものは、関係的におかれた（これを文脈とよぶ）「言」である。[18]

碁笥にある碁石と盤上の碁石という例え話は、ワード・メソッドを否定する上で、講演の会場では分かりやすい説明であったと思う。もっとも、碁石は一種類であり、言語は多様であるめ、最適の喩えとは言いにくい。そもそもソシュールは、五種類の駒を使用するゲームである将棋（echecs チェス）に例えて話を進めていた。

しかし想像しうるすべての比較のうちで、もっとも適切なものは、言語の営みと将棋の勝負とのそれである。いずれの場合にも、ひとは価値体系に当面し、それらの変更に立ち会う。将棋の勝負は、いわば言語が自然的形式のもとに示すものの人工的実現である。[19]

これは、小林英夫の改訳になる『一般言語学講義』から引用した一例である。

次に、垣内理論における「文意」を捉える過程に注目してみよう。垣内は、それまでの語句の訓詁注釈によって文章を理解し得たとするワード・メソッドを否定して、全文を読んで、作者の意識、文章の形を直観的に捉えることから出発するセンテンス・メソッドを提唱した。垣内の言う「文意の直観」とは、何であろうか。

垣内は、山岳写真の名人の逸話を「文意の直観」の例として用いた。名人は雲霧や紫外線の妨げを巧みに避けて山岳の写真を撮る妙技を体験の累積から会得しているが、文章を読む時もこれと同様であると言う。つまり、「文字の連りの上から、ともすれば妨げられ易い錯誤の雲霧や、心の据へ方が過つて居るために、過まられ易い臆測の紫外線を避けて文の真相を捉へる力は、真実を愛し道を求むる心の凝集と不断の精錬に依りてのみ導かるゝものであるといはねばならぬ。[20]」と、文意の直観を説明している。垣内の直観に関する説明は、写真や絵画を例として、抽象的、印象的な説明に終始している。

この直観で捉えた形象は、直観であるからには誤ることもある。この点については、文章を読んで第一に考えることは、作者が書こうと思ったことは何かであり、「文に面して最も直接的に接触するものは文の全一なる統一である。（略）それに依りて得たものは一の仮定に過ぎない。その仮定は更に深究される時、否定されることも肯定されることもあるか知れぬ。然しながらその仮定を捉へることは、器械的訓詁的な解釈作用の最後の到着点であるものを、出発点とするのであって、この点から始めて解釈の作用が生ずるのであるから、この仮定に於て自己の問題が生ずるのである。自分はかう読んだ、かう思ふ、かく感じたといふことが始めて解釈の生ずる基点である。[21]」と形象論に立ったセンテンス・メソッドの意義を述べている。

先に見た蓑手の「読解力の分析とその指導」における読解指導の方法は、直観によって得た仮定を深究する方法として、段落のキーワードに着目して、文章の構成を理解させる方法を提唱したものである。沖山の構造的読解指導は、この部分でどのような方法を考案したのであろうか。沖山の主著『意味構造に立つ読解指導』では、次のように説明されている。

ちょうど、碁盤の上に、さし手が、その効果を予測しながら布石した石と石との相互の関係から、威力を発揮すると同様に、意味発揮へのことばの布石をなしているのが、文章である。したがって、読むものは、この意味発揮への布石と、その関係脈絡とを、ことばの連鎖の中から発見しなければならない。（略）記載形式の上で、一字さげのような目やすはあるが、それは必ずしも、書いた人の文章中における、「意味布石」

の道案内とはならない。文章の書き起こしの一語から終末の一語までの、大きな「ことばの連鎖」の中で、
1　どれと、どれとが「意味布石」として、注目しなければならないものかを発見すること。
2　その取り出された「意味布石」の相互の依存関係から、書き手の意図を読みぬくこと。
この二つが、「構造論的読解」の中心問題である。(22)

沖山は、文章中の重要なポイント（意味布石）を見つけ、意味布石の相互依存関係を考えて書き手の示す意味を発見（焦点化）することが、構造的読解であるという。垣内のどのようにして「文意の直観」を得るかという課題は、沖山においては、どのようにして意味布石を見つけるか、という課題へと移行した。先に触れた蓑手の読解指導は、具体的な指導過程を重視したが、沖山の読解指導は、文章構造の分析を重視した読解指導であった。
これまで我々がたどってきた構造的読解指導に至る道筋を、沖山は自ら『目的論に立つ読解指導』（昭和三五年）において、次のように説明している。

私の構造的読解指導は、昭和二七年三月の読解に関する調査に始まる。雪の降り積む中を岩手県の山村に実施上の説明に出向いた記憶が今なおありありと浮かんでくる。この答案を全部回収して、採点、集計、分析と一貫して単身これに当たった。この報告は、文部省刊行物として、「読解のつまずきとその指導」①②に、また、これとは別個になまの子どもの筆答を分析したものは、「国語学習における診断・治療の技術」（新光閣書店刊）として、すでに発表してきた。
その後、これらの分析された読解指導上の欠陥を、どのようにして救い、どのようにして読解力を高めていくかの実験や思索に取り組み、私なりの見解を発表したものが、「読解力向上の理論と実践」（金沢書店刊・

絶版）および「意味構造に立つ読解指導」（明治図書刊）であった。以上私がここ数年歩み続けてきた道は、一つの思索に貫かれた一本道であった。もちろん、思索というものは、先人の開拓した土壌の上に開花するものである。伝統なくして学問の発展ということはあり得ない。ただ、ここに一つの立場が必要である。（略）

一例を段落指導に取れば、一字下げといった記載形式による指導や、段落指示語といった、ことば探しの指導が行われていた事実に直面した私は、これでは段落ということが、あまりにも形式に流れすぎているのではないか、読解指導における段落というものは、「文章の意味の流れに即して、意味的なまとまりとして」とらえられるべきであると考え、これに反論してきた。それでなければ、読解力の向上には役立たない、と考えたからである。私は、さきに述べたものを「形式段落」と名づけて、こうした段落の指導を否定し、「意味段落」という用語を、わざわざ用意したのである。もともと段落には、形式段落だの意味段落だのとあるわけがない。「文章の意味の流れに即して、意味的なまとまりとして」とらえるよりほかに、読解における段落というものは考えられない。[23]

沖山の構造的読解指導は、垣内の言う「文意の直観」を意味布石の発見によって検証することを通して、形象理論に基づくセンテンス・メソッドを補おうとする視点に立ち、文章全体の意味と、重要語句の相互関係との関連を文章構造として明らかにし、解釈学的な読解指導の発展を目指したものであった。

【注】

（1）学習指導要領国語科編（試案）（一九四七、文部省）三頁（国立教育研究所内戦後教育改革資料研究会編『文部省学習指導要領』二国語科編・翻刻、一九八〇、日本図書センター）。

（2）沖山光「我が校の讀書指導」、『国語教育史資料』第一巻、一九八一、東京法令出版、七二六頁（初出は『教育技術』第三巻第一一号、一九四九年二月）。

（3）垣内松三他「学習指導要領国語科編について」、現代国語教育論集成編集委員会『現代国語教育論集成　石森延男』一九九二、明治図書、一九三―一九四頁。

（4）倉澤榮吉「國語と單元學習」、『国語教育史資料』第一巻（前掲書）、三〇一―三〇三（初出は『教材教育』第四巻第二号、一九四九年四月）。

（5）同右、三〇五頁。

（6）高森邦明『近代国語教育史』一九七九、鳩の森書房、三四七頁。

（7）時枝誠記「國語教育に於ける誤られた總合主義と科學主義」『国語教育史資料』第一巻（前掲書）、三〇八―三〇九頁（初出は久松潜一編『国語国文学教育の方向』一九四九、健文社）。

（8）同右、三〇九―三一〇頁。

（9）同右、三一〇頁。

（10）蓑手重則「読解力の分析とその指導」『国語教育史資料』第一巻（前掲書）、三五八―三六〇頁（初出は鹿児島県国語教育研究会『国語教育』第五号、一九五七）。

（11）同右、三六〇―三六一頁。

（12）沖山光『形象理論と構造学習論』一九七三、明治図書、一頁。

(13) 垣内松三『国語の力』一九二二刊、一九七二復刊、玉川大学出版部、七頁。
(14) 同右、八頁。
(15) 同右、一五―一六頁。
(16) 沖山、前掲書、一九七三、一六四頁。
(17) 沖山光『国語学習における診断・治療の技術』一九五三、新光閣、三四七―三四八頁。
(18) 沖山光『意味構造に立つ読解指導』一九五八、明治図書、三五―三六頁。
(19) ソシュール(小林英夫訳)『一般言語学講義』一九七二改版、岩波書店、一二三―一二四頁。
(20) 垣内、前掲書、三七頁。
(21) 同右、四九頁。
(22) 沖山、前掲書、一九五八、二九―三〇頁。
(23) 沖山光『目的論に立つ読解指導』一九六〇、明治図書、三一―三二頁。

(榎本 善紀)

第六章　構造的読解指導の提唱

一　国語科における構造的読解指導提唱の背景

沖山光は、戦後間もなく文部省より教科書局嘱託の辞令を受けて、石森延男の下で戦後最初で最後の国定教科書（第六期国語教科書）の編修に携わった。また、その直後にわが国最初の学習指導要領作成作業にも加わり、占領下にあって日本の国語教育の伝統を重視し、アメリカのコース・オブ・スタディの考え方を受け入れるという難問に直面した。しかし自ら編修にかかわりながらも、あまりにも生活重視、経験重視の学習指導で、これでは国語の能力を高めることにはならないという思いが残った。

この生活重視、経験重視の考え方は、カリキュラムの編成や学習指導法のあり方に大きな影響を及ぼすものであった。沖山の構造的読解指導提唱の重要な契機となるところなのでその背景について概観する。

昭和二二（一九四七）年に発表された学習指導要領は、「国語科編」の「まえがき」に、「国語教育の領域は、人間のあらゆる活動の面にまたがっており、その姿は変化に富んでいる。国語は、子どもの発達と、環境と、経験とのすべてに密接に結びついている。それで、材料を選ぶにも、学習活動の用意をするにも、その時その時にもっともよい機会と、よい方法を考えなければならない」とし、国語科学習指導の範囲と目標を次のように示した。

第一節　国語科学習の範囲

国語科学習指導の範囲は、次のようにわけられる。

1　国語科としての指導

（1）話すこと（聞くことをふくむ）

（2）つづること（作文）

（3）読むこと（文字をふくむ）

（4）書くこと（習字をふくむ）

（5）文法

右の五つの部門のうち、どの一つといえども、他と関係なくとり扱われるべきものではない。実際の学習指導にあたっては、教師は常に相互の関係を明らかに理解し、ことばのはたらきという共通な基礎にたって、自分の扱っている教材の価値を考えることがたいせつである。教師は、さしあたりの必要や興味のために、教材や学習活動が、かたよることのないようにしなければならない。

2　関連をはかるもの

（1）全教科、ことに社会科課程の諸単元。

すべての教科、ことに、社会科の各単元のうちには、国語科に連関のふかい教材や学習活動が多い。

（2）学校生活の諸経験。

ことばは、社会のなかで行われるものであるから、学校生活のあらゆる経験は、国語科で学習したことがらを実行するよい機会となる。

（3）家庭その他、一般社会生活の諸経験。

第二節 国語科学習指導の目標

国語科学習指導の目標は、児童・生徒に対して、聞くこと、話すこと、読むこと、つづることによって、あらゆる環境におけることばのつかいかたに熟達させるような経験を与えることである。

ところが、これまで、国語科学習指導は、せまい教室内の技術として研究せられることが多く、きゅうくつな読解と、形式にとらわれた作文に終始したきらいがある。今後は、ことばを広い社会的手段として用いるような、要求と能力をやしなうことにつとめなければならない。

試案ではあるが、戦後の国語教育は教科書を手がかりとしつつ、児童の生活経験を重視し、ことばの社会的な働きの上に立って言語活動能力を培うために学習指導要領に示された方向を目指して進められた。しかしその過程は一様なものではなかった。研究者、教育現場、地域によって、その受けとめ方が様々だったのである。そのことを後に国語教育学者の田近洵一は次のように整理し、説明している。

戦後の国語教育は、大きくは、次の三つの立場から、意識的に推し進められた。

① 教科書を中心としたカリキュラムのもとでの国語教育

教科書中心のカリキュラムのもとに、特に言語学習の側面から教材を研究し、それに基づいて学習指導を展開する。

② 教科独自の単元を中心としたカリキュラムのもとでの国語教育

言語学習のための単元を構成し、教科書教材をもその中に位置づけて学習指導を行う。

③ 社会科を中心としたコア・カリキュラムのもとでの国語教育

国語科を、生活課題あるいは社会的課題の追究を中心とするコア・カリキュラムの中に用具教科として位置づける。特に、言語スキルに関しては、別に練習学習を行う。(1)

このことは国語教育関係者の立場によるものであるが、共通していたのは学習者の側に立っての国語教育の推進ということだった。したがって、子どもたちの生活課題をどのように単元に位置づけ、教科学習と関連づけるかという問題意識が広がっていくことになる。やがて先進的な実践研究の報告等により各地の国語教育は学習者としての子どもの興味・関心や生活課題を取り込む形で教科学習としてのあり方を追求していくようになった。

具体的には教科の単元学習となり、教育現場では一般的に教科書を中心に子どもの生活経験を重視して展開される学習指導として広がったのである。

沖山はその状況について、読解の面に限定して次のような思いを持っていた。

戦前の読解は、文章の性格そのものもそうであったが、どの文章に対しても、通読—精読—味読といった一つの形式でぬりつぶされていた。ところが戦後の国語教育は、その学習領域が、「読む、書く、聞く、話す」といった言語活動の四つの分野に拡げられ、これらを総合的に行うという方法がとられた。教科書に盛られた文章そのものも、おのずから、こうした要求に応ずるものとなった。

ところが、ここに一つの弱点を露出してきたことを強く反省したい。波多野完治博士は、このことに触れて次のように言っておられる。「ことばをその全領域において、まんべんなく発達させるには、教育者自身が、強力な理論を身につけなければならぬ。そうでないと国語教育は、ハイマワル経験主義になり、その結果、大切なものを教えおとしてしまうおそれがある。」(『国語教育の実践』国土社)このことに関してわたしも全く同感である。読解の学習課題が、いろいろな目的に応じようとしたこと、そのこと自体は、社会の要求に応ずることで、大きな前進であった。だが、一歩退いて冷静に判断するとき、子どもの興味や関心に流され、生活につながる学習と言って、生活に流され、低俗に流れたきらいはないか。この点に波多野先生の痛い批判が出てきたと考えられる。

文章を一読して、あとは話し合いに終始するといったことが、あまりにも多く目につく。これでは、正しい、深い、地についた読解力など育つはずがない。この結果が昭和三十一年度の全国学力調査などにも、読解力が低調であるという結果となって現れてきたことは否定できない。(2)

読解の基本的な能力を培うことこそが重要だと考えていた沖山からすれば、それは当然のことであった。

その後、沖山は文部省教科調査官として実験学校の指導に当たるが、活動主義的な学習指導の影響とそこからくる学力低下問題の克服に苦慮していた。そのいきさつについて栃木県日光の清滝小学校における指導では次のように述べている。

清滝小学校を実験学校に指定いたしましたのは昭和二十八年五月であります。実験開始に先だって、文部省では、小規模ではありますが、読解力に関する全国調査を実施しました。それは、小学校一年から六年まで各学年にわたり、合計二二六〇名について、東北、関東、近畿、中国、四国の五つの地域にまたがる調査でありました。

この読解調査に用いた読解文は、現在小学校一、二年の教科書に行われているような、わかち書きの形式で数えて、各学年とも七十語前後の長さの文章です。これは、黙読で五分間に数回くりかえして読める長さのものです。そのような長さの各学年向きの文章を提出し、五分間黙読させたのちに、その中の漢字の読み、文章中の語句の意味、書かれている事がらなどについてたずねるといった形式の調査でした。

その結果の分析から、各学年ともに共通した文章読解上の欠陥が分析されてきたのです。

その第一は、漢字、語句、内容ともに、文章に即して読みとっていく能力がたりないということです。

第二は、語句及び内容は、それぞれの文章を組み立てている単位としての文相互を、関係的に読解しなければ、その意味をひき出すことはできないのですが、この文相互の関係的な読解能力というものが不足しているということです。(3)

この全国調査にあらわれた読解力の欠陥を清滝小学校においても確認できたことから、沖山はその欠陥を正しい方向に歩ませ、読解力を向上させるための実験研究を開始した。沖山は、この調査にあらわれた児童の読解の課題は、教師自身の文章に対する考え方やその考え方に基づく指導法と深く関係するので、教師自身が文章に対する正しい考え方や、正しい指導法を向上させることが必要と考え、実験研究の中に位置づけていったのである。

二　小林英夫の言語学理論に立つ構造的読解指導の創造

（一）　実験研究校での取り組み・小林言語学に立つ国語教育の創造

沖山は「読解力の診断テスト」を文部省初等教育課において全国的に実施するに当たり、神奈川、千葉の文部省実験学校において昭和二六年、予備調査を行った。その調査を基に『国語学習における診断と治療の技術』という本を著した。その一三章「調査に表れた国語学習上の問題」の一語句の理解力と内容理解力との関係の箇所に、文中における語句の理解技術としての、「文脈の中で読み取る」とか「文脈に沿って考える」という基礎技術に欠けているとみる外はない。（略）文脈に即して語句が的確にとらえられていなければ、文の読解力も当然低下してくる（略）その意味において、この読解の基礎技術としての文脈に即して読み取っていく技能を身につけるためによりおおくの努力を払ってほしいと提言するものである。

と調査結果にある児童の誤答の分析を小林英夫の言語学に基づいて考察している。さらに、沖山は、二の言語理論としての文脈（場面）において、小林英夫の著書1『言語学通論』2『言語活動と生活』3『言語学の基礎理論』から国語教育の重要な内容である文章の理解と表現の指導内容に理論的根拠を与えている。さらに昭和一一年の京城帝大記念論文集文学編『言語学における目的論』から、

意味というものは、表現者の設けた目的が理解者によって再認されたときに発揮される。実に意味は「は発揮される」ものである。

と書き手から読み手に伝達されるべき言語にこめられた「意味」についての理論も明確に規定している。

以上のことから、沖山は自身の国語教育論を小林英夫の言語学理論を土台とし、背骨として打ちたてきたことがわかる。本著の終わりには

ここに述べられている考え方も、戦後の国語教育が「言語の機能を」重視したからに始まることではない。さきにあげた小林博士の『言語学における目的論』にしても昭和十一年の発表であるから、今から十六、七年も前のことに属する。

どのように国語教育の方法論は変わっていこうとも、その根本にある言語の問題は、これを本質的にほりさげていかなくてはならない。

と、言語学に真摯に取り組む教師であってほしいとの思いを託して、終わっている。

この予備調査を基に、沖山は文部省実験学校担当事務官として、昭和二七年より全国に実験学校を設置し、読解における診断テストから得られた「誤答」をつまずきと表現して児童の読解力向上のためにそれをどのように指導に生かしていくかを研究していった。その過程で構造国語教育論がより具体的な形をとって表れてきたのである。当時の状況を『構造国語教育入門』[4]からみてみよう。

わたしが、「読解のつまずき」の全国調査を文部省の名において実施し、その答案の採点、分析に当たっていたのは、奇しくもウェルトハイマーの邦訳本が刊行された昭和二十七年のことであります。分析した数学的結果をいかに解釈し、国語教育をいかなる方向に展開すべきかを思索中の時のことであります。

しかしそれは、沖山の血のにじむような作業の中から生まれ出てきたといっても過言ではない。先の『構造国語教育入門』（五一～五二頁）には、沖山がたった一人で全国調査の結果をまとめた苦労が記されている。

幸か不幸か、この時は、調査統計の専門家である松本順之氏も、水産大学に転出された時であり、同僚の篠原利逸君も劇務の犠牲となって故人なっていた時ですので、国語教育の専門家は、わたしひとりという時だったと思います。したがって、問題作成、採点、結果の解釈ということ、報告書の執筆ということも自分一人で遂行しなければならぬ羽目となりました。（略）

文部省刊行物の『読解のつまずきとその指導』という二冊の報告書、国語教育への示唆という執筆は全く、わたし一人の手によって行われました。

このような多忙な日々を過ごすことになる一年前の昭和二五年、青山師範学校時代の同級生であった、日光町立清滝小学校（昭和二九年に日光市立）の上吉原寿校長に「うちの学校の教師に実践力、授業力をつけてほしい」と頼まれたのである。

そこで、沖山は、実験学校に指定する昭和二七年までの三年間、そして、指定期間の五年間と都合七年間を日光市立清滝小学校の職員とともに『構造国語教育』を創りあげていったのである。その成果の一つが『読解力向上の理論と実践』（一九五七、金沢書店）という著書にまとめられ、出版された。

そのあとがきには、

私は、この書において、終始、「言の立場」から読解の問題と取り組んでみた。どこまでもこれは構造的立場である。したがって、部分を見るとしても、絶えず、語り手その人に属する言の全体の上から、部分を価値づけることを心がけた。部分が集まって全体になるのではない。まずあるのは、言としての全体で、これに位置づけられてこそ部分である。その位置づけを誤れば、読解は成立しない。全体的な構造的なものが部分に優先されなければならない。この全体を背後に控えての部分の位置づけ、その統覚という精神的・知的活動は、それ自体新しい機能である。この機能をいかにして育成するかが読解指導に課せられた問題である。私が『みとおし学習』を重視する理由はここにある。それは、第一次みとおし、第二次みとおし、第三次みとおしと常に全体をふまえて、常に語り手の意図に迫っていく積極的な精神活動である。知的作業である。

この書に展開される論述は、単なる机上の論ではない。児童生徒の読解力向上のためには、まず教師その人のこれに対する理論的体系の確立が急務である。国語教育の本質は、言語による教育であるところにある。とすれば、教師その人が言語の本質に関する理解なしに、このことは成就されない。

と、読解指導の理論的根拠に言語学、小林英夫の言語学、すなわちソシュールの言語学を国語教育に導入したことがわかる。また、これが机上の論でないことは、沖山の国語教師としての深い造詣を背景とした実践指導により、清滝小学校の教師力向上が達成されたことでもわかる。あとがきによれば、

文部省初等教育実験校において、読解の問題を担当した私は、この信条に基づいて、その指定校である日光市立清滝小学校の職員の実力向上を目指して、現職教育に実験そのものと同等の努力を傾けて、ここ数年を費やした。

とあり、創始した構造的読解理論を実践により検証していたことがわかる。

(二) 構造国語教育論の背骨としての言語理論

昭和三三(一九五八)年五月、明治図書出版より沖山の『意味構造に立つ読解指導』が刊行された。これは戦後の活動主義的な学習指導に対する沖山の批判の書であるとともに、国語科における「読むこと」の学習指導に理論的な根拠を与えるものとなった。そして、この年の一一月、文部省教科調査官となり、以後、構造的読解指導に取り組む全国の実験学校を始め、共鳴する教師たちの実践を支えていくことになる。

『意味構造に立つ読解指導』刊行のこの年、沖山主宰のロンドの会が結成され、理論の展開とその実践化に取り組む研究集団も活動を始めている。

沖山の理論構築は「読解」をベースにしつつ、それが国語教育の根幹として位置づけられる体系を明らかにしたことである(後に教育研究者から「沖山理論」と呼ばれる)。

その特徴は、原理の根底にあるものを踏まえて最も基本となる理論的な体系を示し、方法論では実践での検証を進めながら柔軟に修正していくということにあった。したがって、沖山理論を実践に移す目的で組織された当時の自主的な研究団体の全国大会では毎年のように沖山の説く理論が変化しているかのように研究同人に受け取られた節がある。しかしそれは、沖山自身がさらに方法を明確にしていく上での思索の結果であり、理論的な背景やその位置づけに関する発見や補強によるものであった。

沖山理論の最も根底に位置づくものは、フェルデナン・ド・ソシュールの言語学である。ソシュールがわが国の国語教育にどのような影響を与えたかについては、国語学や国語教育研究者たちのソシュールの名を挙げた論述の多いことで明らかだが、その受けとめ方において十分な理解がなく誤解もあったりして、実践的な課題には結びつかなかったというのが真相のようである。

戦前より言語理論に関心を持っていた沖山は、ソシュールの『一般言語学講義』を世界に先駆けて日本語に翻訳し紹介した小林英夫（一九〇三―一九七八）の著書や訳述書に注目した。

筆者がはじめて小林博士の名を知ったのは、昭和九年四月、明治書院の「国語科学講座」中の一冊、「文法の原理」を通してであった。次に入手したのは、それからちょうど一か年を経た昭和十年四月刊行の「言語学方法論考」（三省堂）続いて十月にバイイの「生活表現の言語学」（岡書院、昭和四年六月初版）であった。

これらの書を読んでいくうちに、ソシュールの「言語学原論」の名がしばしば出てくる。そこからの引用もある。これは、どうしても「言語学原論」もかたわらに置いてあわせ読む必要のあることを知ったが、書店に当ってみても入手できない。あとでわかったことであるが、「言語学原論」「生活表現の言語学」はともに絶版で入手不能のものであった。一時あきらめてはいたものの、思いあまって、直接、京城大学の博士あてに事情を申し送った。これが博士と筆者との接触のはじまりである。それは、昭和十二年十二月のことである。博士からは折かえし、同月二十五日に東京であうからとの便りに接した。筆者は、博士秘蔵の書を拝借して、約一か月ほど「原論」の全文筆写に全力をあげた。入手不能とあってみれば、これよりほかに方法はなかったからである。それ以来、博士の新しい発表があるたびに京城からのお知らせを受け、このようにして博士の全著作を手もとに備える機縁が開かれたわけである。(5)

小林から借用した「原論」の全文書写についてのいきさつを、沖山は『小林英夫著作集』第一巻（一九七六、みすず書房）の付録（月報2）で綴っている。沖山が学問研究への厳しい姿勢を貫く契機となったエピソードである。

私は入手不能の「原論」を、かくして大学ノートに全文書写した。先生に返却すべき当日、再び私は代々木上原のお宅に伺った。その時、「全文書写し終えましたか」との先生の問いに対し、まだ四分の一ほど残っていますが、お返しするお約束の日ですのでと答えますと、即座に返ってきたことばは、「あなたはソシュールを学びたいと言って原論の借用を申し入れた。私もまた、あなたの希望を入れて、他に貸し出したことのないこの書をお貸しした。全文の書写が終っていないで返すというのでは、初志が通らぬことではないですか。」というおことばであった。私は今なお、先生のこのおことばが胸に刻まれている。先生の学問に対するご熱意と厳しさが心にしみたのである。それ以上に、学を求める者に差し出される先生の温情というものが、より強く私の心を打ったのである。私が一生この師から離れまいと覚悟したのも、おそらくこの時であったろう。先生の学問的良心が、今日の私を支えていることは疑い得ないことである。

沖山三二歳の時のことで、古希を迎えた年の回想である。
ところで、沖山が小林の著作に注目した理由はどこにあったのだろうか。小林英夫の学問的な立場について概観してみる。

小林は昭和二（一九二七）年に東京帝国大学言語学科を卒業し、その翌年にソシュールの『一般言語学講義』を翻訳して出版（岡書院）した。続いてソシュールの弟子シャルル・バイイの『言語活動と生活』を翻訳し出版した。そして、大学卒業二年後に日本統治下の朝鮮に新設された京城大学に専任講師として赴任し、そこで国語学者の時枝誠記（一九〇〇―一九六七）と出会う。時枝は昭和一七（一九四二）年に『国語学原論』を著し、「言語過程説」を唱えるが、一般にはソシュール批判として知られている。

その時枝について小林は、「亡くなった友人時枝誠記君は、海外の言語学知識のほとんどすべてをわたしを通して吸収していた。そうなるとわたしは責任の重大さを自覚せざるをえなかった。ことにかれの有名なソシュール批判は、もっぱらわたしの訳文に依拠していた。そこに誤解の生じるすきがあった。もう一つかれのあやまちはといえば、それはわたしのいっさいをソシュール学徒として色付けてしまったことだ」と述べている(6)。

それほど小林といえばソシュール学と称せられるようになったのだが、小林自身はソシュールから受けた影響を絶大と認めつつも、ソシュールの高弟であるシャルル・バイイやヨーロッパの言語学者カール・フォスラー、レオ・シュピッツアーなどの業績から学び、独自の方法と領域を拓いたのである。

時枝に限らず、戦前戦後を通して小林は、ソシュール言語学の導入はもちろん、後に著す『言語学通論』を始めとする多くの著作によって、国語学や国語教育の世界にも広く影響を与えたのであった。

一般に「小林言語学」と呼ばれているが、小林に学び、小林から影響を受けた国語教育研究者は多かった。それは特に「言語活動」の概念の導入と流通から、その解釈をめぐる多様な論の展開に見られるものであった。小林の言語理論書である『言語学通論』は「言語活動の構造と変遷の理論の書」というサブタイトルで初版（一九三七、三省堂）が出され、二版で一部改訂を行い、戦後の三版（一九四七）では全面改訂を行っている。その後四版、五版、六版と一部を改訂し、七版（一九七二、六版の復刻）まで重ねている。

沖山は、この改訂について次のように回想している。

小林博士の改訂は、博士の良心的な訂正がなされている点で、心打たれるものがあります。博士は、学問に対して、まことに厳しい方であります。思索の方の人で、社交の人ではありませんので、多くの人に取り巻かれるのを喜ぶという方ではありません。

わたしども数名の、ごく限られたメンバーで、博士の東京工大在任中、その研究室で、全文を通読しながら、問題点の解明をしていただきました。それは、昭和三〇年一二月から三一年五月にわたる前後十一回の研究会で、この時のテキストとして使用したのが、三〇年一〇月刊行の改訂第五版のものでありました。

この本には博士からの示唆が多くの書きこみとして残されております。さらにわたしは、三三年の改訂第六版を自分の目で読みながら、構造国語教育論への思索を結びつけ、たくさんの書きこみをしております。(7)

沖山は、後に刊行された『小林英夫著作集』第一巻（一九七六、みすず書房）の付録である「月報２」に、この時のことを詳しく書いているが、その記録の緻密さとともに当時の小林をめぐる言語学の背景が浮かび上がってくるようである。

終戦となり、バイイの岩波文庫本ただ一冊だけをリュックに入れられて、帰京。何日かして、軍靴に軍の外套というういでたちで、拙宅の玄関に立たれた先生の姿に接し、全くことばもなかった。先生の全精力を費やされて蒐集された内外の貴重な文献、それにも増して書き続けられたぼう大な論文は、そのまま外地に残して、たった一冊の文庫本しか持ち帰れなかったご心中を察すると、ただただ無言で先生の話に聞き入るより外はなかった。

やがて先生は東京工大学長の請めに応じ、工大に研究室をお持ちになる。このころから、先生を囲んでの有志のセミナー、「ソワレ」の会が始まる。ソワレとは、フランス語の soiree　夕べの集いの意である。この会は、昭和二六年九月から昭和三二年四月まで足かけ七年の長きにわたっている。その折に用いられたテキストと回数とを記してみよう。

『一般言語学講義』二六・九・一四―二八・七・九　三〇回。
オグデン、リチャーズ『意味の意味』二八・九・一〇―二八・一二・二四　六回。
(原書および石橋訳使用)
イェルムスレウ『一般文法の原理』三三・六・三―三四・一一・一〇　四九回。
フォスレル『言語美学』二九・一〇・一四―三〇・一二・八　二三回。
小林英夫『言語学通論』三〇・一二・二二―三一・五・二四　一一回。

バイイ『言語活動と生活』三一・六・七―三二・四・一六　一三回。

以上六冊のテキストを通して総計一〇一回のセミナーが行われた。毎回夜の七時から九時までの二時間である。ソシュールの『一般言語学講義』の時だけ十数名の人が参集したが、第二のテキストの時から数名の人になった。この数名とは、石井庄司、石井米雄、饗庭一雄、山口光、上田幸夫の諸氏と私とである。これらの方たちが常連となって、最後のテキストまで、輪読しては随時先生の補説、解説を受けた。

さて、「通論」に話を戻すと、第七版のはしがきには、小林の次のような思いが記されている。

わたしが言語学に志したころ、また通論の初版を執筆していたころは、言語学の本場はヨーロッパであった。したがってわたしのまなびとったのも、もっぱらその方角の学説であった。第二次世界大戦は本場をアメリカに移してしまった。若い学徒はとうとうとしてアメリカ言語学の吸収に日も夜もたらぬありさまである。そしてわたしの通論は古くなってしまった。

しかしわたしの言語学的思想を養ってきたソシュール理論は、そのご衰えるどころか、いまや全世界の学徒にとってスタートラインでなければならぬことが、認められてきた。わたしは本書をけっしてソシュール言語学への入門書として書いたわけではない（それなのにソシュール解説書といわれたものである）。とくに終戦後の第三版は、ソシュール理論をはみでるところが多いと思っている。それにもかかわらずやはりこの通論を通路とすれば、ソシュール学の理解は容易になるにちがいない。

およそ半世紀近く版を重ねた理論書であるから、いかに影響が大きかったかわかるというものである。

沖山は、以前（昭和一〇年）から触れていたソシュールやバイイについての理解を、この『言語学通論』を通していっそう深めることになった。当時、沖山の念頭にあったのは、国語教育における学習原理論は何かということだった。背景理論があってこそ確かな実践が可能であると考えていたからである。したがって、『言語学通論』は沖山の思索を一気に前へ進めることになったのである。それは『意味構造に立つ読解指導』を著す一年前（昭和三二年）に刊行した『読解力向上の理論と実践』（この書は出版社解散のため一年ほどで絶版となったが、出版希望の要望に応え、序章と第四編を書き加え、昭和三四年に『読解指導の原理と方法』と題して新光閣書店から出版）で明らかにされている。

「言語」と「言」とを明確に使いわけたのは、ソシュールであるが、ソシュール言語学の上に立って、ソシュール学を批判したものが、「言語学通論」である。（略）

もちろん、小林博士は、この「言語学通論」を、国語教育のためにといって論述されたのではないが、この書は、ことばの正しい理解に関心を持つ者の必読の書であると考えている。ことばに対する根本的な理解なしに国語教育を語ることは、根のない植物を育てるに等しいからである。

そして『言語学通論』の索引を使って、いかに理論的な根拠を導き出せるかを次のように紹介している。

1、bun〔phrase, satz, sentence〕92,95,167,— wa gen ni zokusuru 177

ここに「文」に関する叙述のページ数と共に「文は言に属す」という叙述のページ数も示されております。したがって、その前後の叙述を必要とするときには、その個処を検討すればよいわけです。さしあたり、わたしには、「「文は言に属す」という概念規定が必要であります。そして、このことから、「文は、表現の問題に関する」ことがわかります。さらに「言」について、当たってみましょう。

2、gen〔Saus parole〕—wa gkd no kozinteki-bumen da 40,41,49

この中のかっこの符号の Saus は、ソシュール言語学の用語で、フランス語のパロールに当たることが示されています。また「言は言語活動の個人的部面だ」とあります個処の gkd は「言語活動」を示しています。

ここで、「言」とは、「言語活動の個人的部面だ」と言っているところは、「言語活動」そのものは、「表現や理解の活動（言行為）」そのものを指すのでありますから、1に述べた文は「言に属す」ということが、2の概念規定との関係によって、「文は表現活動に属す」と考えてもよいと思います。それならば「語」は、どのように規定されているのかを見ましょう。

3、go〔mot,wort,word〕28,38—9,92,95,184,205— wa bun no nakade kino o hakkisuru 167,— wa igai no toitutai 167—8

かっこ内に原語が三つ記されているのは、最初からフランス語、ドイツ語、英語の順であります。語の概念規定として、「語は文の中で機能を発揮する」とあり、さらに「語は意義の統一体」とされております。

この1、2、3の関連から、「語」を単独に、理解活動において問題とすることはないことがわかってきます。文から切り離した単独の語は、「意義」の対象となり、表現で問題とされる「意味」の対象ではないことが、はっきりしてきます。

このような観点から、わたしは「意味の最小単位は文である」という概念を引き出したのであります。このような、概念規定が明確につかまれておりますならば、表現学習や理解学習において、「キイ・ワード」という考えはおかしいことがわかってきます。だからこそ「文脈の中で語の意味をつかむ」ということが、重視されるわけです。このことは、3の概念規定の「語は文の中で機能を発揮する」ということが、明確につかまれていないと、確信のあるものとなってこないことがわかるでしょう。

また、1の概念規定で「文は言に属す」ということがわかっているならば、「文は表現の世界に属する」ということから、「文章の中で文の意味をとらえる」ということが、文脈理論として、当然のことであることがわかります。(8)


さらに、沖山が三〇歳の時に著わした国語教育論の原点ともなっている『一點凝視の讀方教育』（昭和一〇年、南光社）（二八一頁）には、早くも小林の『言語学方法論考』を読破し自身の文章論、国語教育論に組み込んでいた。特に「語は、それ自身の姿を以て、適当な文脈におかれることによって、われわれの内面生活を表現するのである。〜語は単なる記号ではなく、自己独自の姿で示す所の象徴である」という引用から沖山は、「ソシュール言語学における言の世界の確立が国語教育の到達目標である」という考えに到達していたのではないだろうか。また、同著にある「吾語り君聴き、君語り吾聴くときに対話が成立する」という語の機能発揮に関する端的な指摘についても引用しているが、これは、以後沖山が自身の文章論、構造国語教育論を語るときにしばしば教育の本質であると引用している。

以上のことから、沖山の構造国語教育論の背骨は、小林英夫の言語学理論であることがわかるのである。

(三) 日光市立清滝小学校での構造的読解指導の具体的実証

実験研究期間が終わってからのことであるが、日本短波放送によって清滝小学校の取り組みが六日間にわたって紹介された。放送第一日は、実験研究のねらい、第二日：実験研究成果への苦心、第三日：低学年の読解指導、第四日：中学年の読解指導、第五日：高学年の読解指導、第六日：基礎学力としての読解力となっている。放送は、沖山が関係者にインタビューを行うという形式でなされている。その一端を取り出してみよう。(9)

〈低学年の読解指導〉

沖山　低学年としての読解指導の問題点について、話し合ってもらいましょう。

田島　低学年ばかりでなく、高学年になっても、能力の低い子どもは、

○文章をはじめから終りまで、順序だてて読んでいない。

○文章中に出てくるできごとを、順序だてて記憶に残していない。

といった欠陥がみられます。したがって、こうした欠陥におちいらないために、私たちは、

○文章は、はじめから終りまで、かならず読ませる。

○文章に書かれてあることを、順序立てて離させる。

ということがだいじな点だと思いました。

福田　ですから、私たちは、読解指導に当たって、いつも文章全体の流れというものを、まず頭に入れさせ、その上に立って、部分を考えるというように指導しています。

沖山　いまおふたりの言われたことは、だいじな着眼点です。文章というものを、どう考えるかの問題です。文章はいくつかの文が、集まってできていると考える考え方の否定から、清滝小学校の読解指導は、はじまるといえるでしょう。

部分的な抜粋だが、ここには教材としての文章の見方、読解の構えとしてまず文章全体に着目するということ、子どの実態を踏まえるという基本的な考え方が示されている。

〈中学年の読解指導〉

児童朗読（二人）

足もとから

ピーンピーンと

木のえだがはね起きる。
えだは、どれも、
かたい、小さな芽のたまをもっている。

冬の間　深い雪の下で、
じっとしんぼうしていて、ふくらんだのだ。
野山の雪がきえるころ
たまははじけて、
うす青い葉をふき出すだろう。
うすべに色の花もさくだろう。

夏になると、
それが、
一面に野山をそめるのだ。
北の国じゅうを
こいみどり色にするのだ。

福田　最初の子が読んだ、第一連と第二連の前半とが、この歌の主題をささえるものとなっています。つまり、いま自分の立っている足もとから、雪のとけるのにしたがって、しなっていた木のえだが、勢いよくはね起きる。どのえだにも、小さなかたい芽がついている。「ああ、春がやってきたのだ」という喜び、それがこの歌の中心だと思うのです。第2連の後半と第三連は、それを受けて、春から夏への野山への連想となっている。もちろん、春きたるの喜びが全体を包んではいる。こう思うのですが。

矢野　なるほど、そうすると、第一連と第二連の前半とがつくる意味と、第二連の後半および第三連とがつくる意味とでは、主題をささえる意味的な重さが違っているわけですね。

星　わたしもそう思います。第一連、第二連、第三連を同じ重さとして意味をとっていくのは、いわゆる「あらすじをとらえる」というつかみ方だと思います。いまの、重みづけという観点で、両者が根本的に違う立場をとるということがよくわかります。

酒井　第一連と第二連の前半がつくる意味に対して、第二連の後半と第三連は、いわば補助的な位置にあると、わたくしは思いますが、これを「重みづけ」と考えていいのですね。

福田　そうです。そうした全体の構造、つまり、生きた文章相互の関係を、おぼろげながらもつかんでいくのが、沖山先生の説かれる「見とおし」と考えていいのじゃないですか。

沖山　みなさんの話し合いを聞いていると、「見とおし」の理論が、身についてきましたね。見とおしは、ただ一回だけのものではなく、先ほど福田さんが言われた、「おぼろげな見とおし」つまり「低い見とおし」から「たしかな見とおし」つまり「高次の見とおし」へと発展していくのです。これが「読みを深める」ということです。したがって、読みの深まり、つまり見とおしの高まりは、らせん的に発展していくのです。

その見とおしの発展をささえていく、証拠がためともいうものが、文のどことどこが、ささえあって、どう展開するのかという「からみあい」の吟味になるわけです。いわば、分析、総合といったことが、連続発展していくのです。これがわたくしたちの研究してきた、構造的な読解指導です。読解力は、いわば、「見とおし」と「からみあい」をおさえる力に比例して育っていくわけです。

「見とおし」と「からみあい」は構造的読解の重要な概念である。「見とおし」は、直観的に文章全体の意味をつかむという思考の働かせ方をいう。「からみあい」は、分析的な思考で、意味布石と焦点化の操作である。これはどこまでも基本となるものでその後も一貫した考え方として重視していくことになる。

〈高学年の読解指導〉

児童朗読

「ペンの力」

アナウンサー　このペンの力という文章は、第一次大戦中、英国政府の戦況発表が、戦況の不利をひたすらおおいかくしている事由をつきとめたデイリー・メール新聞社の社長ノースクリッフが、あらゆる障害をのりこえて、不利な戦況を、忠実に国民に報道し、ついに政府の改造を促し、勝利を勝ち得た事実を書いたものですが、これを読解するためには、なかなか容易ならないものがあると思います。

では、先生方の反省座談会を聞いてみましょう。

沖山　きょうは、六年生の「ペンの力」という題材を中心に、授業が展開されたわけです。そこでいま問題となっている「見とおし」について、授業をやっていただいた星野先生から述べてください。

星野　はい、きのうの中学年の話し合いでも「見とおし」と「あらすじ」とが問題として話し合われていますが、わたくしどもは、「見とおし」と「あらすじ」とは違うと思っています。「あらすじ」は、概要とか梗概とか、いわば文章のアウトラインといったものですが、「見とおし」は意味構造、つまり、主題に統一される文章の前後の組み立てをつかむことと理解していますが、それでよろしいでしょうか。

沖山　ええ、だいぶむずかしいことばもでてきたようですが、「見とおし」についてわたくしどもはいま星野さんが発表してくださったような共通の理解を、みんな持っているわけですから、いま星野さんの述べられた立場に立ちながら、お互いに、これから話を進めましょう。伊藤さん、きょうの星野さんの「見とおし」の指導にふれて、あなたの意見を…。

伊藤　はい、それでは、わたしから。
「ペンの力」という、この文章は、一二ページにわたる長文ですが、それを三つの柱でまとめ、その柱の相互の関係をつかませた指導は、「見とおし」の指導としては、かなり、「高次の見とおし」の指導であったようでした。中学年の「見とおし」の指導の上に立った、発展のあとがよくわかりました。

このあと、「見とおし」のつかみ方について本質的なことが話し合われ、最後に沖山がまとめている。

沖山　結局、教師に真の読解能力がついていなくては、児童の読解能力など伸ばせません。読解能力は、まず教師その人が、文章とじかに取り組むことを避けてはいけない。もう一度、星野さんの授業にもどすと、第一、第二、第三の柱を発見して、それを中心に、この12ページにわたる文章を三つの意味段落に分けて、それの相互の関係をおさえる。これも文章の形にだけとらわれていると、あのようなすっきりしたわけ方にはならない。

第一の柱の説明的部分として、そのあとに続く3ページほどの部分を、この柱の補助的な部分とし、そのあとに続く2ページ半の部分を、第二の柱の中に補助的なものとして包んだところは、実によく教材研究というか、この文章の表現意図を明確につかんでいるところで、すばらしいまとめ方です。

第一、第二の柱に包まれるところを、第一、第二の柱と対立するように同じ重さで取り扱うと、この文章は、五つの段落になり、子どもたちには、かえって、この文章のねらいの真実の報道の尊さ、裏から言えば、真実の報道の困難さ、そういうことは読み取られないでしょうね。

沖山は、教材研究を重視するが、それを基に教師の教材解釈に子どもを誘導する指導のあり方を厳しく批判した。読解の主体は子ども自身であるから、子どもが直接教材としての文章と向かい合い読解していくことを第一義にする。したがって、教師の仕事はその読解の筋道を子どものものにしていくことであった。教師は子どもが正しく読むための指導と助言ができるために深い教材研究が必要なのだというわけである。

その意味で、教師の実践研究への取り組みが重要な問題になる。二日目の放送がこの点に触れているので、関係する部分のみ抜粋する。

〈実験研究成果への苦心〉

校長　わたしが、いちばん気をつかったのは、職員全体が一つになって、ひとりの落伍者もなく足並をそろえることと、同時に、児童たちにこの実験研究によってプラスされる面がなくてはならないということでした。

沖山　そう言えば、わたしの講義も前後四、五十回にのぼるでしょうが、その間いつも校長さん、教頭さんが率先して、よくメモをとっておられましたね。これは、なかなかできないことです。この校長の率先垂範ということが実験研究を成功に　導いた大きな力だったと思うのです。

須藤　実際、われわれも、研究に目鼻がつくまでは、ずいぶん苦しみましたが、わたしたちが文部省に提出した報告書が、まっかになおされて送り返されてくるのを見たときには、苦しいのは、われわれだけではなく、指導者の立場における沖山先生のご苦労もなみたいていではないなあと思いました。

沖山　児童の実力は、結局、小手さきの指導技術といったもので高められるものでないことが、清滝の先生がたには、身にしみてわかったことでしょう。児童の学力は教師の実力に比例するものです。

校長　県の標準学力検査は、去る2月18日に実施されました。国語、算数、社会、理科のいわゆる主要教科について実施されたのですが、総合平均は清滝が第一位　でした。

教頭　国語だけでなく、主要教科のすべてに、実力がついているということが、これで実証されたわけです。このことからも読解力がすべての教科の学習の基礎をなしているということが言えるのではないでしょうか。

校長　当校は、国語の実験学校で、国語はやっているが、ほかの教科はそれほどではなかろうといわれていた世間の誤解が、これでりっぱに解消しました。そればかりではなく、読解力が基礎学力の土台であることもわかりました。

コラム

①　文部省の実験学校にする前の指導

昭和二十五、二十六、二十七の三年間、毎週あそこまでいくわけだ。休むわけにはいかない。仕事が終わるとすぐ浅草に、あの東武電車で行って、そして、晩に着く。着くと、すぐ宿屋であした授業する人の指導案を見て、それに朱を入れて、「ぼくも苦労したんだから、あなたも苦労しなさい。これから学校に帰って、これを清書しなさい」と言ったわけです。そこには、質問や板書など、みんな書いてある。そのことは、ほかの先生には口外しない。

（授業当日の反省会では）「今日の授業は、大変すばらしい、私の思うところまできている」

と言って、その先生に勇気を与えるんです。

何でこんなことするかというとね、清滝小学校というところは、女学校出たばかりの代用教員が三分の二なんです。「授業やりなさい」というと、泣きだしちゃう。「指導案書け」ったって、書けない。すぐに泣いちゃう。それを手とり足とりして、とにかく本採用になるまで鍛え上げたのが、この三年間だった。それで、なんとか授業できるようになるまでもってきた。

②

文部省の指定事前調査

この時分でよかろうというわけで、二十七年の三月に実験学校に指定するために、前もって、調査にいくわけです。三人ばかり（文部省初等中等教育局初等教育課調査係）出向いたんです。

そこで、「沖山さん、この学校はやめたほうがいい」とみんな、言うわけです。でも、私は、同級生（校長の上吉原寿は、青山師範学校の同級生であった）の苦悩を救おうと思っていたので、ほかに実験学校にふさわしい学校があったが、何とかしてやろうと思って、三年間や前の処置をとったわけです。それでも、あまり調子がわるい。

そこで、「あんた方には指導してもらわなくていいから、私が指導するから」と言った。それなら、私に任せよう、となった。そのとき私は、実験学校の各教科の総括主任をやっていたので、決められたわけです。

とにかく六年間というもの毎土日通ったわけで、そのころは、あまり食欲もなく、牛乳一本、卵一個くらいしか食べなかった。それでも、いざ、研究会となると遅くまでやったわけです。今考えるとよくもったな、生命力が強いなと思った。
（文部省退官後、若手実践者の宿泊研修会で）

当時の実験学校とはその目的も取り組み方にも違いはあるが、今日でも、文部科学省や教育委員会の示す課題に取り組む研究指定校や研究協力校などが数多くある。もちろん、数の上ではそうでない学校の方が多いのだが、それらも含めて、わが国の学校では校内研究という実践研究の方法が根づいてきている。多くは学校の実態を踏まえて、その時々の教育課題につながる、授業を中心にした研究が多く行われるが、中には新しい教育方法を開発し定着させるねらいの下に進められる研究も少なくない。

この清滝小学校の実験研究は、まさに構造的読解が学習の基盤になるという見通しをもって取り組まれたものである。その中に、読解指導の方法を始め、教育課程の編成や、教師集団の実践的力量、学校運営、地域との連携と、取り組む課題は広がるが、目的を強く持ち、明確な方針の下に努力を続けると大きな成果が得られるということを鮮やかに描き出していると言えよう。

清滝小学校の例を取り上げたが、時を同じくして静岡県の郡部の小学校でも構造的読解の実験校としての成果を発表している。いずれの学校もごく一般的な地方の学校であった。

（四）構造的読解の論理

小林に学んだ沖山は、小林言語学に国語教育の原理論となることを確信して読解指導理論の構築に励み、それが『読解力向上の理論と実践』『意味構造に立つ読解指導』の著書へと結実していく。

著書にある読解理論を概観するとこうである。

まず、国語教育方法を基礎学習と基本学習に分け、方法としての体系を明確にした。つまり、「言語」（ラング）という社会的なものについては記憶を主とした基礎学習に、「言」（パロール）という個人の働きによる内容を、思考に重きを置いた基本学習に識別し、方法論として整理したのである。これが沖山理論の最も根底に位置づく原理であり最大の特徴だといってよい。そして、特に「言」にかかわる読解の分野について、その方法としてのあり方を「意味構造に立つ読解」として示したのである。

沖山はそれを次のように説明する。文章とは書き手がある意図の基につくり出した意味の構造体である。読み手は書き手の意味構造体に接近すべく再構造化を行う。その過程が読解である。したがって再構造化の過程がどのような具体的な活動なのかが問われてくるのであると。

そして、その意味構造を読解する一連の活動を次のように示した。

構造的読解は、定着された文章を通して、「意味布石」を発見し、さらに、「意味布石相互の意味的関連」を洞察し、焦点化を低次から高次へと推し進めて、あくまでも、書き手の描こうとした精神内部へと肉薄していくことである。その間、たえず、「意味布石」相互の依存関係を洞察していかなくてはならない。(10)

分かりやすくするために順序づけてみよう。

一　文章全体を関係面に注意しながら通読する（構造の秩序の発見）：「見通し」

まず文章の意味構造の全体像を洞察する。内部構造は一つの統一的な流れとして文章全体の依存関係に見出されるから、文章全体を関係面に注意して通読する。構造の秩序を発見することであり、それを「予見」とした。依存関係に見出すように読むということである。

二　意味布石の発見（相互依存関係から段落へ）：二〜四「からみあい」

予見した構造の秩序がどのような相互関係に見出されるかに注意して詳しく読んでいく。これが、構造としての意味布石の発見である。分析の最も小さなまとまりになる。

三　意味段落相互の関係の焦点化（相互依存関係から主題へ）

一で発見した意味布石相互の関係から意味段落が発見され、意味布石相互の意味を焦点化することで、意味段落の意味布石が決定される。

四　意味構造の理解（表現意図）

意味段落相互の関係を焦点化することで内部構造の焦点が発見され、「表現意図」が浮かび上がってくる。これが意味構造を理解したということになる。つまり、書き手が読み手に呼びかけている意味を、その呼びかけに応じて受けとることができたということである。

この一連の操作は、後に、二は形式段落の要点を押さえる、三は形式段落相互の関係から意味段落を明らかにするという作業が行われるようになるが、これは沖山が「意味段落」に言及して後、一般的になったものである。しかし、構造的読解は、そのように形式的に操作するのではないというところに根本的な違いがあった。

「書き手の意図」といい、「文章の主題」といい、「文章に即して」といい、文脈に即して」といい、これらは、文章の外面からも内面からも研究できるであろうが、わたしは、文章を「書き手その人の所産」と見る立場を強くとる。「書き手その人の意味構造化した」ものを表現としての文章と見る立場に立ち、読み手が書き手の思考に即して文章を意味的に「再構造化」したときにはじめて読解は成立するという立場をとる。(11)

三　学習者の視点をより鮮明に、トレーニング学習の提唱

これが構造的読解の立場であり、どこまでも「読解の基本的な能力を培う」ことをねらっている。読解の基本的な能力とは、詳しく、確かに読みとっていく能力であり、そのために必要な操作が確実にできるということである。そして、何よりも教師自身がその力を身につけることの重要性を沖山は説いた。

(一)　読解の基本的な学習構造

沖山理論に変化がみられるのは、主として用語上の問題である。しかし、これは試行錯誤の結果、生まれたり変化したりしたというより、実践研究の延長線上に想定されていたことを明確にしていくなかで選びとられたという捉え方の方が正しいように思う。昭和三九（一九六四）年、『読解の基本的学習構造』が刊行された前年に、J・S・ブルーナーによる『教育の過程』が翻訳され、岩波書店から出されている。

初版はすでに三年前にアメリカで刊行され、日本でも話題になっていた。この書の特徴は、一九五九年の秋に全米科学アカデミーが召集したウッヅホール会議で議長を務めたブルーナーによってまとめられた報告書ということにあった。会議の参加者が各学界での第一人者であったであったので大いに注目されたのである。

ブルーナーはアメリカにおける認知心理学の第一人者であったから、その理論はわが国の教科教育や授業、学習に関する研究や実践の面に大きな影響を及ぼした。沖山は学問上の流行現象に批判的ではあったが、学問そのものへの関心は高く、新しく生まれてくる学問上の成果には誠実に学ぶ姿勢を崩さなかった。そして、「教育の問題に取り組むものは、単なる研究成果のメッセンジャーとなってはならない。世界的な視野をもって、過去を深く理解し、将来への洞察をするどく持つ」ことが大切だと考えていた。したがって、この『教育の過程』についても、沖山は次のように受けとめている。

ブルーナーは六章からなるその報告書の第四章を「直観的思考と分析的思考」に当てている。このことは、構造的読解学習において学習構造の二つの柱として「見とおし」と「からみあい」の学習を位置づけたことと相通ずる。学習構造は、目的に応じて変化すべきもので、固定化されるべきものではない。目的に応じて変化するからこそ、その根底において、基本的学習構造がなければならない。かかる観点からわたしは「基本的学習構造」そのことの体得定着を重視するのである。(12)

沖山は、それまで「構造的読解」とか「再構造化」とか「意味構造の読解操作」と呼んでいた構造的な読解操作の過程を、学習者に視点を当てた「学習構造」という用語を使用することによって、子どもの立場からの読解であることをより鮮明にした。

そして、その理由として、

・教科書の多様な目的に対応できる読解方法として基本となる学習構造を確立する
・真の自主的主体的な学習の成立のためには、基本的学習構造の確立が前提となる
・学習活動においてフィードバックができるためには、基本構造に照らして可能になる

ということを挙げている。学習が目的的に行われるものであるからこそ「基本的学習構造」が重要だというのである。

また、それとともに指導者側に視点を置いた輿水實の「基本的指導過程論」と関連づけ、その中核となる「基本学習」の部分の読解操作の構造は共通しているとしている。輿水の提案する「読解の基本的指導過程」とは次のようなものである。

①　教材を調べる。わからない文字語句を辞書で引くなり、文脈の中で考えて、全文を読み通す。
②　文意を想定する読みの目標や学習指導事項をきめ、読み方の性格を決定する。
③　文意にしたがって、各段落、各部分を精査する。
④　文意を確認する。
⑤　この教材にでてきた技能や、文型語句文字の練習をする。
⑥　学習のまとめ、目標による評価。

構造的読解指導は、この①を基礎学習Aとし、⑤と⑥を基礎学習Bと位置づけている。そして、基本学習としての②〜④を、「予見」「検証」「確認」とした。この読解過程がそのまま子どもの「学習過程すなわち『読み取り方法』の体得と直結している」のだと沖山は説くのである。このことから、「主体的な学習とは、読解行為そのものが、主体者である個々の児童生徒の手によって行なわれる、その過程的な一連の読解行為の統一者、統一づけるものが、児童生徒みずからにゆだねられているときに、はじめて主体的と言い得るのである」と述べている。

輿水實の「基本的指導過程」と、沖山光の「構造的読解指導」、その方法論は読解のプロセスをみたとき、共通点が多い。異なる点は何かというと、輿水は、教師の指導に視点をおいたのに対し、沖山は子どもの学習に視点をおいた。学習を子ども自身のものにし、それを指導面で具体化しようとする点においては重なるところが多いようである。この点については沖山自身も認めていて、互いに学ぶところが多いとしている。最も異なるところは、沖山の主張するトレーニング学習であり、それが構造的読解を有効にする基本操作を可能にしていく手立てであるということだろう。基本操作は思考操作がなければ働かないのだから当然のことである。輿水は、読解の技能について習得するためのスキルを重視しているが、このスキルによって身につく技能こそ、思考操作によって生かされる。

学習過程の構造については、沖山は次のように図示している。

図1

※この一連の学習過程が自力で行えたときに、「自主的学習」「読解のひとり歩き」という。

＜学習過程の構造＞

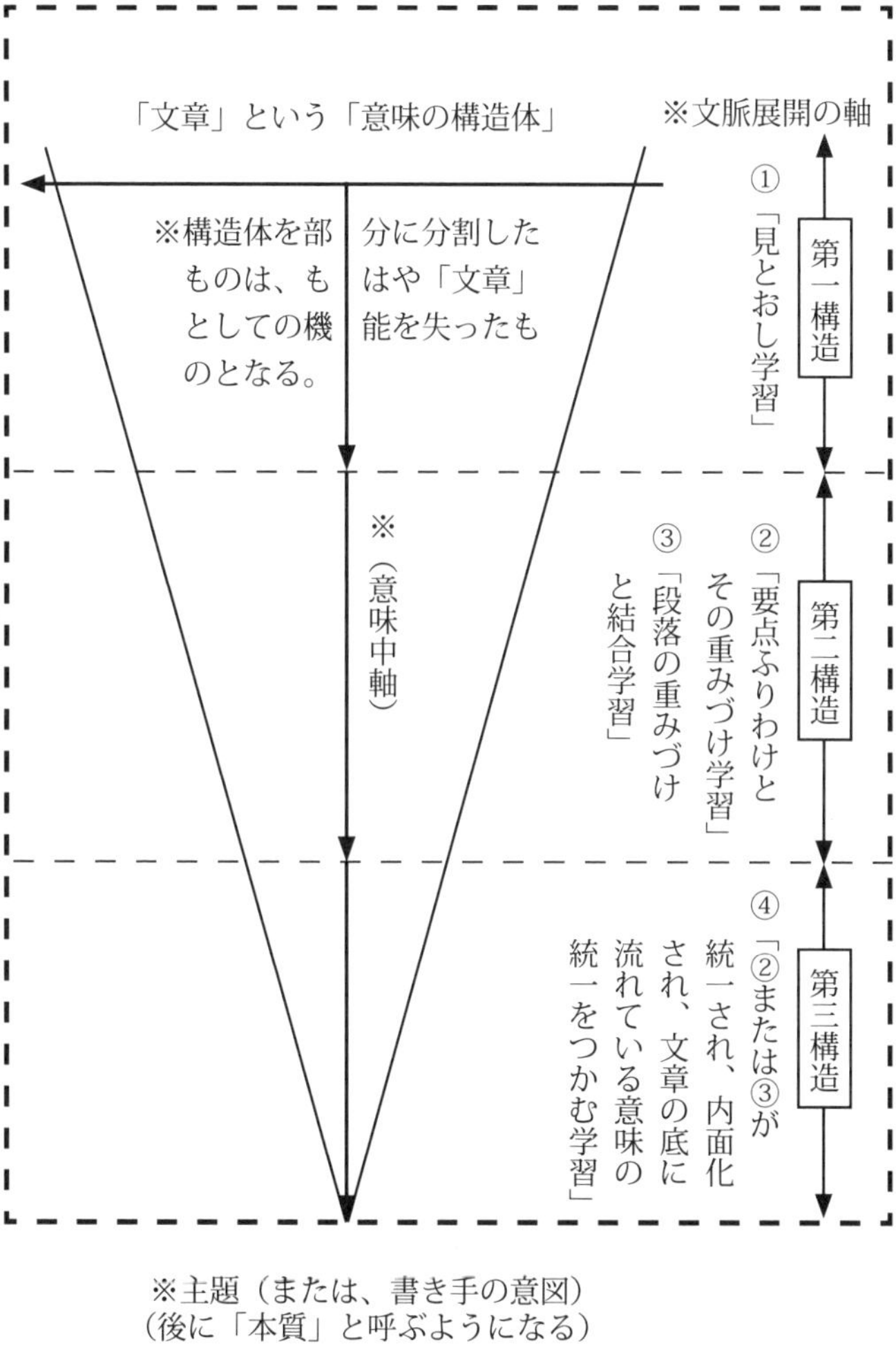

※読む（読解する）とは、この一連の操作を具体的な文章に即して行うことである。

『読解のひとり歩き』（一九六六、明治図書出版、六五頁）

沖山は、「文章を読む」という一連の読解過程（=学習過程）が、「一つのまとまり」をもった「一連の思考操作」であるということを繰り返し述べている。書き手が一連の思考操作によって一連のまとまりをもった文章をつくり上げているので、読み手は書き手（あるいは文章）が言わんとしていることを理解しようと一連の思考操作によって迫ろうとする。沖山はそこに着眼して「構造」と呼び、「意味構造に立つ読解指導」を提唱した。読解の過程が思考の過程であるというのは、文章という「言」の世界を対象にしているからにほかならない。「言」は、社会性をもった「言語」とは異なり、個人的な所産であり、思考の網をくぐり抜けて（構造化）存在するものだからである。

（二）確かな学習構造の確立をめざすために

構造的読解には、もう一つの特徴がある。沖山は、この『読解の基本的学習構造』で、「目的的読解論の立場から、私は、『基本的読解構造』を本書において提案するもの」だと述べているが、そこにつながる方法の問題として、研究校による「読み取りのおけいこ」を掲載していることである。

この読解のための訓練がなぜ必要なのか、掲載されている静岡県浜名郡新居町立新居小学校の報告は、次のように記している。

教科書の文章には、その文章のみが有する価値があり、その価値に対して指導的立場から目標が立てられている。われわれは、この目標の達成を目ざして指導をし、その過程において読解能力がつちかわれていくと考えていた。

しかし、全国的に読解力の低下という事実を見たとき、今までの学習指導を反省しなければならないのではあるまいか。

国語教育において、「主体読み」とよくいわれているが、児童がみずから文章に対して主体的に読みすめる（読解する）ことができないのが現状である。これは教師自身の、読解指導理論の受けとめ方に何か欠陥があるのではないか。これまでの刊行書では、学習主体者である児童の学習理論よりも教師の指導理論のみが強調され考えられていた。だから、一般に行なわれている授業を見て、教科書の文章に対して、主体者（児童）がみずからの思考をはたらかせて、表現としての文章全体を読解していくのではなくて、教師の発問やテクニックによって文章の価値目標に導かれていたのが事実である。これでは児童が文章に対して、どのように読みすすめて（読解）いったらよいかという、「主体的な読み」の身がまえが養われないのは当然のことである。この反省に立って、本校では「読みの身がまえ」すなわち構造的読解理論における「操作的思考」を、どのように体得、習熟させ、いかに、学習の主体者である児童生徒の能力育成を達成するかを真剣に考えて実践してきたのである。

教科書の文章によって、こうした操作的思考や読解技能の体得、習熟をねらったのでは、文章そのものの目標がうすれてしまう。このように教科書の文章のみでは、「価値目標」と「読みの身がまえ」とは両立できないし、またじゅうぶんに養成されないことを実践を通して知ったのである。(13)

新居小学校では、学習指導要領が求めている「読むこと」（読解）の能力を構造的読解理論の上に立って計画し、実践する中で、後にトレーニング学習の原型となる「よみとりのおけいこ」の必要性を明らかにした。「本校の能力」を構造的読解能力と捉え、学習指導要領を踏まえた場合の位置づけを一覧にしてわかりやすくしたのである。

第一操作：文章全体をふまえてどんなことが書かれているのか。あらましを読み取る。
　一学年…できる
第二操作：第一操作の予見をふまえて、予見検証のだいじな文（第1次布石）を取捨する。
　一学年…わかる　二学年…できる
第三操作：取捨選択しただいじな文の相互依存関係をふまえて、大意を安定させる。
　一学年…わかる　二学年…できる
第四操作：表現の内部一貫としての視点の予見。
　三学年…できる
第五操作：視点をもとにだいじな文からもっとだいじな文を取捨選択するきめの細かな機能分析。
　三学年…できる
第六操作：必要があれば、もっとだいじな文をふまえて文章の意味の一貫性の検証として意味段落を発見し読みまとめる。
　三学年…わかる　四学年…できる
第七操作：意味段落の一貫性をふまえて確証のある主題へと安定させる。
　三学年…わかる　四学年…できる

そして五学年では「他の機能の文章に読解操作が適用できる」、六学年では「すべての機能の文章に読解操作が適用できる」ことを目標としている。[14]

(三)「読み取りのおけいこ」の実際

新居小学校における操作の段階をみると、読解の基本となる能力は第四学年で完成させ、高学年では目的に応じてそれを適用し、発展的な学習に広げられるようにするという方向性が示されている。「読みとりのおけいこ」との関連でいえば、第一操作から第三操作までの修練に力を入れ、そこで培った基本的操作を教科書にある文章に生かしていくというわけである。

したがって、そのための教材となる文章を次のようなことに配慮して準備する。

① 予見・検証・総合(確認)の操作学習が一連のものとしてできるように、第一操作から第三操作までの学習に耐え得る文章であること。
② 読解の基本的操作の修練なので「楽しみを得るため」の機能をもつ。
③ 限られた指導時間となるので、文章の長さは目的を達成することができる最小限のものにする。
④ 抵抗になりそうな文字、語句を排除し、簡潔な文で構成し、文章が学習目的のために容易に機能を発揮できるように教材化する。
⑤ 各学年の発達段階に適した内容の文章であること。
⑥ 文章の配列は、易から難へという順序であること。

実際に使われた教材には、自作の文章を含め、教科書の文章やそれの一部や作りなおしたもの、他のさまざまな出版物の文章などがある。今日では、著作権の問題について配慮しなければならない面もあるが、意欲的な問題提起となった。

それでは、どのようにして「読み取りのおけいこ」をするかについて、同じく研究校だった東京都文京区立金富小学校の試案が載せられているので、項目を見てみよう。

《1年のおけいこ》

●4コマの絵を示し、

・なにが　わかるでしょう。
・だれの　おはなしでしょう。
・どんな　おはなしでしょう。
・えを　みながら　おはなしを　しましょう。

●つぎの　ぶんしょうを　よんで　おけいこを　しましょう。

・だれの　おはなしでしょう。
・どこで　あった　ことでしょう。
・どんな　おはなしでしょう。

《4年のおけいこ》

●つぎの文章を（1）（2）（3）のじゅんじょで読み取りましょう。
（1）何がわかるでしょう。
・何が読みとれましたか。
・何を中心にしてよむとわかるでしょう。
（2）たしかめましょう。
・（1）のことを考えながら「だいじな文」の中からたしかめましょう。
・「もっとだいじな文をたしかめましょう。
（3）（1）と（2）のお勉強から何がわかったでしょう。
・（1）と（2）のお勉強から、いくつの意味のまとまりになっていますか。
・それはどんな意味のまとまりになっていますか。
・どの文とどの文のとから意味をまとめましたか。
・段落と段落との意味のつながりを考えて一番だいじな段落をおさえましょう。
・主題はなんでしょう。(15)

問いかけのことばをみると、一年の場合も四年の場合も基本となる操作は共通していることがわかる。つまり、「予見・検証・確認」の操作を一連のものとして万遍なく扱っている。しかし、実際にはどの部分の力をつけていくかという目的によって扱い方が異なるということを掲げていることに注意したい。あくまでも読解の基本操作の定着をねらうためであり、それを生かして教科書文章を主体的に読むことにつなげるということにねらいがある。

沖山は、『意味構造に立つ読解指導』の具体的展開として実践的に検討されてきた「読み取りのおけいこ」を踏まえて、学習過程のトレーニングと位置づけ、これを「学習トレーニング」として、さらに実験研究校とともに検証を重ねた。そして、その経緯を次のように述べている。

わたしが「学習のトレーニング」ということを提唱するようになった経過をたどってみよう。

1　自主学習とか主体学習ということは、「学習のひとり歩き」ということであるという前提に立っている。

2　学習ということは、学習する当人が、学習の開始からその週末までを、おのれの能力で解決し、統一していく一連の行為である。

3　学習のひとり歩きのためには、ひとり歩きが可能な状態にまで訓練していく必要がある。

これを、読解学習ということに例をとってみると、「読解する」（学習する）のは学習者である、個々の生徒自身である。この自力で「読解する」ということが、1の「読解のひとり歩き」ということである。(16)

（四）　思考トレーニング学習について

こうして、読解学習の前に思考トレーニングを位置づけることによって構造的読解の方法は一応の完成をみる。構造的読解の学習は、言わば二段階の学習である。先ず、思考トレーニング学習があり、それを土台にして思考の「ひとり歩きの学習」が具体化される。

「意味構造に立つ読解指導」を提唱してからおよそ一〇年、沖山は各地の研究校と連携し、自らの読解指導論を実践的に検証しながら思考トレーニング学習との関連を考察し、方法的な問題を明確にしていった。

文部省を退官した年昭和四〇（一九六五）年、『学習過程の構造とトレーニング』を著し、学習という概念は「読む方法の質的深まりをめざして、読解過程の体得を目指す」ものと定義し、より子ども自身の読解力を高める具体的方法を実践者とともに追究していった。そして、学習構造という考え方を子どもの思考の認識過程として提案し、そこに体得する方法として「トレーニング学習」を位置づけた。

沖山は、トレーニングを自動車の運転になぞらえて、運転操作の実地練習のこととし、学習能力定着へのトレーニングを適切なる「トレーニング教材としての文章による学習操作の実技訓練」であると定義した。当時、沖山の指導を受けた各地の文部省実験学校において、トレーニング学習の実践的解明が続けられていた。

この実践化への追究は文部省を退官して後も続けられ、昭和四五（一九七〇）年、『構造思考トレーニング』の刊行によって学習理論としての骨格を安定させたと言える。沖山自身も次のように述べ、「三プロセス十操作」として図示している。

「思考操作とは、思考することの三プロセスとそれに位置づけられた十操作の構造を言う」と、概念規定をしておきたい。「この思考操作を、具体的な問題なり文章なりに適用して、問題や文章の解明を実地に行なうことを具体操作と言う」と、概念規定をしておこう。(17)

その上で、「具体操作能力（これを「思考能力」という）」というのは、学習者自らが直面する具体的な問題や文章（読解においては特に文章を対象）に数多く接し、処理するという学習経験を積むことによって、はじめて身につくものであるから、トレーニングの徹底は重要だとしている。

ここで言う「三プロセス」とは、第１構造思考から第２構造思考を経て第３構造思考に至るプロセスである。

操作に視点をおくと、第1構造思考では、「洞察する」ことが主となり、そこに①から④までの操作が働くことになる。第2構造思考では、「分析・統一する」思考が主となり、⑤から⑧までの思考操作が働く。第3構造思考では、それまでの操作によって納得のいく意思決定がなされる。そこには⑨と⑩の操作が働くとしている。

そして、これらの思考操作が安定し、問題の処理や文章の読解に生きるようになるには構造思考トレーニングの位置づけが必要だということを強調したのである（構造思考トレーニングは、その後の構造学習論でも重要な位置づけになっているが、思考操作を十操作に限定することはしていない）。

この三プロセス一〇操作という学習構造は、洞察も分析統一も、意志決定（後に意志決定はトレーニングからなくなり、観点変換のトレーニングが位置づけられ、定着する）も、いずれも意味軸をめぐっての操作プロセスであることに注意したい。

思考学習構造（操作プロセスの構造化）　〈3プロセス〉↓〈10操作〉⇧〈スキル参加〉

（第3構造思考）←（第2構造思考）←（第1構造思考）

意志決定←分析・統一する←洞察する

⇩ ⇩ ⇩

(1) 問題洞察（洞察的・目的的挑戦）
(2) 洞察ポイントの指摘（ふりわけ）
(3) 問題洞察の決定（意味軸決定）
(4) 洞察の表現（意味軸決定）

(5) 軸の決定・確認（分析・統一への足がため）
(6) 軸究明への分析（ふりわけ）
(7) 分析の軸への統一（重みづけ）

※意味軸にすべてのふりわけが、統一されない時は、
　a 分析操作の誤りか
　b 洞察操作の誤りか
を反省し、a或いはb操作がふり出しにもどることになる。

(8) ふりわけ・統一の図式化整理（表現）

(9) 洞察・分析・統一までの8操作の再確認（意志決定への足がため）
(10) 意志決定の表現（意味軸安定）

※第4の軸表現と第10の軸表現との間に質的な変化がみられない時は、
　a 第2・第3構造が身についていない。
　b 学習資料（教材）が底が浅く、第2・第3構造思考に適さない。

『構造思考トレーニング』（一九七〇、明治図書出版、六五頁）

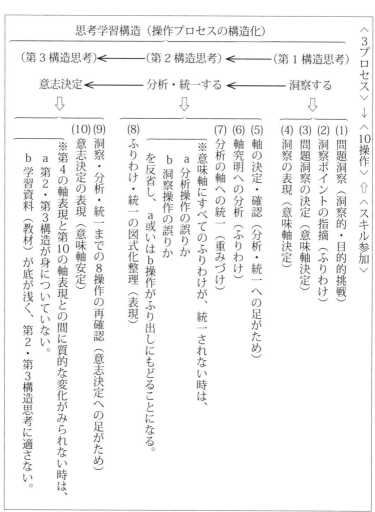

四　構造国語教育的読解から構造学習論への発展

（一）　研究の深化と発展

今日、学習指導要領で使われている国語科の学習領域を示す「読むこと」というのは、カリキュラムの用語であり、学習指導要領の指導書が作成された当初、国語の責任者であった石森延男の発案したものがそのまま継続しているようである。この領域としての「読むこと」の中の内容的な方面での理解学習を「読解」と称している。

沖山がその読解に研究の大半を傾けたのは、読解を単に「読むこと」の一領域に押しとどめるのではなく、読解の営みの中にある学習の本質から、学習そのものが学習者自身のものになるように理論構築をした点にある。その根底にあるのは、「読解とは書き手の思考過程をとらえたときに成立する」というものであり、それを「きみ語り、われ聞く」という身構えで受けとめることだと提案した。そのことに触れて、次のようにも述べている。

サルトルが「作品は読者の能力の水準に正確に応じてしか存在しない。」（『文学とは何か』四六頁）と言っているのも、読むということは、読み手その人が、作品をいかに機能化して受け取るかということに触れての提案であることを察知すべきである。(18)

高めるべきは読者の能力の水準であり、それは構造的読解によって達せられるというのが沖山の考えである。そこに「読み取りのおけいこ」を位置づけることにより、「学習のひとり歩き」を確かなものにしていく取り組みが実践的に解明されてくる。そこで昭和三八（一九六三）年、全国大会において「構造国語教育」を前面に打ち出し、読解のみでなく、国語の学習全体に取り組む姿勢を打ち出した。

「読み取りのおけいこ」の実践が進み、トレーニング学習となり、読解という学習を理解学習としての具体操作を確かなものするとともに、国語科以外の教科や他の領域について実践する事例が現れてきた。それは丁度、研究が組織的に展開される時期と重なっている。そこで、昭和四三（一九六八）年、第一〇回大会に、会の名称を「全国構造教育研究会」とし、構造論は単に国語科のみの学習論ではないということをアピールした。

「学習のひとり歩き」を願う実践は読解を基盤にその取り組み領域を拡大していったのである。「構造的読解」や「構造国語」という国語科の中の方法論としてだけではなく「構造学習」という学習論の視点から方法論を語るという必然性がそこにはあったと言える。

（二）　構造的読解から各教科・領域における学習へ

沖山は構造的読解指導を提唱した時から、国語科における読解力は基礎学力としての性格を強くもっているということを主張していた。その根拠は、各教科の教科書が文章に記述されている部分が多く、読解できる能力が不可欠であるということにあった。構造的に読解するそのことが教科独自の学習を成り立たせることにつながっているというものだった。構造化されたものを、学習者として再構造化する過程で理解を深めていくわけだから、その操作は国語科以外の学習に生きるわけである。また、表現行為は構造化の営みであるから、目的をもって追求する学習にも生きて働くと考えたのである。

沖山はどこまでも読解に限って述べ、自ら進んで国語科以外の教科の学習に論及するということはしていない。しかし、ブルーナーの『教育の過程』が翻訳され話題になった時、改めてこれまで主張してきたことを吟味し、その方向性に確信を持ち、学習論としての思索を深めている。そして、それまで主張し続けてきた主体的な学習のあり方について、「一連の学習構造があって、その一連の全行程を、児童みずからが自己の責任において、統一的に行い得たときにのみ、主体的と言える」のであって、教師の解釈を基に発問によって誘導するような授業の中での学習あり方は主体的の名に値しないと断じている。また、主体的な行動そのものも、学習構造が確立していなければ、方法としては少しも開拓されないと述べている。

他教科・領域の学習への取り組みは、どちらかというと実践の中から提起されてきたが、沖山自身も実践を踏まえつつ思索を深め理論としての確立を目指している。それが明確に示されたのは、昭和四一（一九六六）年に沖山の還暦の祝いとしてまとめられた『教科における思考と構造』においてである。これは、文部省の各教科調査官（国語・社会・算数・理科）が文部省の「初等教育資料」に教科における思考や構造の問題について執筆したものを基に、座談会を行ったものを加えて刊行されたものである。このことについて沖山は、「それぞれの教科は、その独自性を失ってはならない。それぞれの教科によって、解明すべき具体操作は違ってくるだろう。しかし『思考する』という、その本質には、各教科の根底に、共通的に解明されるものがあるのではないか」と考え、心情を吐露して討議したという。

そこから沖山は、自ら主張している「基本的学習構造」を基に、輿水実の「基本的指導過程」や算数、理科等の目標と思考過程を位置づけ、他教科への構造論的アプローチを示唆したのである。実践的には、すでに研究校で模索が続けられ、まとまった形で刊行されたのが和歌山県の妙寺小学校の実践だった。研究をまとめた書の序章に沖山は記している。

> 知的消費（受け身、記憶万能、物知り的）の教育から、知的生産（みずから判断し、分析し、構造化し、決断をくだすという一連の思考能力育成をめざす）の教育へと変革をせまられているのが、変革時代の教育のあるべき姿である。
>
> 　構造教育論は、終始この教育変革に取り組んできた。知的生産の教育は、知的生産という身がまえの、読む、書く、話すということを、その基底にすえなければならない。このことのために、この十年余りの間、国語教育に焦点を当ててきた。しかし、構造教育論は、国語教育だけに閉じこもっているのではない。国語教育、知的生産としての国語教育において育成された思考力は、みごとに、読書へ、みずから道徳することへ、理科へ、社会へ、算数へと、その学習領域を拡充開拓してきた。[19]

　沖山が文部省退官時に示唆した他教科における構造論的取り組みは、その後各地で進められ、全国大会や研究誌でも取り上げられるようになっていった。「構造教育」という名称を使うようになったのはそのような事情による。

　昭和四一（一九六六）年、沖山は文部省を退官すると同時に『読解のひとり歩き』を刊行した。そのはしがきに、「読解学習は、学習能力そのことの定着を目ざしての『学習のトレーニング』と定着された学習能力を行使して、学習を展開していく主体者その人の『学習展開』との二つから立案計画されるべきであると考える」と述べている。教育現場の具体的な実践を基に、理論づけたと言えるだろう。

この年、東京都調布市立第二小学校で第一〇回の全国構造教育研究大会が開催された。調布二小には構造教育研究会の中央講師である金井里子や若尾忠がいて、全国の実践をリードしていた。すでにトレーニング学習は軌道に乗り、読解学習だけでなく他教科の学習にも踏み込んだ実践研究が進んでいて大会参加者に大きな刺激を与えたのだった。沖山と金井学級の子どもたちとのディスカッションも質が高く評判となった。

金井学級で四年生の後半から卒業まで学んだという関口昌子は、社会人となってから、金井の『心の窓　ひらいて』（二〇〇六、構造学習研究所）の中で次のように回想している。

（略）自己変革を決意された先生と共にその授業が始まった時、私たちは先生と同じ船に乗って漕ぎ出した感じだった。当時の記録を調べてみると、見通し、確かめ、読みのまとめという流れを基に、非常に丁寧に文章を読み深めている。自分で考えないことには、正しいかどうか確かめられないしくみ、文章の奥にある本質に出会えないしくみになっていたと思う。しかし、たどり読みをしながら文章を区切って時間をかけるのではなく、あくまでも初めから全体をふまえているのが、大きな特徴である。読むことは、全体を貫いているものを正しく理解することであった。この過程の中で、よく見えなかった道に灯がともり始め、文章の奥へ入り込んで、いつのまにか文章と一体化している感じがした。苦しみが、楽しみ、やりがいへと変わっていった時だと思う。受け身ではこの灯は見つからない。自ら考えていった時、初めて見つけられるものだと思う。そして、この期間かなり多くの数の文章でトレーニングしているので、人間の心情を熟考する機会も多く、心を豊かにする大きな助けとなったのではないだろうか。とにかく私たちは夢中であった。

また、社会や理科のノート（特に六年）を見て、私たちは未熟ながらも、他教科でもよく構造学習を実践していたことと確認した。見通し、問題設定を行い、図や絵を使って知識を整理し、一連の作業の後に自分の考えをまとめている。ノートには文章を書くだけでなく、関連する項目の間にたくさんの矢印が飛び交っていた。

文章は、社会人となり仕事をするようになってから学んだことが生きていると結ばれていた。

第一〇回大会から五年後、昭和四八（一九七三）年、研究会は「構造教育」から「構造学習」へと名称を変え、研究誌の名称も『構造教育研究』から『構造学習』へと改められた。なぜ名称を変えたのかについて、次のように記した一文がある。

構造ということばは、少しも耳新しいものではありませんが、一般には『構造教育』といいますと、何か公教育の方向、内容、方法からはなれた、特殊な教育を意図しているように受け取られている面があるようです。『構造国語』と教科名を名のっていましたころは『構造的国語教育実践』という理解は容易でありました。ところが、研究内容が発展してきましてからは、沖山理論は、単なる国語科だけのものではなく、各教科、生活に普遍、適用されてしかるべきものということで、教科名をとり、『構造教育』とよばれてきましたから、いろいろ研究の方向、内容、方法についてたずねられることが多くなりました。『学習のひとり歩き』が願いであり、目標でありましても、そのように題名からは受け取りにくいということは、たしかに言えるようです。

そこで、研究所長の沖山先生、会長の和久田先生、中央講師団による何回もの話し合いから、新年度より、研究誌の題名を改題していくこととなりました。

どんな題名がふさわしいかにつきまして、趣旨、実践内容、研究事項などから、『構造学習論』『構造的学習法』『構造的学習の方法と展開』『学びのひとり歩き』などいろいろ考えられましたが、48年2月、明治図書から刊行されました沖山先生の『形象理論と構造学習』の著書にうたわれておられる『構造学習論』が研究の内容や方法を表わしているということから、ほぼそのように固まりましたけれども、この研究会では、理論と実践の研究を一体的にすすめているため、最終的には、「研究誌『構造学習』」ということにおちつきました。

改題されましても、編集の方針、内容は、何ら変わるものではありません。国語科中心の全国的研究が今後もすすめられることとは思いますが、主体的にして創造的人間形成そのための構造的思考力ならびに処理能力の開発・安定に向ってみなさんと実践、研究を進めてまいりたいと思います。[20]

沖山は、国語科における「読解」について積極的に論を展開したが、「学習のひとり歩き」を願う実践は読解を基盤にその取り組み領域を拡大していった。「構造的読解」や「構造国語」という国語科の中の方法論としてではなく「構造学習」という学習論の視点から方法論を語るという必然性がそこにはあったと言える。名称を構造学習と改めた年、研究会も「全国構造学習研究会」と称している。そして、構造論の実践的課題をより鮮明にして方法の具体化を図ろうということで、当時ピアジェ研究の第一人者であった電気通信大学教授滝沢武久に会への参加を要請した。昭和五〇年の全国大会（第一七回全国構造学習研究大会佐賀）には沖山と並んで滝沢も講演に加わっている。この時の講演の冒頭で滝沢は次のように述べた。

沖山先生の構造学習は、私が研究を進めていく上の、理論的、構造的分野にも深い関係がある。創造的な考え方と構造学習の視点とぴったりするような感じがする。ピアジェは、この構造の基本的な原理として三つの原理をあげている。一つが全体性、二つ目が変換性、三つめが自己制御性である。

講演は、この三つのことについて解説が加えられ、その後で、全体性の原理に立って学習目標をどこに据えるとよいかということと、構造の柔軟可能性に立って学習時間をどうとるか、という実践上の課題につながる内容となった。そして、「構造的思考というものは、ことばを通して理解を深め、それが日常生活に培われて大きく働く。子ども同士いっしょになって学習していく。そういう活動を通すことによって創造的思考はいっそう高まる」とまとめをした。

滝沢との出会いは、沖山理論をより強固なものにしたのである。

（三）　実践者の広がり

構造的読解指導が実践を通して評価されたのは、栃木県日光市立清滝小学校が実験研究校としての成果を発表し、県下にその名を知られたことが契機になっている。

実証的な研究には説得力がある。指導を通して子どもの読解力が事実として高まるのを見ることによって、構造的読解指導は実験学校を通して全国に広がっていった。初期はいずれも、清滝小学校を訪問し、学ぶというところから始まっている。研究のスタイルも実験学校から各地の研究指定、自主的な校内研究へと変化している。

また、構造的読解指導という共通の取り組みで学校経営を行うという校長や意欲的な研究主任の教師たちによって広がっていったのも特徴の一つである。さらに、各地に研究サークルが誕生し、やがて、それが全国組織へと発展していった。

理論や実践が教育現場に広がり普及していくのには理由があり、必然性があるものである。構造的読解指導の理論と方法は、その背景として学力低下の問題、基礎学力を重視しようとの教育政策、学問研究や思想の上での影響など、経験主義的な学習から系統的な学習へとものの見方や考え方が変化する中でそれを牽引するような位置にあった。沖山が教科調査官になり、その職を退いた昭和四一（一九六六）年からおよそ一五年間は、実践の広がりという点で右肩上がりの傾向を示していた。

清滝小学校で研究主任をしていた須藤光二は、初期の頃を振り返り、次のように述べている。

33年6月、私の「佐久間象山」の授業を皮切りとして教師も児童も意味構造図を描きながらの学習が次々と展開された。（意味構造図の下地は32年度に培われていた）第一次みとおし、第二次みとおし、第三次みとおし、主題への焦点化といった形式の意味構造図が使用された。（後期には、第一次布石、焦点化、第二次布石、焦点化といった用語がつかわれる）研究会には全職員が構造図を描き、沖山先生が採点し合・不合格を表する厳しさ、小生の授業なども構成的考えが抜けきれぬとして翌日授業のやり直しをするといった熱の入れかたであった。特に沖山先生ご指導の研究会は記録をとり研究紀要とし、33、34年にわたり、1号から6号までを刊行した。各号における沖山先生の指導講話の標題をみると構造論の固まる経過がわかるので紹介しておく。

1号（33・6）形式論と構造論、意味構造の思考

2号（同・9）学力観と生産的思考

3号（同・11）第一信号系第二信号系、意義と意味の世界

4号(34・3)ことばの伝達性と表現・国語教育を通しての人間形成、構造的読解の学問的背景
5号(同・8)構造的読解における視点と洞察、重みづけ構造図的な読解過程
6号(35・3)構造的読解の学問的立場、構造理論はいかにして生まれたか、意味と場面、目的に応じた読解(日常的読解と構造的読解)、表現と理解、
35年6月、目的に立つ読解について、35年度は紀要として印刷せず、研究集録としてプリントにてまとめた。
35年10月、「目的論に立つ読解指導」が出版されるまでのおおよその経過である。

この時期では沖山先生のお考えは、次の著書に向って私たちより1年以上先のことを考えておられ、われわれはいくら追いつこうとしても間に合わなかった。[21]

ここには、新たな読解理論と学問的な理論を背景にリーダーシップを発揮する指導者に寄せる期待と尊敬の眼差しが込められている。ついていけば間違いがないという心情も伝わってくる。ほとんど同時期であるが、静岡の伊佐美小学校で沖山の講演を聞いた山下百十二も、次のように述べている。

これこそ私が長い間混迷し続けてきた、問題解決への開眼であった。従来思考重視はしきりに提唱されても、思考のプロセス究明に手をつけることができなかったのは、この原点が解明されなかったからである。思考するものは自分自身である。だからこそ、これは主体学習に通ずるのである。また、人間を「じんかん」と踏まえて「きみとわれ」との関係においての論の展開は、私が村櫛小学校長新任以来探し求めてきた、第二の人間回復へ通じて行くものであることがわかって喜びでおどりあがった。[22]

山下は、その四年後、同じ静岡県内の新居小学校長として赴任し、構造的思考を根幹とした学校経営を推し進めた。そして昭和三八（一九六三）年とその翌年、構造国語教育の名の下に全国大会を開催し、その後も実践研究を継続し、昭和四一年に第一五回読売教育賞（国語教育）を受賞している。

構造的読解指導の研究は学校ぐるみで進めるところから広がっていったので、その推進者としては校長や教頭、研究主任が多い。しかし、公開研究会や講演に参加し、自らの実践を見直したという教師も多くいる。後に全国構造学習研究会の中央講師の立場になった中川斉は、研究誌『構造学習』に次のような言葉を寄せている。

> 先生との出会いは、昭和35年・晩秋の木曽川日本ライン岸にある岐阜県坂祝《さかはぎ》小学校での講演会であった。著書での予備知識はあったものの、痩身の体から血をはくような大声で1時間半にわたって叫びかけられる講演に落雷のような衝撃を受けた。（略）
>
> その講演内容も、私のそれからの教師生活を大きく決定するものであった。教師生活5年目を迎えた青年教師としては、日々のマンネリ化した学校教育にあきたりない思いを持ちながらも、しらずしらずその渦にまき込まれている自分をあぶり出される思いがした。
>
> 特に、赤本（指導書）に頼り、授業を流すといった一斉画一型・教師主導型の教室風景を痛烈に批判される先生の言葉に、己の不勉強を思い知らされた。[23]

同じく中央講師として後に研究全体をリードしていく金井里子も次のように述べている。

昭和四十年十一月の、うすら寒い日だったように記憶している。調布市立第二小学校で、東京都小学校国語研究会が開催された。私は当日、四年生の国語科の授業公開をした。一時間の授業は、いともスムーズで思いのほか発表する児童も多かった。何カ月も前から心して、教材を微に入り細にわたり、とにかく神経をつかって研究したものであった。それだけに、成功感があり、満足感を覚えたものである。

責任を果たしたと思いこんだわたしは、至極気楽に午後の研究会・講演会に参加した。当時文部省の教科調査官であられた沖山先生は、思考の問題を中心に話を展開してくださったが、その講演の中で、教育の本質的な問題に触れ始めた時である。ぱっと私の十ページ余りの指導案を振り上げられ、

「皆さん、きょうの金井さんの授業で、子どもたちにどんな力がついたと思います」と、語調強く厳しい眼差しで、大勢の聴衆に呼びかけられた。そして、きょうの子どもの発表内容は、指導者が、教材を研究し深めたものを、子どもに与えたようなものだ。指導者の発言は、その読みの深さへ導きたいため、つまり教師の思い通り答えてもらいたいためのものであった。あれでは、どんなに子どもがりっぱに答えても、子ども自身が文章を理解したとはいえない、という批判であった。文章を理解するとは、子どもが自らの手で文章全体がもっている意味はこうなんだ、それはこういうことからわかるのだと、根拠をもって示し得ることだ、とおっしゃられた。そして、そのような能力を開発するのが教師の仕事だと言われ、思考訓練の必要を説かれた。

とにかく一般的な講評とは全く違っていた。一瞬会場は異様な雰囲気に包まれた。おそらく聴衆全員が、頭をがんとなぐられた気分になったのではないだろうか。参加者四百の眼が私に凝集したのは確かである。かっと、湯わかし器のように体内があつくなったのをいまだにはっきりと覚えている。そして、「なぜ全面否定なさるのだろう」「少しはよい点もあったのに」「どこがどうだめなのか」「子どもにつける力って、何

か」「やはり、あれはまずかったのか」こんな、反発・反省・疑問が、次々と私の小さな頭脳をかきまぜた。四十にもなって恥かしい…。目のやり場を失った私は、小さい固い椅子にじっとしているしかなかった。

しかし、今にして思えば、あの一瞬のできごとが私の教育観を根底から変えてくれたのだ。あの目玉が飛び出るような叱言があったからこそ、教育者としての仕事がみつかったと思う。人と人との出会いが運命を開くといわれる。その出会いの人がどんな人であるかが問題なのだ。今、つくづく思うのだが、普通なら、女性が、しかも年齢的にも固まっているころ、また代表的な授業公開などの条件から、一般の指導者なら半分以上無理をしてほめる。

ところが、沖山先生は、男女を問わず、年齢を区別せず、教育をする者として、厳しく責任を問われたのであった。[24]

このように、沖山の講演は教師としての自らの実践を振り返らないではいられないものであったことが、多くの実践者から語られている。

構造的読解指導に取り組もうと考えた教師たちは、やがて各地に研究組織の結成に努める。昭和三三（一九五八）年、沖山が『意味構造に立つ読解指導』を刊行することにより、清滝小学校での実践と、その実践を導く理論書として構造的読解指導の方法は急激な広がりを見せた。必然的に仲間による研究サークルが発足し、同年、沖山が主宰するという形で、「ロンドの会」が生まれた。文部省実験学校として研究成果を公開した日光清滝小学校が、実質的にロンドの会の最初の研究学校となったのである。

このロンドの会の結成により、年に一度の全国大会が開催されるようになり、それが今日まで継続されている。第一・二回は東京学芸大学付属世田谷小学校で開催され、その後全国各地で開催されるようになった。会の名称は、ロンドの会から「全国構造国語教育研究会」と改められた。

五　構造学習の実践的展開

（一）　国語科における構造学習

構造的読解が国語科における構造学習として広く認知されるようになったのは、昭和四九（一九七四）年から昭和五二（一九七七）年にかけて刊行された構造学習シリーズ（全五巻）によるところが大きいようである。各巻ごとに次のようなタイトルがつけられている。

1　処理能力に着目した国語科指導の改善（どの子も生かす指導の改善）
2　国語科指導の基本と基礎（国語科能力開発と人間形成）
3　低学年における読むことの基本的指導（考える子どもたち）
4　中学年における確かな読みの指導（生き生きした教室）
5　高学年における開かれた読みの指導（学習の個別化・個の生かし方）

沖山の編著で、いずれも理論と実践事例、（一）にある内容の座談会で構成されていてわかりやすい。構造学習実践普及の意図が感じとれる内容である。その中で、国語科における構造学習についての基本的な考え方を次のように整理している。

（一）　国語科の特質と文章観の確立

国語科の特質は、「ことばの機能発揮」をめぐる学習であり、「きみ語り、われ聞く」という関係の「呼応の原理」において理解し、表現する能力を育てることにある。したがって、文章（作品）というのは、ある意味を軸として首尾一貫した統一体（意味構造体）であるということができる。その「ある意味」をいかにとらえるかということが重要である。「ある意味とは、書き手という個人が、読み手に語りかけ、あるいは読み手に訴えようとする願いであり、心情であり、解明しようとする問題点である」と沖山は説明する。

これを「表現意図」とも呼んできたが、そこに統一づけられた（構造化された）文章であるから、読み手は表現に即して再構造化という操作によって意味を理解するのである。書かれている事実は表現意図とのかかわりにおいて意味が込められているのであり、その意味を発見し、理解するのが読解である。構造学習の読解の過程に要点の分析から意味発見という操作がある。その後の研究から「意味づくり」という用語も使っている。

（二）　教科構造としての理解と表現

国語科というのは、言語活動（基本）とその土台（基礎）としての言語要素（文法も含める）とが総合された教科である。基本は、ことばの機能発揮（再構造化、構造化）をめざす学習（基本学習）であり、基礎は、機能発揮のための土台（知識）を築く学習（基礎学習）である。その学習を身につけることを目ざして行われる方法として、基本は「トレーニング」すべきものであり、基礎は「ドリル」すべきものとして位置づけている。

また、「読む」といった場合、「何のために」という目的によって、正しく理解するための基本中の基本と、それを土台として展開していくという方向を明確にする。表現についても同様である。

このように、理解と表現という思考活動（構造化の活動）を通してことばの機能が身につくようにしていくところに国語科の独自性がある。ことばの機能が身につく過程を通して人間形成がなされるのである。したがって、理解だけの学習、表現だけの学習というのではなく、互いに絡まり合って高まり、深まっていくように学習の進め方を考えていくことが大切である。

〈学習の基本的な構造〉

言語（ラング）	言（パロール）	言語（ラング）
⇦	⇦	⇦
基礎学習A	基本学習	基礎学習B

単元または教材

（四）　基本学習の内容と指導

構造的読解の提唱時から変わらない原則がここにはあり、一貫して継続してきた課題である。基本学習は、右図に位置づけられているように、その単元または教材の目的を達成するために「思考し、創造する」再創造化の学習であるとしている。この段階の過程を、当初、「予見・検証・確認」と呼んできたが、構造思考トレーニングを位置づけ、そこで培われた思考操作の力を生かして理解や表現に生かすことを実践的に明らかにすることによって、大きく、つかむ段階の学習と、それを発展させていく生かす段階の学習という構造を持っているとした。「意味構造をつかむ」学習と、「意味構造を処理する」学習である。意味構造をつかむというのは、これまでの読解学習であり、意味構造を処理するというのは、そこから発展的に読書や調べ学習、言わば総合学習など表現も含めての目的的な学習につながるものである。

具体的には、ある文章を理解する場合、学習として第一に取り上げることは、

①　文章のすがたをとらえ、全体の意味をつかむ

②　細かいつながりを読む

②　全体を自分のことばでまとめる

この一連の学習を踏まえて、必要に応じてさらに発展的な学習に向かうのである。

（五）　基礎学習の内容と指導

基礎学習は、言語の基礎的事項についての学習である。その特徴は、基本学習の前後にA、Bと位置づけているこことであろう。

基礎学習Aは、漢字の音訓読み、漢字の筆順、語句の読み、語句のわけなどが取り上げられ、文章を読む上での抵抗を取り除き、学習に不可欠な理解を目的として行われる。

基礎学習Bは、漢字や熟語の書きとり、漢字の音訓読み、漢字の筆順、語句のわけ、語法など、言語要素の理解・定着を目的に行われる。いずれも文章機能を生かした取り扱いを重視し、形式的にならないようにしている。

大切なのは学年の発達段階や指導の系統を十分に踏まえたうえで、内容として挙げられている事項を精選し、定着化を図ることである。

（六）　構造思考トレーニングの学習

このトレーニング学習は、構造学習の特徴を最もよく表わしていると言えよう。構造思考トレーニングには、学習者自身が「一つ一つ新しい問題（文章）に直面して、みずからの実力でこれの解決に向って全力を投入していくという学習経験を通して、思考能力の安定を目ざしていく」というねらいのもとに行われる。直面する問題はいろいろあり、ある意味、学校生活のあらゆることがトレーニングの対象と言ってよい。計画的に行うためには文章が取り上げやすい。それを使いながら、次の三つの思考力を高めていく。

洞察力…文章全体を読んで、語りかけている本質をズバリつかむ。

ものの本質を見とおす力というのは、文章による洞察トレーニングだけではない。日常の学校生活の中での素地づくりが大切である。そこにあるものがどのような意味を持っているか見抜こうとしたり、全体との関係でつながりを考えたりする姿勢をやしなっていくと文章によるトレーニングがいっそう充実したものになる。

分析・統一力…つかんだ本質のわけなり根拠なりを押さえ、全体と部分、部分と部分の関係を明らかにする。

文章をより深く理解するために行うトレーニングなので、各文のかかわり具合や響き合っている様子を分析していくのである。分析というのは、決して文章をこま切れにすることではない。常に全体の意味との関係で文と文との関連から意味を見つけていくのである。

この意味を見つけるという統一の操作は分析があって行われるもので、分析と統一を別々に行うというのではないことに注意する。

意志決定力…最初に洞察したものが、分析し統一されることで深い納得が得られる。それを自分なりの表現で明確にする。これには具体操作というものはないので、特にトレーニングをするということもない。洞察力や分析・統一力がつくことによって高められるものと言える。

これらの力がついてくると、教科書文章の理解の際に効果的な操作力として働く。しかし、後に、「意志決定」ではなく「観点変換」の操作が位置づけられるようになり、これにはトレーニングがある。

六　「構造学習論」に対する評価

（一）「構造学習論」に対する批判と沖山の姿勢

沖山理論（構造的読解理論＝構造学習論）について評価の眼を向けた場合、一冊の著書を挙げて分析し考察を加えてもその真の姿はとらえられない。それは、沖山が「学習のひとり歩き」という本質と、文章というものを意味の構造体であるととらえ、その意味構造に向けて再構造化していくことが読解であると定義づけたことを軸に、現場の実践による検証を踏まえながらおよそ二〇年間にわたって理論構築を進めているからである。その意味で、これまでの沖山批判は、理解の仕方において部分的なものが多い。また、誤解もあるようだ。沖山が文部省の教科調査官であったということも関係しているのか、きわめて政治的な要素の混じった批判もなされている。

沖山は、いちいち固有名詞を挙げて反論したり、論争を交わすことはしていない。その時々の著書の中で、理解を得られないことや認識不足であることに対してコメントを付しているのみである。

では、何が問題になったのだろうか。代表的なものを沖山の活動期と没後に分けてとり上げてみよう。沖山が『意味構造に立つ読解指導』を著し、構造的読解が広がりを見せたとき、批判の先頭に立った一人に奥田靖雄（一九一九―二〇〇二）がいる。奥田は、言語学者である。後に宮城教育大学教授になるが、当時は民間教育団体である教育科学研究会国語部会の世話人として指導に当たり、理論と実践を牽引した一人だった。奥田は著書である『国語教育の理論』（一九六四、麥書房）の中で次のように述べているところがある（一〇四頁）。

解釈学の歴史をみると、作者のいわんとすることのなかみが時代のながれとともにかわってきている。垣内松三は昭和八年ころまではディルタイによりかかって、それを「生」（衝動と感情のたば）という神秘的な用語でしめした。その後、かれは軍国主義者の顔色をうかがって、いわんとすることのなかみをやまだましいがのりうつった「我」であるといいはじめた。心理主義者として出発した垣内松三は民族精神という絶対的なものをみとめて、論理主義者になった。戦後派の沖山君になれば、それを「よみ手にはたらきかける思考のながれ、体験」などといっている。現在のような民主勢力のつよいときには、さすがの沖山君もいいたいことを露骨にいえないらしい。沖山君が垣内にならって絶対的な精神をみとめるのは、時間の問題だろう。自己表現の理論は、絶対的な神の存在をみとめなければ、心理の基準がない。（略）

文学作品の内容を作者の意図だとみなし、その理解をもってよみ方指導の中心的な課題にする理論は、今日では沖山君の読解理論が代表している。だが、この「自己表現」の理論にもとづく文学作品のよみ方は、沖山君の発明したものではない。作者の心にせまることをもってよみの中心的なねらいにする考え方は、わが国にはふるくからあった。それが象徴主義という近代的なころもにつつまれて解釈学として登場し、天皇制時代のよみ方指導の基礎理論になった。

この解釈学は戦争にまけてから一時なりをひそめたが、反動化のなみにのって、ふたたびあたまをもたげてきた。これが沖山理論なのである。したがって、ぼくたちが沖山君のいきの根をとめることは、戦争のまえに、戦争のあいだに悪業をかさねてきた解釈学を日本人の手でほうむりさることを意味している。

時代の背景を考えると、この書が書かれた時期はいわゆる五五年体制が固まり、保守と革新の政治的な対立が激化していた頃である。この対立は学問の世界にももちろん影響を与えていた。教育の分野でも、学会、教育実践、教育運動の面に、それが色濃く反映していた。沖山は当時、文部省の教科調査官で、実験研究校を中心に構造的読解が隆盛期に向かっていたので、奥田も強く意識したのだろう。

沖山は、文章を意味構造体と定義づけ、その本質に迫るための操作を再構造化とし、その基本操作を子どもに身につけさせることによって「学習のひとり歩き」を目ざすということに力点を置いた。「このように読ませたい」ということに執着したわけではないので、奥田の見通しは外れていると言えよう。しかし、奥田の言は、教育界に及ぼす影響を考えた時、小さくなかったはずである。

沖山は、そのような傾向に対して間接的に次のように述べている。

　わたしの読解論を評して、戦前の読み方教育にもどそうとする野心がある、あるいは国語教育を道徳教育の方便にしようとする野望がある、それがわたしの読解論の意図するものであると説く一派の人たちもある。こうした人たちには、わたしは、わたしの説をすなおに読解してほしいと希望したい。

「すなおに表現を読む」ということは、色めがねをかけて、ある既定の角度からだけ、文章を読むということとは、根本的に相違する。何かの目的の手段として文章を見ることは、すなおな読解ではない。あるがままに、社会の動きを見るということもまた、すなおに文章を読むことに通ずる。（略）

読解とは、ことばで表現されたものを理解することである。その理解の仕方は、文章（表現されたもの）を、どのような目的で読むかということで、それぞれ違ってくる。ただし、さきに述べたような社会改革につながる身がまえで、あるイデオロギーのもとに読んでいくというのは、国語教育の場としての真実の姿ではない。それは、国語学習における能力を育てるという目的で行われるのではなく、社会改革といった目的のもとに行なわれる、読み取り方であるからである。(25)

『意味構造に立つ読解指導』刊行後、三年を経て出された『読解と構造的思考』に載せている文章である。極めて早く短期間のうちに出された批判だったことがわかる。それもそのはずで、やはり文部省の教科調査官であったということ、構造的読解に基づく学校ぐるみの研究校が急速に増えていったということへの反応だったようである。

しかし、国語教育の動向は決して一様ではなかったのと、批判の内容が正しい理解に基づくものではないという受けとめがあったので、次のようにも記している。

ある一派の人たちは、わたしの「読解指導の原理と方法」(新光閣書店刊)や「意味構造に立つ読解指導」(明治図書刊)に対して、「沖山の論は垣内の焼き直しである。戦前の読み方教育にもどそうとし、国語教育によって道徳教育をしようとたくらんでいる。われわれはこの文部官僚のごま化しに乗ぜられてはならない。かれの読解論を徹底的に分析してみることは、目下の急務である。」と、感情論を述べている。

そうしたことばの下から、こんどは、文化遺産の継承ということで、芦田恵之助先生の読み方教育論を持ち出してこられる。一方には文部省の役人は戦前のものをかつぎ出すとして非難し、曲解し、一方においては、自分たちも戦前のものを持ち出すというのでは、「お前が戦前のものを持ち出すのは誤っているが、われわれが持ち出せば正しくなる」とでも言っているかのように聞えて、その言うところに筋が通らない。戦前のものであろうと、戦後のものであろうと、学問的批判に耐えぬものは乗り越すべきであり、今日においても、なお学問的批判に耐えるものであるならば、それはよろしく継承し、今日の学問的視点に立って、新しい角度から解釈し、意義づけ、発展させていくことが文化の継承ではあるまいか。(26)

これが沖山の学問に対する基本姿勢であった。

（二）　国語教育研究者の論調

次に、沖山の没後の国語教育研究者の論調を見てみよう。平成二（一九九〇）年以降のことである。

須田実は『戦後国語教育リーダーの功罪』（一九九五、明治図書出版）で、次のような論を展開した。（一七〇―一七五頁）

> 形象理論における「自己を読む」では、読みの主体性が欠如することになり、沖山はこれを否定し、批判し、読解は創造行為であることを強く主張した。
>
> しかし、沖山理論の基底には形象理論があり、根本的な形象理論否定、批判にはなっていない。（略）
>
> 革新的提唱の沖山理論の問題点のまず第一には、前掲の過程と重なる形象論の過程と酷似していることである。

「形象論」	〈文意の直観〉	――	〈文意の自証〉	――	〈文意の確認〉
	↕		↕		↕
「構造的読解」	〈文章の全体像の予見〉	→	〈文章に即する予見の検証〉	→	〈検証による確認〉

形式は「形象論の過程」に重なり、「直観」は「予見」に位置づけられ、「自証」は「検証」となり、「確認」は同じ位置づけとなっている。しかし、内容的には形象理論より革新的である。それは、形象理論から飛躍した「文章機能重視」「思考力の重視」「文章構造重視」の発想が込められているからである。とりわけ、垣内理論における「部分の集合体（部分の寄せ集め）が、統一体としての全体ではない」という構成論に対する否定として構造論が打ち出されている点には注目しなければならないからである。

　こうした改革性は認められるところである。ただ、形象論過程の直観に対して予見、検証、確認の流れは、基本的に古い体質を継承していると判断せざるを得ない。『読解指導の原理と方法』の中で、沖山は、「まず、ばく然とながら全体をつかみ、その土台の上に立って、ばく然ととらえたものを明確化するために、部分の読解（読み）に入るべきではないか。」と述べていることをふまえると、形象論と変わらない予見であり、直観と同様であると思わざるを得ない。

　須田は、構造的読解が内容的には形象理論より革新的だと認めつつも、根本的な形象理論の否定・批判にはなっていないと批判した。そして形象理論に導かれた読みの方法としての「通読・精読・味読」の解釈学の方式とともに古さから脱却していないというのである。

確かに沖山は垣内松三の「形象理論」から学んでいる。また、垣内の学問に対する厳しい姿勢に対する尊敬の念も強く抱いていた。このことについては幾度となく多くの著書の中で触れている。垣内の『国語の力』が発刊されてから五〇年を迎えた時、「垣内先生の学恩に報いる」として『形象理論と構造学習論』（一九七三）という書も著している。もちろんこれは国語教育界における垣内理論の影響の大きさを意識してのことでもある。

そのようなことから、国語教育史を俯瞰すると、沖山は垣内の形象理論の継承者であるかのように位置づけられている。須田が述べているように、革新性を持たせながらも垣内の形象理論を受け継いでいるというとらえ方である。

そこで、著書に表れている沖山の記述を見てみよう。

●昭和一〇年前後は、解釈学的方法が読方指導の中に導入され、研究されておった時である。この当時から、わたしのとっていた研究態度は、指導の技術はもちろんのことであるが、それよりもむしろ、この指導技術を支える背景の哲学をおさえることにあった。この考え方は、今日といえどもわたしの著述をつらぬく一貫した態度である。

解釈学といえば、ディルタイの哲学を学ばなければならないとして、ディルタイの哲学を、わが国にはじめて紹介された、当時の広島文理大の勝部謙造博士（戦後、広島大学の学長にもなられた哲学者）の著述にかじりついたのもこのころのことである[27]。

●形式主義か内容主義かの論争に批判を加え、今日の国語教育の基礎を示唆し、教育界に大きな影響を与えたのが垣内先生の「国語の力」である。これは大正一一年の刊行である。

いわゆる「センテンス・メソッド」とよばれるもので、形式・内容の二元論を止揚して、構造論に立つ垣内先生の形象理論、つまり形式内容一元論の考え方も、この「国語の力」に始まるとわたしは考える。(28)

●垣内先生の形象理論に立つ指導過程が、「形象直観（形象の凝集点である文章を中心に考えて、『文意の直観』と使われている。わたしは、全体に着眼するということに視点を当てて、形象と使いたい。）形象の自証（われみずからが文章の全体に即して検証していく思考過程）↓形象の確認（検証過程を経て、結論としてつかまれること）という、らせん的深まり（思考の内面的深まりの過程）の点から考えても、意味構造図（思考図式化）の価値が了解されてくると思う。(29)

●形象論を思考過程として、どのように具体化し発展させたかというところに、垣内先生の学恩に答えようとするわたしの願いと努力がある。師の歩まれた道をそのままくりかえすことは、師の恩に報いんとする、教えを受けたものの取るべき態度ではない。師の歩まんと志向したところを歩むべきである。(30)

●垣内先生の形象論の展開を見ると、今日問題とされる、読解のプロセスについて、次のように主張された。すなわち、

①文意の直観、②文意の自証、③文意の確認

垣内先生のお口（講演）から、今日広く使われている、「認識過程」とか「思考過程」といったことを直接お聞きしたかどうかは、今、はっきり記憶していないが、これは、認識や思考のプロセスを、読解学習に

移したもので、ここにも、垣内先生の思索の深さが思われるのである。(31)

●戦前の垣内理論において「文意の」と各プロセスに冠してあることは、「文章に即して」とか「表現に即して」とかの読解過程における、無視すべからざるポイントをふまえたもので、この点に、垣内理論のすばらしさがある。時代はすでに、戦後二十年も経過し、戦後開拓された理論から見ても、その確かさ、するどさを、改めて思い知らされるのである。戦前は読解過程ということは、今日ほど開拓されていないと言っても過ちではない。しかし、読解過程といっても、認識過程といっても、理解すべきその「全体構造に即して」行なわれるべきことに、何の変更もないのである。むしろ、この理解の本質的なことを忘れ、本質より逸脱して、「部分理解を寄せ集めて全体理解となる」という錯覚さえ、今日行われていることを目にすると、文化遺産としての学問の発展史をふまえずして、どこに学問の進展があるのかと疑いたくなる。(32)

●国語教育の実践者の間から、輿水氏とわたくしの理論展開や開拓の方向が、かなり接近したものであるとの所感を聞く。輿水氏の理論展開が氏独自の近代的開拓でありながら、その根底に形象理論の根を持っていることは、氏が垣内先生と最も近い関係を保ち、形象理論の実践的方向を開拓されたことを思えば、当然のことであろう。

わたくしは、輿水氏のように、垣内先生と親しい関係にあった者ではない。しかし、昭和六年ごろ当時の青山師範の付属に勤務し、国語主任でもあったことから、職員研修に垣内先生を講師にお願いし、二回ほど先生のお話をお聞きした。このために、百人町の先生のお宅をお訪ねもし、それ以来、先生の講演をお聞きする機会も多かった。輿水氏とのおつき合いもこのころからのことであり、今日までお世話になっている。

このような機縁によって、わたくしの思索の根底にも、形象理論が根づいており、輿水氏の長年の変わらざるご教示もあって、お互いの考え方の上に近似したものがあるのだろうと思う。(33)

●3プロセスというだけでは、思考への方向づけがなされているにすぎない。もちろん、それへの垣内先生の開拓は、十分に尊重すべきである。しかし、垣内先生の3プロセスを、おうむがえしにしていたのでは、垣内先生の志向されたことが、開花しないのである。垣内先生の研究開発への業績を尊重するならば、先生の志向されたそのことを継承（おうむがえしのことではない）しながら、それへの開花結実へと努力するのが、後進の者の執るべき道であろう。

わたしが、垣内先生の思考への3プロセスの道をふまえて、これの具体操作への道を開拓することへ努力し、ここに10操作ということを実践に移し、実証したのは、学問の継承から、その発展開花へと目がけたことに外ならない。今日の「学習構造の構造化」は、3プロセスという思考への志向を、生徒の手によって自主的に、具体操作可能へと道を開いたという事実である。(34)

このように沖山の著書に垣内の形象理論がしばしば登場するのは、沖山が国語教育における「教科構造」の正しい理解・表現を一貫して追究してきたことの現れであろう。背景となる理論を明確にする中で、国語教育、とりわけ「読解」に関しては、垣内理論・『国語の力』が教育現場の中で主導的位置を占めていたという事実から、また自ら実践研究を通して受けとめていたことである。それは言語学の小林英夫やソシュール、ゲシュタルト理論のウェルトハイマー、発達心理学のピアジェなどが繰り返し語られることと同様のことである。

そして沖山自身は、次のように断言している。

私の提唱する構造学習の追求は、垣内先生の形象論や芦田先生の歩まれた道と、密着して開拓されたものではない。私がいかなる学者のいかなる学説に拠って思索し、構造学習を提唱し、実践に移し今日にいたっているかは、拙著『構造国語教育入門』（昭和四三年六月　明治図書刊行）に明らかにしてある。私の好むことばで言えば、垣内先生の思索されたことと、私の掘り進めたこととは、「底流において交わる」のである。学問の真実は底流において交わることによって証明されるべきであろう。(35)

須田が指摘しているように、「読解過程」とみると形象理論と構造的読解が似ていることは疑いようもない。しかし、根本的に異なっているところがある。

形象理論に基づく「直観・自証・証自証（確認）」という読み方の体系の基礎はどこまでも指導過程の範疇でとり上げられてきた。構造的読解は、それを学習という視点で解明した。読解の本質は重なるところがあるにしても、方法論の展開は大きく開きがある。

須田は、形象理論の否定・批判になっていないことを問題にしているが、学問的に正しいことは受け継ぐべきだというのが沖山の基本姿勢である。否定するにしても批判するにしても、それが真実か否かということこそが見極められるべきとの立場であった。

（三）　国語教育史の中での位置づけ

昭和五二（一九七七）年、明治図書は、国語教育の歴史を示す書（国語教育名著選集）として『国語の力　国語の力(再稿)』を刊行した。刊行のことばの最後を次のように締めくくっている。

本書は、この編集委員会において慎重審議の結果選ばれた国語教育史上の名著の一である。内容は、正確な原書と、原書の著書の学説に親しく接触した編者の解説と、さらに、最も簡潔な「日本近代国語教育通史」をつけたものである。

本書の解説及び、通史の担当は輿水実である。(36)

この国語教育名著選集刊行委員会のメンバーは、石井庄司、輿水実、西原慶一、古田拡の四人であった。沖山の提唱した構造的読解指導が国語教育史の中でどう位置づけられるかがわかるので、「日本近代国語教育通史」の全文(一部略)を載せておこう。

日本に国語科という科目が出来たのは明治三三年で、ちょうど十九世紀から二十世紀への変わり目である。それまでは、読書、作文、習字のように別々の科目が存在していた。一つの国語科ではなかった。なぜ、この時期に国語科が出来たかということについては、保科孝一先生などによって西洋の言語学が導入されて、言語というものが意識されるようになったことと、日清戦争を通して国家的、国民的自覚が高まったことが、その原因と考えられる。それ以来、明治の終わりまでを、国語科の成立の時期、国語科でどういうことを教えるべきかの探索の時期であったとする。

大正時代は、大正デモクラシーといわれる第一次新教育の時期で、自由主義、児童主義、文芸主義の時代である。芦田恵之助先生の「自己を読む」の主張も、そこに基礎を置いている。作文における自由選題の主張も、この時代思潮の中で理解できるものである。

垣内松三先生の有名な『国語の力』は、大正一一年に出ている。大正後期から昭和初期の生命主義とか文化主義を根底に置いているが、教材の本質に関するきびしい探究は、むしろ、次の昭和戦前の時代思潮の開始を告げるものであった。

昭和戦前の国語の教育思潮を、一般に、形象論的、解釈学的国語教育といっている。形象理論は教材の本質への探究でるが、この時代の国語教育的事件として、垣内先生の独立講座『国語教育科学』とか石山脩平氏の「国語教育學」、「国語教育論」なども、大事なものだと思うから、わたしは、この時代の思潮を総括して「本質探究」ということにする。そして、現在がまたそういう要求の出ている時代でるから、特に「第一次本質探究時代」ということにする。

昭和戦前は、国語教材の見方としての形象理論からだんだん進んで、指導過程が問題になった。その指導過程の学問的な基礎づけとして解釈学が歓迎されたのであるが、垣内先生の解釈学における第一次の読み、第二次の読み、第三次の読み、西尾実先生の『国語国文の教育』における文学研究の契機からきた主題・構想・叙述、石山脩平氏の読解指導過程としての通読・精読・味読、さらに芦田先生の長年の教壇実践から磨きあげられた七変化の教式などが出て、国語教育界が非常な活気をおびた時代である。

戦争が苛烈の段階に入り、国民学校側が実施されるようになって、それに水がさされた。そうして残ったのは、明治末期の国語科の成立時代から課題になっていた標準語教育であった。大正一四年にＮＨＫが放送を開始してから、音声標準語の確立と、学校教育でのその実施が課題であった。神保格先生の標準アクセントによる朗読指導は、当局が最後まで普及しようとしたものであった。

昭和一八年、一九年、二〇年、二一年を、垣内松三先生は、戦中戦後の空白の時代といっておられた戦後の被占領下に、アメリカの新教育が、また、はいってきた。民主主義実現の手段として話しことばの教育が強調された。単元学習が奨励され、生活単元とか経験単元ということがいわれた。また、新制大学が出来て、その講座に国語科教育が設定された。

この状況に対して西尾実先生の言語生活の探究に基礎を置いた『国語教育學の構想』というものが、ぴったりであった。

しかし、戦後の新教育、単元学習、生活学習の思潮は長くは続かなかった。「経験学習から系統学習へ」ということで、昭和三三年度学習指導要領が出来た。学力低下論に応じたたびたびの学力調査で、だんだんと、話しことばから読解のほうに注意が向いてきた。

沖山光氏の『意味構造に立つ読解指導』(昭和三三年)をはじめとする一連の読解指導書が、こうした傾向に拍車をかけた。現在は、すでに戦争直後のアメリカ式な新教育思潮でなく、第二次の本質探究時代になっているというべきである。

以上のような国語教育史のとらえ方に基づいて、各時期の主要な業績を分野別の一覧表にすると、次の表ができる。

時期	思潮	ことばに関する事項	読解・国語教育一般	作文
明治末期	国語科の成立 国語の自覚	保科「国語教授法指針」（明三四）		
大正	第一次新教育 個人の自覚 自由主義 文芸主義 生活主義	保科「国語教授法 精義」（大五）	芦田「読み方教育」（大五） 垣内「国語の力」（大一一）	芦田「綴り方教授」（大三）
昭和戦前	第一次本質探究 形象理論 解釈学 国語教育理論 標準語教育	神保「話言葉の研究と実際」 保科「日本精神と国語教育」（昭一一） 西尾「国語教育の新領域」（昭一四） 輿水「言語教育概論」（昭一五）	垣内「国語教授の批判と内省」（昭二） 西尾「国語国分の教育」（昭三） 垣内「国語教育科学」（昭九） 石山「教育的解釈学」（昭一〇）	平野「綴る生活の指導法」（昭一四）
戦中・戦後空白時代				
戦争直後	第二次新教育 単元学習 学習活動主義 言語生活（話しことば）強調	西尾「言葉とその文化」（昭二二）	輿水「国語のコース・オブ・スタディ」（昭二三） 輿水「国語科学概論」（昭二五） 西尾「国語教育學の構想」（昭二六）	国分「新しい綴り方教室」（昭二六）
戦後最近	第二次本質探究 構造化 科学化 方法技能の重視	時枝「改稿国語教育の方法」（昭三八）	沖山「意味構造に立つ読解指導」（昭三三） 輿水「国語科の基本的指導過程」（昭三八）	日本作文の会「生活綴り方事典」（昭三四）

ここにあげた諸業績（書物）は、先ず第一に、当時ある程度売れた本であること、評判の本であったこと、第二に、その時代の思潮を代表しているようなものであること、第三に、今読んでも価値があると思われるものであることの三つを基準として、選んだ。単に売れたというだけなら、解説書のようなものはもっと売れたわけであるが、あまり評判にならなかった本は、取りあげないこととした。

この表の含んでいる意味および見方について次の三つのことをつけ加えておく。

第一に、日本の近代国語教育史は、国語教育の本質追求の歴史であるということ。（略）

第二に、日本近代国語教育史の各時期（各時代）は、それぞれ、その前の時期の否定であるということ。（略）

第三に、ある時期に発表された業績は、必ずしもその時期にぴったりのものではない。（略）

第四に、大正時代の新教育、および戦後の新教育思潮は、国語教育の本質探究にとって決してむだなものではないということ。（略）

第五に、戦後の第二次新教育の思潮が不徹底だったから、現在の本質探究も容易に徹底しないということ。これは第四のことから、当然出てくることで、そうしたところから、現在は、まだ戦争直後のものも残って一種の過渡期、混乱期であるような様相を呈している。第二次本質探究の時代だといわれても、ぴんと来ない向きがあるかも知れない。わたしは、それを、歴史的必然に基づいて、引き出してきているのである。[37]

この「通史」が掲載された『国語の力　国語の力（再稿）』が刊行された昭和五二（一九七七）年に、沖山は『人間変革の学習論』（最後の著書）を出している。構造的読解から構造国語、そして構造学習へと呼び方を変えていったことを輿水はどうとらえていたかは窺い知れないが、国語教育の本質探究の流れに位置づけていることは、今後の構造学習論研究の重要なポイントとなるだろう。

沖山理論への批判の主要な部分は奥田や須田が問題にしている形象理論や解釈学を抜けきっていないということだった。結論的に言えば、沖山は形象理論も解釈学も学問的な正しさという点について重視してきた。戦前のものだから古いとか、軍国主義の思潮につながるものだとか、そういう見方ではなく学問上の真実か否かを見極め、理論の根底にある大切なものを汲み取ろうと考えたのである。

七　沖山の願い

最後に、沖山の言わんとするところを、構造学習シリーズ2の『国語科指導の基本と基礎』にある対談を基にまとめてみよう。

沖山は、構造的読解を提唱してから一貫して、教師の解説という教育方式を変革せよと叫び続けてきた。重要なのは子ども自身の「ひとり歩きの学習」の成立である。子どもが自ら学習していくためには、単に「プロセス」だけ問題にしても動きようがない。実践化のポイントは、そのプロセスに即した「具体操作」（思考）が不可欠なのだと指摘し、そのための思索と研究、しかも実証的にそれを行うということに全力を傾けてきた。

その過程と具体操作が学習理論に欠かせない条件であることを学問的に踏まえ、構造思考トレーニングを具体操作に習熟するための方法として位置づけたのである。教師中心の授業は、教師が子どもの学習を主導するのであるからトレーニング学習というのは不要である。したがって、トレーニング学習なくして自主性あるいは主体性の学習はあり得ないと沖山は断言する。

また、沖山は、国語科において基本学習と基礎学習を区別し、基本というのは思考操作で、基礎とは知識であるという。基礎のところは民族がつくり出したものだから、それをどうこうすることはできない。基本は、主体的に自分が生み出すか、それを理解するかという問題になる。したがって基本学習の中に基礎学習を入れないのが原則だとしている。ソシュールの言語学を踏まえれば、基礎は言語の学習であり、基本は言の学習である。しかし、言というのは、言語なくして成り立たないということの理解が一定していることが大切だとも述べている。そして、理解と表現は機能関係を示し、理解機能と表現機能は互いに誘発され合って高まるものだから、作文は作文だけ、読解は読解だけということは、総合教科としての国語に相応しくないと、よく見られる学習のあり方に苦言を呈している。表現即理解という考え方もまた一貫している。

さて、ここまで沖山の構造的読解理論について、その背景も含めて確立に至るまでの変遷をみてきた。この「構造学習シリーズ」5巻に記された内容の段階までを沖山理論ともいうべき構造学習理論といって差し支えないだろう。それは、シリーズ全体に対して沖山が目を通し、その中の座談会での発言の内容から明らかなことである。また、最後の5巻を刊行した直後に『人間変革の学習論』を著し、それが著書としての最後になっているからである。

『人間変革の学習論』には、方法的な内容は一切なく、構造学習理論の根幹となる原理や関連する学問に触れ、自ら提唱した学習論が未来に生きる子どもたちのために間違いなく生きるということを証明するかのごとく、論じている。次のことばが沖山の真意を伝えている。

この私の一書は、全国の同志に、私が呼びかける、また書き残しておきたい一書として執筆された。七つの学問領域は、いずれも世界的な学者が開拓されたもので、これの理解のために、私が取り組んだ文献は百冊をはるかに越えている。その百冊あまりの文献の中から、これだと私が納得のいった学者を、それぞれ一人ないし二人と限定し、その学者の著述を底本として、それぞれの章が展開されている。たとえば、大脳生理学の章で「ショシャールへの旅」と示したのがそれである。旅とは、それぞれの学者の説に取りついていく、私の苦闘を暗示した語である。

とは言え、それぞれの学説を解明するのが、私のねらいではない。その学説のどこが、構造学習論と交錯してくるかを、構造学習十八年の足どりと合わせて述べようとした。

私の歳もすでに七十を越している。全国の同志と今後何年歩み続けられるかわからない。構造学習を提唱し、この道一筋に十八年、苦難の道であった。その苦難の道を歩み続け得られたのも、その背景に、確たる学問的背景を持ち得たからである。私が何を目ざし何をふまえて歩み続けたかを、同志に語り残しておく一書である。(38)

その後、沖山は全国構造学習研究会の研究誌『構造学習』に連載している「講座」を続けることと、全国大会に出席し、講演及び恒例となっていた早朝講話で構造学習への思いを語り続けた。『構造学習』一一二号の丁度連載一〇〇回目のとき体調が芳しくなく、それが絶筆となってしまった。それまでは、常にその時々の思索を中心に、時には研究会の動向にも触れたりしながら執筆を続けたが、一〇〇回目の講座はいつもとは違っていた。改めて会員に伝えたいこととして取り上げた内容は、構造学習の実践と研究への初心ともいうべきものだった。

沖山の最後の呼びかけの全文を掲載する。

加算的思考から構造的思考への変革（1）

一、意味は発見されるもの

この稿は、博報賞受賞の記念論文集である。「国語教育実践の開拓」として明治図書から出版されたものからの転記である。寄稿一〇〇回目の記念として、会員に読みかえしてほしいものとして、ここに記す。（S57・2・刊）

言うところの「加算的思考」とは、はじから一つまた一つと加えていけば、全体となる。つまり結論が出るとする考え方である。これは合計（all）ではあるが全体ではない。私は、この合計即全体とする錯誤を避けるために「全一体」と使う。全一体は全体構造といってもよい。この全体構造に取り組む思考が、「構造的思考」であり、「創造的思考」であり、「生産的思考」ともよばれる思考操作である。

思考操作は、ひとりひとりの子どもが、みずから遂行すべきもので、教師がやってみせるものではない。教師その人が操作可能な人であれば、まだしも、文章のはしからはしまで問答式で導いたり、解説していたのでは、表現力も理解力も育つものではない。

もちろん、思考操作というものは、一つのシステムをもっているから、いくつもの文章を乗り越すことによって、子どももめいめいが体得しなければならない。これが、「学び方」を学ぶということである。

文章というものは、意味を中核とする構造体である。私は文章を「意味構造体」「意味の全一体」と定義している。私の思考のシステムは「ふりわけ」（意味分析）「組み合わせ」（意味統一）「意味統一」（意味の構造化）の三つであるが、「ふりわけ」の前に、ふりわけの基準がなければ、ふりわけは思いつきとなり、統一へとは到らない。このふりわけの基準を、私は「意味軸」とよぶ。また、この「意味軸の発見」を「洞察操作」と名づけている。この一貫操作が可能になるようにめがけていく学習が、「構造思考学習」とよばれるもので、教師中心から学習の主体である子どもへと百八十度転換されたものであるから「変革」とよぶのである。

構造主義の親とよばれるソシュールの『一般言語学講義（岩波刊）』を世界にさきがけて、翻訳しわが国に紹介した言語学者の小林英夫博士は、その名著『言語学通論』（三省堂刊）の中で、次のように述べておられる。この書は昭和12年刊行以来昭和32年の改訂6刷まで、二十年の長きにわたって読み続けられた。いわゆる小林言語学とよばれるものである。さきのソシュールの『一般言語学講義』と共に、東京工業大学の先生の研究室で輪読、指導を受けた想い出の書である。

「そもそも理解とは、イミのリカイでなければならない。イミなるものは、ある物がそれと類を同じくする他の多くのものの形づくるコーゾー関連の中に見いだされたときに、発揮されるものである。物わ孤立して存在するものでわない。それわ上位のコーゾーのうちに、それの組み立て要素として一定の位置を与えられているのである。かくて物のイミのリカイとわ、その物それぞれのコーゾー関連のうちにとらえる、ということにほかならない。」（一三九ページ、原文は横書き、用字等原文のまま。）

このことと、ほぼ同じ意味合いのことを、ウェルトハイマーも、その遺書『生産的思考』の中に述べている。文章という上位構造、その組み立て要素としての文は、あるべき位置におかれ、構造関連のうちに、意味をかくしている。

『生産的思考』の中の指摘とは、次の二点である。

「第1には首尾一貫せる全体像の獲得。第2には全体の構造が諸部分に対して、なにを要求しているかを看取すること。」（岩波刊　二二六ページ）

両者の構造体の理解に関する指摘は、一方が言語学者、他方が心理学者であるにかかわらず、みごとに重なり合っている。思考を進めるポイントが示唆されている。

思考するとは、構造関連をふまえての一連の操作行為である。学習者みずからの行為によって完結させるべきものである。これが私の言う「思考のひとり歩き」である。教師の問答や解説によって達成されるものではない。あくまでも学習者主体の自発行為というのが、思考の本質得ある。

思考能力を育てるとか、創造性を培うとか、一人ひとりを育てると言いながら、教室では、十ぱ一からげの問答や解説が展開されているのでは、羊頭を懸げて狗肉を売るようなものである。

意味は、構造関連をふまえ、はじめてみずからの手によって発見されるものである。サルトルが『文学とは何か』（改版署名「シチアシオン」Ⅱ人物書院刊）の中で、「現に一冊の中に並べられた何十万のことばを一つまた一つと読んでも、作品の意味は必ずしも、そこから出てこない。意味はことばの合計ではなくて、ことばの作る有機的な全体である」（四五ページ）と言っているのもまた、このことである。

二、思考学習の形成

思考学習とは、学習者主体ひとりひとりが、みずからの手によって実らせる、首尾一貫した一連の行為であると定義する。

それならば、この一連の行為は、どのようにして形成されるのか。それは、教師その人が、赤本や解説書のよりかかりを止めて、自らが思考の主体者となり、思考学習が自らの手に形成されるように、自らを変革することである。自らを思考学習の体得者に変革することである。この一点が思考学習への前提条件である。

思考学習形成のためには、ここ数年来やかましく叫ばれている「大脳生理学」に導かれることが、わかり易い。左右脳の働きが別であるということは、ここ数年来、右脳開発の必要性を説く書物が十数冊も刊行されていることでもわかる。

左脳は主として論理的であり、記憶を司ることもわかってきた。右脳は全体像をつかむのに適し、柔軟な思考を司る。教育において、一問一答や解説的指導を行っていると、コンピューター人間という記憶一辺倒の人間ばかりが育ってくる。これは大学入試などとも関係の深いことで、記憶に強い人間があふれてくる。自ら思考し、創造性の豊かな人間は、右脳的人間である。社会に出て活躍できる人間とは、自ら創造できる人間で、言われたことを言われたとおりに行動する他律人間ではない。（この稿、次号へ続く。）

結局、講座を続けることはできなかったが、沖山は、構造的読解指導の提唱から構造学習論としての完結した姿までを凝縮して示したのであった。最後まで構造学習論とその実践者に想いをはせ、真実一路の旅を歩み通したのである。

平成二（一九九〇）年八月、沖山はこの世を去った。

沖山の死後、中央講師団の結束によって研究活動が進められたが、主要なメンバーは管理職が多かったこともあり、退職とともに全国大会の開催、特に学校を会場にしての授業公開が難しくなり、組織的な活動に支障をきたすようになった。会員も次第に減少していった。しかし、教育現場にあって実践と研究をリードしてきた金井里子を中心に全国各地の実践者が努力を重ね、組織としては縮小したものの研究体制はその後も維持されていくことになる。

【注】

（1）田近洵一『現代国語教育史研究』二〇一三、冨山房インターナショナル、七一頁。
（2）沖山光『読解指導の原理と方法』（十一版）一九六八a、新光閣書店、二六四頁。
（3）沖山光『意味構造に立つ読解指導』一九五八、明治図書、一四八頁。
（4）沖山光『構造国語教育入門』一九六八b、明治図書、五一頁。
（5）沖山、前掲書、一九六八a、二二二—二二三頁。
（6）小林英夫『小林英夫著作集七』一九七五、みすず書房、総序。
（7）沖山、前掲書、一九六八b、一一九頁。
（8）同右、一二〇—一二二頁。
（9）沖山、前掲書、一九五八、一四七—一八〇頁。昭和三二（一九五七）年六月に日本短波放送の依頼で現地（日光・清滝小学校）で録音し、一週間にわたって放送されたもの。
（10）同右、四八頁。
（11）沖山、前掲書、一九六八a、二頁。
（12）沖山光『読解の基本的学習構造』（四版）一九六六a、明治図書、二頁。
（13）同右、九四—九五頁。

(14) 同右、八八―八九頁。
(15) 同右、一四四―一七四頁。
(16) 沖山光『読解のひとり歩き』(四版)一九六八、明治図書、七三頁。
(17) 沖山光『構造思考トレーニング』一九七〇、明治図書、四三頁。
(18) 沖山光『読解と構造的思考』(四版)一九六五、新光閣書店、一三三頁。
(19) 沖山光『教科における思考学習の開発』一九七〇、新光閣書店、一六頁。
(20) 全国構造学習研究会『構造学習』三四号、一九七三。
(21) 全国構造学習研究会『構造学習』六五号、一九七八、六七頁。
(22) 山下百十二『ひとり歩きと磨き合い学習』一九七四、明治図書、一二五頁。
(23) 全国構造学習研究会『構造学習』一〇〇号、一九八五、八頁
(24) 金井里子『ゆとりと充実の学習：構造理論に基づくひとり歩きの学習展開　国語科篇』一九七八、れんが書房新社、はしがき。
(25) 沖山、前掲書、一九六五、一八頁。
(26) 同右、四七頁。
(27) 同右、一一七頁。
(28) 同右、一二二頁。
(29) 同右、一四四頁。
(30) 同右、一五一頁。
(31) 沖山光『小学校国語科基本的事項の指導』一九六六b、明治図書、五一頁。
(32) 同右、五六頁。

(33) 沖山光『国語教育の構造と思考Ⅰ 基礎理論』一九六七、明治図書、一七五頁。
(34) 沖山、前掲書、一九七〇、七八頁。
(35) 沖山光『形象理論と構造学習論』一九七三、明治図書)二頁。
(36) 垣内松三『国語の力 国語の力(再稿)』(国語教育名著選集4)一九七九、明治図書、二頁。
(37) 同右、三八三―三八九頁。
(38) 沖山 光『人間変革の学習論』(四版)一九七七、不二書房、はしがき。

(樋田 明)

第七章　沖山光の教育思想

一　国語教師を目指す

沖山が教師を目指したのはなぜであろうか、やはり、教師であった父の影響が大きかったのではないだろうか、その一端が、よく表れているのが、昭和二一年、東京第一師範教官を兼任しつつ文部省教科書局嘱託として最後の国定教科書を編纂していた時のことを『ユニット展開新国語学習指導書六年上』まえがきに

こうした情熱の尊さを教科書編集に没頭されて、来る日も来る日も原稿、校正、会議、の連続の中に過ごしておられる先生の中に見出す。誰からも感謝されることもなく、子供らの楽しい読み声、楽しい学習の姿を描き、祖国再生の念願を子供の中に種まきしておられる姿をおがみたくなる。

お義理一辺の嘱託でなくほとんど連日文部省に足を運んだ。新教科書の精神をあやまりなく石森先生から吸収しようとしてのわたくしの情熱がそうさせる。事実また、教科書編集の仕事は、毎日お手伝いしても、

いつ片付くともわからぬ果てしない激務である。

こうして連日お手伝いできるのも、この国家的な仕事に対する木下校長、井上主事の深いご理会とご支持のあらわれとありがたく思っている。

石森先生の新教科書への情熱とその激しい創作への尊い姿、これをみて先生の国家再建への情熱に打たれたのである。どうしても先生にこのお仕事をなしとげていただかなくてはならぬと思ったのである。（略）私の十年この方、変わらず私をご支持いただいた相賀専務、島田総務のご信頼、そうした美しい暖かい心の中に生まれてきたこの書を「正確に事実をもって」と鞭打っているのは、地下の父の魂である。


と記している。

沖山は、八丈村立大賀郷尋常小学校から父の下宿近くの東京渋谷町立臨川尋常小学校に二年生の時、転入している。そして、教員であった父の勧めに従って、青山師範附属高等小学校に入学し、父の薫陶を受け、教師への道を進んでいったのである。

ここに、沖山が青山師範学校卒業を間近に控えた、大正一四（一九二五）年の二月に担任に提出した「創作ノート」という卒論のようなものがある。この記述から、沖山が師範学校学徒から小学校訓導になっていく過程に培っていった教育思想や国語教育への思いの原点を探っていくこととする。

二　「創作ノート」に著された沖山光の教育思想

（一）　国語教育への思い

私が食事以上に愛好するものは何か、私の生涯を挙げても尚、続けんとするものは何か、国語教育、私の全生命打ち込むものは、これです。国語教育に没頭と言ってもよいくらいです。私が国語教育に熱中することに於いては、母も何の異存もないのですが、その結果、余りに図書購入をやるので、その点について何時も不服を言われるのである。

（略）実際、私は毎月購入図書は四冊は下らないのである。四年生になって以来、購入した図書だけでも廿数冊（教育、国語関係図書のみ。いずれも百頁を超える著書）。ざっと価格に見積もって七拾五円ばかりになっている。（略）自分で生計していれば、何も文句はないのであるが、両親の働く金の中から毎月十円内外まで図書を買うことは莫大であるにちがいない。母に叱られても無理はない（略）然し、私はこれを中止する考えなどは毛頭ない。「そんなつまらない事やめなければ、貴様の命をとるぞ」と云われても、私の現在の国語を愛好する心に変わりはない。

（略）例え三度の食事が一度になっても、私の命の続くかぎり、このつまらない研究を続行しますと、よし他人の目には、つまらない研究と見えても、気狂いじみてみえても、私は、其処に私の生命を賭してもやるべき美点を見出した以上は、如何なる苦痛にも又如何なる非難にも耐えて行きたい。（略）私自身の研究修養であって、決して他人の研究修養ではない。自分が善と認むる以上、どこまでも、やって、やって、やりぬかねば気が済まないのが私の性格である

（略）どんなに疲労しても国語の著書だけは読む。極言すれば、国語教育を離れて私の生活はない。（略）兎に角、私は此の私の大事な芽生えを真っ直ぐに育てて物にしたいと思っている。(1)

という記述が冒頭にある。若干二〇歳の沖山がいかに国語教育、国語教師への熱情にあふれていたかが理解できる。さらに、当時の小学校教員の給料が一八円位であった中で、書籍代に一〇円内外を費やすほどの読書家であったことから、先端的な教育思想に触れる機会も多かったと思われる。

（二）「創作ノート」が生まれたころの社会状況とその影響

沖山が師範学校に在籍していた大正一一年から大正一四年のころの社会状況は、日清・日露の戦争、そして、第一次世界大戦にも勝利し、アジアにおける大国の地位を獲得していた。その結果、経済的にも発展し、欧米の文化、流行とともに新しい教育思想が流入してきた。そのような背景の中にあって、世相はいわゆる大正デモクラシーといわれる「自由主義的な思想」を謳歌していた時代である。

この社会状況は、教育の世界に「大正自由教育運動」という名のもとに影響を及ぼしていた。それは、欧米で盛んになっていたデューイやエレンケイなどの新教育運動であった。これは、それまでの画一的で型にはめる教育のスタイルから、児童の関心や感動を土台にして、児童に、より自由で生き生きとした創造的活動を体験をさ

せることを通して子どもの自我の発達を促していくという教育運動であった。そのため、授業方法においても、教師中心の知識注入型の解説授業の形態から、児童の体験や活動を重視する新しい指導方法を生み出そうという機運が広まっていた。

沖山の「創作ノート」にも、時代の影響を受け、作文教育における「自由選題」についての実践家の指導に対する考えが述べられている。

> 先日（二月二六日）も午後四時からお伺いして、八時までいろいろお話しいただいた。私の敬愛する保科孝一先生の御主張の中にて、私の気に入ったものを次に書いてみたいと思う[2]

として、次のように引用している。

> 先年来綴り方教授の方法として、自由選題主義が一般に唱えられ、これに共鳴声が響き渡っている。（略）自由選題に依れば、児童の個性を十分に延ばさせることが出来るのは、もっとも有利なであるが、さしてその個性とはいかなるものかが問題である。
>
> （略）児童をしておのおの好むところによって、自由に書き綴らせるのが本領で、決して干渉束縛を加えてはならぬという。これは一応尤もであるが、しかしある程度までの指導はぜひ、与えなければならぬ。「個性はかならずしも円満に穏健に発達するものとは限らない以上、これに対する指導がもっとも緊要である。」ゆえに、自由選題に依って進む場合いかに指導すれば、個性を円満に穏健に発達せしめ得るか、それが実際的の重要な問題であるが、これに対する具体的な研究が、まことに少ないのを悲しむ。ことにある

一方に偏った個性、例えばあまりに文学的に、あるいは理科的に傾いた児童があった場合、これをそのままに発達させるがよいか、あくまでこれを矯めて、両方面ともに円満に発達させるがよいかが実際的のすこぶる重要な問題である

という結論を引用紹介し、自由選題主義に批判的な考えの根拠としている。つぎに、「自由選題における訂正、添削について」取り上げ

自由選題における訂正、添削はどうすべきか（略）なかには訂正添削は児童の機嫌を損じ興味を殺ぐものであるから、むしろそのままに看過するほうがよい（略）という意見がある。しかし、児童をして、自発的にその誤りや足らざるところを見出させるにはどうすればよいか、これが自由選題にとっては、もっとも重大な問題である。ということから「自由選題は今のところ未成品である」

という保科の結論を紹介することで、「ある程度までは、指導すべきである。」という自身の考え方を代弁させている。

東京高等師範教授の保科の自宅にまで先端の国語教育をじかに吸収していこうとする沖山の熱意が伝わってくる。

(三)　国語教育研究の目的について

国語教育研究の目的について沖山は、「国語の指導理論と実践」とが十分に絡み合い、深め合う研究方法を模索している。それは、「子どもの教育に生かす」ことを最重要な目的としていたからに他ならない。子どもの指導に生かすことができる教育理論でなくては研究する価値がないという考えを常に根底にもっていたと考えている。

そのことがわかるのは、「実際家の主張は多く理論に偏傾し、実際の取扱いに対する多年の永続的経験は、一般に乏しい。」と批判しているのである。その理由として国語教育における「童謡、童話」の実際案について有力な研究がほとんどないことや学校劇や「読み方、綴り方」の教法について実際の指導案が示されていないことを挙げている。

そして、沖山は、次のように結論している。

「ヴイルヘルム・ライン教授はドイツの実際家　その抱負や態度に自分は深く敬服しているが、単級学校や幼稚園を意の如く動かしていくことは、われわれ実際家に及ばない。

(略)　われわれと学者は本領こそ違え、職務上の上下はない。と。我々は実に、この意気を壮とし、その意気を持って活動するように心掛けなければならん。もちろん小中学の実際家といえども、理論を顧みず、ただ実行のみを念として本然の責務を完了し得べきものではない。つねに理論や学説を尊重し、これを基礎として実行の方法を攻究すべきで、つまり理論に即して、実際に向かう心掛けが何より大切である。

（四）　文章の理解についての指導論

沖山は、秋田喜三郎(3)の「学習指導と読本研究」について取り挙げ、「文章研究の態度」について、以下のような箇所を引用して、自身の考えを表明している。

現今の教材研究は多く外面的の文字、語句等辞書的、注釈的研究に過ぎない。（略）文章そのものの内部に立ち入って、根本的に創作的立場から研究したものは、一向見当たらない。
（略）文章研究、真の教材研究は、作者の地位に立って、文章を創作する過程に直進して文章そのものを根本的に吟味する創作的研究であらねばならぬ。そして創作的文章研究指導者が文章研究をなすには、先ず以て作者を想定しなければならぬ。文章を真に理解し吟味せんとするには作者を理解するが第一要件である。どんな文章でも必ず作者があり、作者の想を表現したものが文章であるから、文章を研究するには、作者に触れなければ真に文章を読破することは不可能である。文章を通して作者が見え、作者の人格に触れた時、文章の意味は徹底せられ、文章の妙味は鑑賞せられるのである。
（略）作者の想定は知らず知らずのうちに創作的態度を養うことになる。常に作者を想定するよう指導すると作者と想と表現との関係が次第に明らかになり、児童は作者の地位に立ち自己の想をしようとするようになり、綴方と本質的の連絡をなすことが出来る。かくて綴らんとする心の芽は読本において余程まで培うことが万能となる。

後年の構造学習論における「読解とは書き手と共の考えることである」や「表現と理解が軸において交わる」

という読解の根本原理が師範学生の時にすでに芽生えていたのである。また、指導においても、児童が自分自身の力で読解していくという主体の構造化の概念が芽生えていた。

さらに「頁五四の想の吟味」という箇所では、「想」を「軸」とするとここに語られたことが明瞭に理解できるので、引用した部分を紹介する。

作者が表現せる想は何であるか、作者は表現の対象を如何に観、如何に考え、如何に感じるか（略）の着眼点を子細に研究して一遍の中心思想をとらえなければならぬ。かく文章本位に攻究すれば、想は知的か、情的か、または意的か、その内容が如何に子供の生活、または人間の生活に交渉を有するや等の問題は解決せられ、文章の学習指導の本質的方法は自然に生まれてくる。

このことは、軸をとらえて、文章全体の意味構造を自己の中に再構造化するという後年の沖山が創始する「構造学習論」の核心部分と同一の思考である。以上の引用の後、

文章を読むということは、究極するところ自己の全生活によって文章に意味づけ、これを理解し、これを吟味する。かくて共鳴共感の境地に至れば、その文章中に自己の生命を発見し、自我の内容の中に取り入れて、血にも肉にもして自己の成長発展に資するものである。そして、かくの如き態度で読方学習を指導するには、先ずもって教師かくの如き態度で読解し鑑賞していなければならぬ。従来のごとく文字語句等の形式的材料を乾燥無味な注釈的研究に依るようでは、到底文章研究の本塁に入ることは不可能といわねばならぬ。

故に、文章の想を究明すべく読解鑑賞の本質に即して、創造創作的に研究することが緊要である。かくて

意味の理解鑑賞に支障をきたした場合は、注釈的研究を利用して之を解決するようにすればよい

と沖山自身の考えでまとめている。

沖山は、この「創作ノート」の最終ページに「指導の目的は児童の文章理解力の向上である」と提言している。そして、自身の未来像を描き、国語教師として生きていく決意が以下のように語られているので、この章のまとめとする。

現在の初等教育に関わる人々は、余りに新しい思潮に迷わされ易い、新しい思潮の後を追うのに忙しい。その結果、得るところのものは何ものか、極度の疲弊位のものである。自分が疲弊する位は何でもない、我慢も出来よう。けれども其の為に児童、白紙のような児童を色々の色で染めることになりはしまいか大事な人の子供を。

何が故に新しい思潮の後を追うのか、新しい思潮に接することはよい。けれども、その新しい思潮に引きずられてはならない。吾人教育者は新しい思潮の流行児とならなくてもよい。どこまでも、真面目な態度で研究しなければならない。そして、新しい思潮に迷わされないだけの根強い根拠のある主張を各自が持ちたいものである。そして、大事な人の子供の白紙のような心に悪戯書きをしたくない。立派な国民として育てていきたい。

吾人は、一日も文章を離れて生活はできない。思想善導と云うが、各人に文章を正しく批判する眼を養ってやれば、この問題は解決すると思う。私達教育者、殊に文章教育をする人は確立した卓越な定見、文章観の下に文に読まれる人でなく、文を真に批判し読みこなし得る国民を作らなければならない。私は此の意味

において修養を続ける。私の文章教授の実際案や指導案また、成城小学校参観記、或は保科先生との国語教育に就いての問答も書きたかったのであるが、紙面の都合上やむを得ない。此の稿により、私の国語教育の思想の傾向を大体お察し下さる事が出来ると思う。尚、将来のご指導を祈って筆をおく。

大正十四年二月二十日　予備科入学試験の終わる日

東京府青山師範学校第四学年二組　沖山　光

また、この創作ノートには、当時の国語教育の先端を行く人々との交流や著作からの学びや共感した先輩を紹介し、師範学生としての沖山の熱心な研究と読書生活が浮かび上がってくる。

コラム　沖山に影響を与えた先達（「創作ノート」より）

国語教授として脳裏に浮かぶのは、東京高等師範教授垣内松三先生、同校訓導馬淵冷佑先生、芦田恵之助先生。第五高校の八波先生、韻文では山口高等商業学校の今泉先生、千葉女子師範学校訓導飯島勝信先生、その他赤阪信七先生等である。以上の諸先生は特に私の好める先生である。何れの先生の著書にも接している。一番多く私の共鳴点を見出し得るのは、先ず第一に奈良の三先生（略）奈良女子高等師範訓導の秋田喜三郎先生、河野伊三郎先生、山路兵一先生で何と言ってもこの三先生が大好きである。

三　青年教師としての軌跡

沖山光は、大正一四年三月東京府青山師範学校を卒業し、その年の四月に東京市櫻川尋常小学校訓導として着任した。

沖山は、担任した四年生の指導に一生懸命に当った。また、課外活動の女子バスケットボールの指導にも熱心であり、昭和二年四月には区の大会で見事優勝を果たした。子ども達と一体になって教育活動にまい進する新任教師沖山の姿が髣髴とされる。

その後の昭和三年四月に、沖山は青山師範学校附属小学校に異動した。母校の附属小学校に異動できた沖山は、さぞうれしく、誇りに思ったであろう。赴任した沖山は、国語教育学者の垣内松三[4]、さらに沖山の生涯の師となる言語学者の小林英夫博士[5]など多くの碩学と出会い、国語教育実践者としての研鑽を深めていった特に、垣内松三の著書である『国語の力』（不老閣書房、大正一一年）を青山師範学徒の頃からの座右の書としていた。沖山が晩年の六八才、『国語の力』発刊五〇年の記念として著わした『形象理論と構造学習論』（明治図書、昭和四八年）はしがきには、創始した構造学習論と形象理論との関係について、次のように思索の後を振り返っている。

女子バスケット大会優勝

初めて担任した港区立桜川尋常小四年生

私の提唱する構造学習の追求は、垣内先生の形象論や芦田先生の歩まれた道と密着して、開拓されたものではない。（略）私の好む言葉でいえば、垣内先生の思索されたことと、私の掘り進めたこととは、「底流において交わる」のである。

と、独自の思索の展開からたどり着いたものであることを明確にしている。

青山師範附属小学校では国語主任として国語教育をリードしていった。また、同時期に新設された、二松学舎専門学校夜間部に第一期生として入学して昭和六年に卒業し、中等科漢文指導免許を取得している。昼は、教師として夜は学生として、学究的な沖山の姿勢がうかがわれる。当時のことを沖山の長女美子は、附属小ではじめての教え子の横山寧夫の話として、「僕たち自分たちでできるから、先生、夜の学校の勉強をしてください」と言って、沖山に喜ばれたというエピソードを語っている。(6)

青年教師沖山は、児童自身の内面から学びたいという意欲を引き出すという教師の一番大切な資質を備えていた。そして、国語教育の道を究めようという熱い思いで研究に打ち込んでいたのである。しかも、その研究はあくまでも児童自身で文章を読み取り、書き手の主張を自らの内に取り込み、豊かな生き方ができるようになるための実践的な研究なのであった。

また、青山師範学校時代の沖山は、哲学あるいはものの考え方の土台としてとらえていた宗教に、強い関心をよせていた。特に禅宗の悟りの境地を「実践的な理解、理屈でなく体験することによる理解」ととらえ、教育に生かそうとしていた。後年、この点について『人間変革の学習論』（不二書房、一九七七）において、宗教における思考の働きを大脳生理学の観点から科学的に説明し、構造学習論にどう位置づいているかという思索の跡を明確にしている。

四　『一点凝視の読方教育』から読み取る国語教育思想の萌芽

（一）　序文に見る教育思想の原点

教師生活一〇年目にあたる節目の年、「国語教育のあるべき姿」についての一書を世に問うた。それが、『一点凝視の読方教育』である。[7] その「序」には、

宇宙においてもっと偉大なる神秘は人間それ自身であるとディルタイもいっている。偉大なる神秘とは何か。それは、人間は考える動物である、思索する動物であるということである。なお言いかえれば、人間は哲学する動物であるということである。哲学する人とは、眞理へのあこがれを持つ人の謂である。まこと、哲学するとは、朗らかな人間の魂が、それら自らの永遠を静かに見つめることである。それは、反省　であり、体験である。全一への精進であり、追求である。全一に生きんとする此の努力こそは、人間たるものの永劫のなやみであると共に、又無窮のあこがれでもあろう。

由来東洋の哲学は諦めの哲学である。諦めとは明らかにし、審らかにする謂で、物の本質を突き詰めることである。

西洋哲学が眼のみの世界の探求に終始しているのに反し、東洋哲学は、眼の世界と共に、足の世界を持っ

ている。眼の世界は理論の世界であり、足の世界は実践の世界である。更に言えば、眼の世界は哲学の世界であり、足の世界は宗教の世界である。東洋においては、哲学は宗教であり、宗教は哲学である。すなわち両者は不二の関係にある。

と、まず、「思考する人間」ということから、思考の在り方を問題とし、その思考はものごとの本質を探究する内面の働きを追求することであるとしている。そして、東洋哲学は、理論と実践によって物事を統一的に把握していくものであることととらえ、それを「文章の読み方の原理」を創造するために適用し、新たな国語教育論を確立していくという沖山の思想を表すものとなっている。さらに当時の仏教大衆化運動にかかわった沖山は

「智目行足以て清涼池にいたる」という言葉を今夏山中湖畔において恩師高神覚昇師より聞かされたが、智目とは哲学即ち理論の世界であり、行足とは、宗教の世界即ち実践の世界である。（略）

（略）二つの線とは理論と実践との世界であり、（略）かかる眼の世界、足の世界を不二の関係に、しかも永遠に見つめて行ずる読方教育道こそ私のここにねらう一点凝視の読方教育である。

というように、仏教哲学と国語教育とのかかわりを追究し、学んだことと自身の国語教育との思想的関連を述べている。そして、この「序」の終わりには、子どもであってもこの本質に向かう思考は同じであるという考え方を「師弟ともに行ずる世界」とし、後に自身の主催する研究会や研修会において「師弟同行」ということばで教える者と学ぶ者が共に真理に向って歩むことの大切さを説いている。序文末節には

「己よく行ずる者こそ人をしてよく行ぜしむ」とは、恩師友松圓諦師がよく語り聞かせ、また師自身よく示される行の姿である。

一点凝視の読方教育こそは、また師弟共に行ずる世界である。道の世界である。

終わりに臨み、国文学の道に光明を与えられた帝大の池田亀鑑先生、法の道に手をとり導かれた友松圓諦、高神覚昇両師（略）

（略）この拙き師の下にあり、孜々として行じつつ、この著に感想文を提供してくれた青山師範附属小三女の教え児等に心からの謝意と祈りを捧げつつこの序を終わる。

昭和十年八月

山中湖畔よりもどりて　　　　　　一　路　誠(8)

沖山は東洋哲学分けても仏教への造詣が大変深い。そして、仏教のひたすら「行ずる」ことによって仏に帰依するという理論を実践するという重要性を思索の中核においている。また、東洋哲学の神髄にある「直観する」とか「悟」という思考の働きが主体性の確立に必須のものであることを教育思想の根底にしている。

「智目行足以て清涼池にいたる」という句は、仏教学者高神覚昇が『般若心経』についてラジオで講義した中に出てくる言葉である。かれは、全日本仏教会の友松円諦と真理運動をおこすなど仏教の大衆化をはかっていた。沖山はこの仏教大衆化運動に賛同し、その修行合宿とでも言われる第一回山中結衆（昭和一〇年八月二日から六日まで山中湖畔で行なわれた）に参加している。それが、「序」の「山中湖畔よりもどりて」のことである。

沖山光の国語教育、読方教育開拓の根底には、序に見るように理論と実践を兼ね備えている「東洋思想、哲学」を置いている。これは、青山師範学校での学究の徒として過ごした時代に温めていた国語教育への思いが形になったものととらえることができる。そして、目次からも分かるように日本の固有の言語文化に根差した国語教育の理論と実践とを開拓していこうという意気込みに満ちた著作である。

沖山の教育思想は国語教育の理論の開拓と実践での実証である。この点から考察するならば、青山師範訓導時代の『一点凝視の読方教育』は理論の書である。そしてそこに語られた沖山の文章論や授業論が後年の構造学習論の根底のなっていることがわかる。

そこで、本書の各章に表現された沖山光の教育思想や国語教育論について考察していくこととする。

（二）『一点凝視の読方教育』前編「国語の種々相」

目次

前編では、「国語の種々相」と題して四つの章立てで、国語教育が民族そして、国家の自立に大きな役割を果たしていることを説き、正しき日本語を正しき国語教育で児童に教育しなければならないことを主張している。国語は日本国そのものであり、国語を教育することは単なる「日本語」という言語を形式的に教えるのではない、としている。つまり言語の持つ力、心（日本人の心）が言葉に内在する、という考え方を様々な著書を引用しつつ展開している。

国民教育はあくまでも日本人としての感激と誇りとを、純正な国語によって幼き者の胸に、しっかりと刻み込むことでなくてはならない。（一一頁）

と自説を展開しているが、ここに至る前後には、『日の丸由来記』（東京日日新聞、一九二八）、『万葉集の文化史的研究』（西村真次、東京堂書店、一九二八）、『新体国文学史要』（金子彦二郎、培風館、一九二八）、『万葉集新講』（次田潤、成美堂書店、一九二二）、『日本文学聯講』（藤村作編、中興館、一九二七）など何冊もの文献からの引用によって主張を補完している。前編三の「先ず言語意識の上に立って」の結論部分では、

以上の諸説によっても、はっきりと知ることが出来る様に言葉と信仰とは、話すべからざる関係において発達してきたものである。（略）自分の願望が言葉に込められて相手に通じると思えばこそ、その吐く言葉には自然非常な誠意と情熱が込められ、真の言葉が発せられ（二〇頁）

言葉の言語意識に目覚めて、実感の、そして真心のこもった、しかも気品のある日本語が、人々の心を潤すように、言語意識の上に立った国語教育を実践の上に生かすべきであると信ずる。(一二頁)

と、「言葉と言霊」の例をあげ、祝詞のごとく言葉に真っ直ぐな心や誠意をこめた古代の人々の言語意識を現代の国語教育にいかすべきであると訴えている。そして、前編の結論としての四の「国語の豊かな姿」では、

ことばというものは人の心に結びついて初めて生きているといえる(略)その人が、その言葉を発した時の心情にまでさかのぼって、その正体をとらえることである(三四頁)

と結び、この「言葉は心を映すものである」という命題が、後に展開される文章の読み取りの方法や指導法の中心課題となってくることがわかる。さらに、豊かな姿については

一語を一点に集中させて、その背後にその作者の全生活を、引っさげて立つ(略)そうしたところに、国語の余韻もあり、幽玄味もあるわけで、こうした一語の奥に、その語を用いた人の全生活がくりひろげられており、しかも深い用意のもとに用いられた語を、わたしはここにゆたかと呼んだのである(五十頁)

と「言葉」の豊かさを人によって意味づけられたものと、とらえている。そして、言語の持つ力、心(日本人の心)が言葉に内在する、という考え方を持っていた。言い換えれば、沖山は、(「ことば」は、人間に用いられて

こそ機能を発揮する）ととらえていた。

このような考え方が小林英夫のソシュール言語学を学ぶことによって醸成し、後年、「言の世界は、意味の世界であり、ことばが機能発揮された姿である。」という構造学習論の原理となっていった。

（三）『一点凝視の読方教育』中編「魂の故郷」

中編は「魂の故郷」と題し五章で構成され、「古典文学にある幽玄の世界や日本語の感性や情感といったものを国語教育に生かすことはできないだろうか」という課題に挑戦している。つまり、国語はその国に生まれた言語であるので言語に備わっている古来からの伝統的な物を見直して、国語教育に生かすべきであると主張している。この章には多くの古典や国文学者の著書からの引用でこの思想を浮き彫りにしている。また、ここでは、学生時代にまとめた「創作ノート」にある、「新しい思潮に引きずられてはならない」という考え方が具体化されている。足元を見つめ、日本の古典文学、芸道、や武道の伝統の中に脈々と受け継がれている思考様式を思想として受け取り、日本語のもつ暗示性の意義（受け手が直観的にとらえることを意図した言葉）を生かすことが借り着の国語教育からの脱却することであると訴えている。

特に、中編二の「ありし日の魂」の章では、

国語は我々の文化の産みの親である。国語を離れて、国民を、民族を、その精神を考えることは不可能である。（六三頁）

と文化としての国語つまり、古典となっている国文学の様々な表現から得られる言語の諸相を国語として見直していく。そして、言語に内在する日本の伝統的な思考方法を取り入れた国語教育の確立を目指すという意気込みが伝わってくる。さらに、ペスタロッチ研究の第一人者である教育学者福島政雄博士の「吾々は、高等小学校位のときから既に万葉の歌の中の或る選ばれたるものに親しませたいという考えを持っているのであります」という「言説」を引いて、日本独自の国語教育を確立していきたいという思いをつぎのように熱く語っている。

直接日々の国語読本の教授に万葉や源氏を説く必要はないにしても、万葉や源氏の味を、価値を知らずしては、国語を幼き子供の胸に、生々とはたらきかけることはできないであろう。（頁六八）

とまとめている。中編三の「道を何処に求めるか」という章では、国文学の価値を一層表面に出し、

国語教育にしても外国の焼き直しや直輸入でなくもっと深く、静かに日本文学、殊に現代の母胎である日本古典を見ることによって、そこから日本人としての国語教育を生み出さなくてはならない。
（略）国語というものが、日本人のものということを意味する以上、これを読む態度にも、日本的な方法が考究されて来なければ日本文学の理会は成立するものでないと考えさせられる。（略）我々はもっと東洋の精神に深く帰らねばならぬ。（七〇頁）

と、明治大正と欧化政策に邁進してきた社会状況への反動ともいえる言辞で東洋のものの見方の優位性を強調している。

昭和金融恐慌が社会全体に暗い影を落とし、経済的な行き詰まりもあり、満州に活路を見出そうとする軍部の暴走が始まったのもこのころである。[9] 政治的には、大正デモクラシーが行き過ぎた自由主義や無産政党の台頭をゆるし、不安定な社会情勢となっていた。更に、明治、大正、昭和と約六〇年余、幕藩体制から一つの国家としての近代国家、新生日本への脱皮を遂げたが西洋でもなく東洋でもないというジレンマに落ちっていたのではないだろうか。そこに民族として連綿と続いている日本を再発見していこうという機運が高まってきていたのである。

このような状況の中、沖山は青年国語教師として日本の文化、伝統が凝縮された古典の世界からくみ取った英知を根底にした国語教育こそ、児童に必要であると強く認識していた。それは、子ども達は日本の国土に日本人として生きていくからである。この中編三の終わりでは、日本語としての「国語」をどのように沖山が見ているかについて、さらに鋭く明確に表現されている。

> 日本の国語の尊厳と独自性とをはっきりと国民の頭に刻み付け、内より個の自覚をもたらさなければならない。国民自覚の前に、先ず国語教育者が、日本語に目覚める必要がある。（七八頁）

と結んでいる。さらに、中編四の「借り着の国語教育」の章では、当時の国語教育の皮相的な在り方をつぎのような挿話をもって指摘している。

「白秋先心挿話」での箸の折れるわずかな音も聞き逃さず、すぐに箸をとりに行く女中の話や『宗教的人間』（前田利鎌、岩波書店、一九四九）にある剣聖山岡鉄舟が夢想流の極意を伝授された挿話などからこの加減とか呼吸とか、コツとか言われるところの境地は、人間の生活が止揚されて、最高所を行くときにのみ得られる、より精神的なることに属するもので、単なる技術の修練や、熟練という外面的なものからは、到達しえぬ境地である。（略）

（略）哲学や科学で見るのでなく、心眼で見るのである。身体全体を目とし、身体全体を耳とした緊張の持続の中に、ハッと瞬間的にひらめくものである。（略）

（略）こうした直覚的、暗示的な生活を営んできたわが国民の間に育てられた国語というものが直覚的、暗示的なものを多分に含んでいるとは、余りにも理の当然すぎることでなければならない。

というように、日本古来より磨かれてきた言葉に頼らない直観的な理解（威力と言っている）を失ってはならないという強い思いを語っている。そして、

今日の日本人は、ものを洞察する力、将来を理解する力を失ってしまった。（略）精神的に西洋の属国である。（略）安価な、皮相的な西欧の物質文明に踊らされ、夢見ている国民には、純正な国語は影をひそめ、歪められた、一面的な、その場限りの安価な国語しか生めない。我々はあくまでも「失われた国語」を追求し、再び幽玄な国語の中に、「失われた人間」を取り戻さなくてはならない。（八三頁）

と痛烈に現状を批判し、古典から学ぶことの意義を訴えている。章の終わりでは、当時のベストセラーであった『文章読本』（谷崎潤一郎、中央公論社、一九六〇）の中の「西洋の文章と日本の文章」をわが意を得たりと引用している。

言語学的に全く系統を異にする二つの国の文章の間には、永久に越ゆべからざる堰がある、（略）されば、折角の長所もその堰を越えて持って来ると、長所が最早長所としての役目をせず、かえって此方の固有の国語の機能まで破壊してしまうことがある。（略）明治以来、われわれはもう西洋文の長所を取り入れるだけ取り入れたのでありまして（略）我が国文の健全な発達のためには（略）害を及ぼしつつあるのであります。（八八頁）

我が国の文章は、僅かな言葉が暗示となって、読者の想像力が働き出し、足りないところを読者が自らが補うようにさせる。（九二頁）

という結論を引用し、

祖先の残してくれた霊的な直覚力即ち「勘」という東洋人特有の心を以て学問や理論の及び得ない妙味までを直接に心に感得し、日本人的な物の観方の素養を積むことが肝要である。（頁九三）

とまとめている。つまり、読者の想像力の部分を日本古来の「直覚力、勘」というものであるとして、それを鍛えていくことが借り着の国語教育からの脱却ととらえているのである。

明治末から昭和初期当時、谷崎潤一郎のほかにも夏目漱石、森鷗外、芥川龍之介、志賀直哉など多くの作家の作品によって近代日本語の文章形態が整ってきた。また、室生犀星、佐藤春夫、山村暮鳥、萩原朔太郎などの自由詩の作品や戯曲によって、口語体も確立してきた時期であった。このような国語を取り巻く時代の空気をも国語教育をリードする主任として正確に受け止めていたのである。同書の冒頭「国土の上に立つ国語教育」の初めに山村暮鳥の日本の国土を賛美する自由詩を引用して、国語と国土、すなわち国家と国語とは一体であるという視点から論述を始めている。児童が生まれ育ち、将来を担っていく日本に誇りを持つことができるようになるのは、まさに国語の力であることを訴えている。

次の中編の五「内的生命の力」において、いよいよ沖山の考える文章論、「文章を読む」とは、何をどのようにすることかについて述べている。

また、文章の読み方についての実践の大切なことを垣内松三の『形象論序説』（晩翠社、一九三八）にふれ、

形象論が世に提示されてから、既に十何年という長い年月を経た。今はもう、形象論を口にする人も少ない。その間、幾多の国語教育論も世に送り出された。形象論とがっちり取り組んでこそ、これをその根底から覆す様な名論も聞かない。なんと移り気な、浮き腰の国語教育界であろう。（略）理論家が多くて実践道を歩むものが少ないのだ。（略）

（略）国語教育者よ（略）日本の現実を直視して、そこから打建てた、日本国土に生きる国語教育もて（略）自分を済度すると同時に児童を済度するのだ。現在のみに奔走せずに、将来に思想を及ぼす国語教育道を歩むのだ。

と、力強く宣言している。また、沖山は、文章の読み方について

読み方教育における直接の手がかりとなるものは、記述された文そのものである。（略）文そのものを直接の手がかりとして、その内部生命——文の背後につながる悠久なるもの——を掴もうとする。（略）文の背後につながる悠久なるものとは、（略）文を支持して厳然として存在するもの（略）これが文の生命とも言われ、文意とも言われ（略）文の源泉となる思想が文意である。（一二九頁）

と述べ、文章を読むとは、文（文章）の内部生命をつかみ取ることであるという考え方を述べている。これは師範学校の時にまとめた「創作ノート」にある

文章を読むということは、究極するところ自己の全生活によって文章に意味づけ、これを理解し、これを吟味する。かくて共鳴共感の境地に至れば、その文章中に自己の生命を発見し、自我の内容の中に取り入れて、血にも肉にもして自己の成長発展に資するものである

をさらに深めたものといえる。つまり、「自己の全生活によって文章に意味づける」ということは、「文の背後につながる悠久なるもの」をつかむことに他ならないのである。そして掴み取るとは、「その文章中に自己の生命を発見し、自我の内容の中に取り入れて、血にも肉にもして自己の成長発展に資する」ことであるとしている。

これは、後の構造国語学習理論における「軸」すなわち本質をとらえるという読解理論に発展していくものである。

（四）『一点凝視の読方教育』後編「凝視の実践相」

この章では、言葉が示す意味とは何か、それは、文章全体に規定される、という考え方を主張し、全体を把握することの重要性を訴えている。そして、その手立てを児童の立場から考察している。そこに、当時最新の哲学であったディルタイの解釈論からの示唆を受け、「言葉は心を映すものである」ということについて、言語の機能的な視点で論を展開している。即ち、文章における言葉は語られたものなので、ことばを規定している文章も語られたものである。だから、文章を読むということは書き手が文章を語る展開として読んでいくことが重要になる。

このように文章を「言葉を語る書き手とその語られる言葉の受け手」という関係で理解していこうという文章論の構築に言語学の視点を導入したのは、沖山のソシュール言語学（小林英夫）の造詣であった。以後、沖山は、教育の原点である「人間理解、人間教育」は、この言語学に立った文章論に立った教育であるという強い信念を築いていったのである。

初めに、後編の一「あらわれざるものへの鍛錬」では、文章をどう読むかについて次のように論じている。

・文を読むとは、これを凝視することによって文の内面を貫流する文の生命即ち文意を読みとることである。文から抽象することでなく文に読み浸るそのことによって、文の生命を把握することである。

・文学的教材は、作者の全的生命の全的表現である。文章それ自身が一個の生きたる教師なのである。（一四〇頁）

このような文章の見方やそれを読む態度を子供たちに対して授業で身につけさせていきたいと考えていたのである。沖山は、そのためにどのような能力を子供たちに育てなくてはならないのかを考え続けていた。それを「鍛錬」という考え方でとらえていたのではないだろうか。沖山はいう、

作品として「あらわるる点」の鍛錬ではなく、「あらわれざるもの」の鍛錬であるというところに、道への精進がうなづけるのである。

（略）一点を凝視してたえざる苦の克服の中に一歩一歩と築きあげられる精進の道でなければならない。

（略）この忍苦の行の歩みを「読方教育道」と呼ぶのである。（一五四頁）

そして、この忍苦の行を「文章を視写すること」とし、そのことから子供が自らの力で文の内面を貫流する文の生命即ち文意を読みとることができるという授業論を展開している。したがって、

「読書百篇」の忍苦と「意自ら通ず」の克服の姿とが私の呼ぶ「凝視の相」である。「通じたる意」は凝視することによって浮かび上がってくるもので、文の生命即文意である。私は、一つには忍苦の態度養成の意味のためで、一つには凝視の態度確立の意味で、現在の受け持ち児ある三女に、一年の一学期半頃から、読本の書写を課してきた。（一五八頁）

この試案を西尾実と金原省吾の二人の国語学者の説に合致しているものとして紹介し、自説を補完している。(10)

作業を「行」考える精神の徹底が必要である。

（略）行的認識として、この自覚のもとに児童の思想に深さと確かさを加えていくと共にこの作業そのものによって忍苦を教え、性格的鍛錬を与えていく（西尾実）

書くことは単なる受動的な働きではない。

・手写によって気づき得る些末なる相違をでき得る限り、丁寧に換言する。

・手写によって、些細なるものを活かしてくること。これが読みの深さに至る実践である。（金原省吾）

そして、この「行」ずるという活動および精神操作は、「物事の形態にとらわれることなく、端的に、物の中核をとらえる観方が、私の言う『日本的な物の観方』である」とまとめている。そして、なおかつこれは、「東洋にある『直観の哲学』という色彩を見逃すことはできない」とし、「そこにある生きとし生けるものは全体として存在しているのであるから、全体として把握する方法を導く」つまりこれは、「行」なのである。

ここに至って、沖山は、「欧米の分析的な生き方をかなぐりすてて、東洋的な含蓄のある、全体主義の上に立って、物の中核へと行的実践を積むべきである」（一九八頁）と鍛錬すべき内容を説明している。

次の後編二「結晶の深さへの凝視」では、教師のあるべき姿と授業論が明確に述べられている。

教育者の言うことは、単なる無責任な理論ではなく、己の実践に根差した理論であってほしい、机上の理論では、生きた人間は教育されない。教育とは日々苦しみの鍛錬の連続である。（略）その不断の努力の中に芽生えてくる、自分の成長の姿に歓喜する行の姿であるこれ以外に実力養成の道はない。（二〇五頁）

読み方教育は徹頭徹尾「読みの態度の鍛錬」であると私は信じているものである。すなわち「如何に読むべきか」の態度の確立がその究極の目標であることになる。

そして、以下のように「如何に読むべきか」の態度確立への指導の方向性を各学年ごとに提案している。

低学年　態度の方向付け
中学年　態度の確保
高学年　養われた態度の沈潜

⇩

できるだけ速やかに、自力で突き進むことを要求すべきである。「白紙主義」とか「白紙の態度」でとか、言うことを私は「自力で文に食い入る」と解している。（二〇六頁）

右は筆者が沖山の論を図式化したものだが、このように、読みの厳しさを児童にも要求している。「自力で文に食い入る」とは、構造学習論の根幹ある「主体の構造化」であろう。沖山は、この昭和一〇年の師範学校訓導としての国語指導において、すでに根底に据えていたことがわかる。

文を読もうとする要求は、己の力を認むるところにのみ強く働き掛ける。この要求が強く働くところにのみ「読みの力」も堆積していく。（二〇七頁）

これは、文章を読む意欲の高まりは、児童自身が読む能力を自覚し、「これは読むことができる」という自信を持つこと。そして、この自信を自らの鍛錬によって蓄積していくことである。そこで、沖山は、教師の助力はできるだけ控え、自力で読み取らせて、自身の達成感を味わわせる指導が重要であると説いている。そして、「作品」について、次のように規定している。

作品は、その人の肉体の中に過去の過去から流れ来った生命の流れである。（略）作品として表出されたものは「結晶の深さ」である。その「結晶の深さ」を通して、その中にある生命の流れを見る

とし、だから「読む」とは、

過去の過去から流れ来った生命の流れ」を作者が為し来ったと同等の努力を以て現在のわが生命を一点に結晶させ、作品の神秘の扉を開くことである。読むときの力は、その時偶然に起こった力ではなく、過去の過去から流れ来った我の生命の流れを今の一瞬時において、せきとめた奔流の力でなければならない。（略）読むとは、その時読むのではなく、過去の過去から準備された力の結晶で読むのである。（頁二一四）

この章のまとめには、教師はあくまでも児童の実態に即した「読み方」を指導することの大切さが次のように記されている。沖山の児童観、人間観がよくあらわされている。

深みのある指導とは、あくまでも之（児童）に忠実な態度を確立することに外ならない。暗示を与えたり、

道案内しなければ、内面にくいいれない児童にしてはならない。暗示やいらぬ道案内をするより、大胆に児童の力を信じて、児童の心を内面より揺り動かし、眠れる内在の直覚力を呼び覚ましてやることである。

（二三八頁）

後編三の「凝視とディルタイの哲学」の章では、書籍を通して常に最新の学問に接し、理解していた沖山の研究が実践と深く結びついていたことがわかる。例えば、ヴィルヘルム・クリスティアン・ルートヴィヒ・ディルタイの哲学書（広島文理大学勝部謙造博士の翻訳になる）を手に入れ、自身の考え方とどう交わってくるかを、いち早く検討した記述には、後年にまとまってくる構造国語教育論への萌芽が小林英夫言語学への造詣と共に顕著に表現されている。

また、彼の哲学としての宗教における中心課題である「実践・体験」について「体験とは、生けるものが自己自身を意識する働きである。」ととらえ、それを理解の手段として、読書の意義を次のように論じている。

自分の局限された一生の中に触れ得ないような体験をも味わい、他人の思索によって自分の思想を豊富にして、かくて一人の生涯の中に千万人の生涯を摂取することを心がけなければならない。（略）読書の意義は甚だ重大である。（略）全力を尽くして考えたり、味わったりしてもとても理解しえないような本に遭遇したならば、暫くその本を離れ、直接人生に帰っていくがよい。そうしてそのところで得たものを携えて、再びその書物に帰るがよい。（略）自己の成熟を待たずに無闇にこれにかじりつくのは極めて愚策である。（略）人間智の根源はすべて直接の人生にあることをわすれてはならない。（二四五―六頁）

さらにディルタイに学び独自の文章論を展開した勝部謙造博士の言葉を以下のように引用して全体と部分との関係の把握の必要性について

一つの文章の中における語の意味は、文章全体のコンテクストの中に入れてみて初めて明である。（略）単語の意味が生きて働くには、一つの纏った意味を示せる文章中に入れて初めて然るのである。（略）文章という全体的背景がその文章の部分である単語の意味を決定する。（略）単語の意味そのものも、その単語の属する国語組織全体がこれを決定する。即ち全体的組織と単一的部分との関係がそこに意味ということを可能にしている。（略）生の哲学においては、意義の示す意味は、常に生きて働くということである。意義となって全体と部分の関係を示すことによって、初めて意味は活きて働くことができる。（二五二頁）

「まず最初に全体を把握し全体の中の一部として語句を見るのも先に語句を見て、これを総合させるのも、結局、同じ」と考えて壇上に立つ教師の多いことを嘆き、「全体的背景を失った語句は、言葉として認められない」というように、自己の結論を裏付けている。

また、このような考え方は、日本の在来の考え方にも厳として存在するとして、倉田百三の『歎異抄講評』「東洋精神の再認識」（『大乗精神の政治的展開』大東出版社、一九三四）にある「全一というものは、部分の集合ではなく一つの精神、生命で統合されている不可分体である」や、岩城準太郎『国文学の諸相』（目黒書店、一九二八）にある「日本的なスピリットとは、事物の観察に総合的な中心把握の行き方であり、その表現に簡潔な伏能的な言葉を用いるということである」という記述をもって、自身の考えを代弁している。また、この章の最後には、小山龍之輔『新時代の文芸と和歌俳句の芸術味』より「覚えることばかりの世界には創造なし。考える世界にのみ創造あり。思惟の創造性、これの要請がこれからの教育の大目的にならねばならぬ。然し、覚えることは考えることの材料となることにおいて尊いのだということを忘れてはならない」（二六八頁）という一節を紹介している。沖山が戦後主張した国語教育の目標「読解力の育成と児童の思考力の育成」についての原点を見ることができる。

四「生解釈の行くべき道」では、「ディルタイの解釈論とは『内方より生き生きと理解する』」として、その理解すべき対象は心（生けるもの）であり、心の表現が言葉であると押さえ、教育実践としてどうとらえ、どう児童を導いていくかを検討している。

即ち前述した「言葉は心を映すものである」という命題にこたえる論旨が展開されている。沖山は、

ある一つの「ことば」を解釈してその意味を了解するのには、どうしてもその「ことば」の源泉になっている心、しかも心の全体というものを把握しなければならない。

（略）あらわれていることばからして、あらわれていない「ことば」の源泉をつきとめ、その全体なる生けるものを把握することが解釈である。（二六九頁）

と述べ、「言葉」を媒介として出会う我と他者に視点をおいて、両者をつなぐことが解釈の姿であるという考えを披歴しているのではないだろうか。そして、さらに言葉には「語られる言語以前の世界に、語ろうとする意志の世界、感情の世界、情緒の世界がある」という論によって「語られる働きに即してその言語を了解することが大切である」（二七八頁）と文章の読方の具体的実践への方法論を編み出している。

文章にしても、同様に書く働きに即して文章を読むのであることを忘れてはならぬ。最近、「読み」が「文意」が重んずる理由はここにある。文章は「語られたもの」である。この「語られたもの」を「語る」展開としてみる。即ち「語る」と「語られたもの」とを一貫した系統で見ることが読みの力である。(二七八頁)

というように、文章を読むことは、書き手との出会いであり、その文意(後には軸として理論化した。)を想定して、つまり、ここには、文章を書き手が語る表現としてみていくという構造学習論の原型が芽生えてきているのである。

さらに、金原省吾の『構想の研究』(古今書院、一九三三)を引用して具体化している。

言葉をば常に産出の関係、即ち語られんとする要求に基づいてみなくてはならぬ。(略)産出の関係から切り離して取扱えば、これは完全に符号となってくる。(二八〇頁)

また、沖山の生涯の師となった小林英夫の著書『言語学方法論考』(三省堂、一九三五)を引用して言語学の立場から「読むとは、書き手と語り合うこと」というように明確にしている。

人間は古の哲学者が言うように、その本性上社会的動物である。肉体としての人間は単なる個人であるが、他者を意識するところの彼は、自己の存在を互いに明かしあうことによって愛によって結ばれた共同社会を作る。何によって明かしあうのか、自己を語ることによってでなくてはならぬ。吾が君に語る、ことによって始めて君は吾を理解する。(略)吾語り君聴き、君語り吾聴くときに対話が成立する。(二八一頁)

と紹介し

要するに文字は文章というものを全体的の背景として、語られたものである。生きた象徴である。けっして、単なる思想伝達の符号ではない。そして、語られたものであるから、その基底には、語らんとする要求があったのである。文字の意味というものは、この語らんとする要求にさかのぼり考えることによって、その包含する意味が、明確にあるべき位置―全体的背景の中に―を与えられ、意味が限定されてくる。（八四頁）

と沖山自身が師の論説を解説している。では、沖山はどのような授業を営んでいたのであろうか。

急坂をよじ登る快味は児童の手に期すべきである。教師はただ、共に登りつつ迷路に踏み入る危険より注意しつつ同所というより一歩後より歩むべきである。もちろん教師の手には、研究し尽くされたる教材研究と指導方法の具体案と児童に要求すべき限度、即ち児童の実力の限界とはしっかりと握られていなければならぬ。

（略）児童側においても、登るべき大体の方向は暗示され、登る以前までに一歩一歩蓄積され来った力を引っ提げて起つことはいうまでもない。（略）「白紙主義」とは、（略）文に直面（教室学習時）したならば、あくまで児童の力をふるわせ、そうすることによって、より高き、より深き読みの力を鍛錬しようと企画することにほかならない。（略）児童の自力にて分け入り得る深さと、わけ入り得ざる力の不足との限界を明瞭にし、力の不足の部面に向かって、教師の正しき指導を及ぼさんとする指導はきわめて妥当な方法と考え

ている。（二〇八―九頁）

と記し、児童自身の力で読ませていこうとする授業を提案している。そして、実際の授業の様子（参観授業記録）を後編五の「実践の流れ」に記載し、具体的な実践研究のためのイメージ作りを行っている。次の抜粋からは沖山の児童観が見えてくる。それは、児童を一人の人間として、考える主体として尊重する姿勢である。国語授業とは「教師、児童共に生命の充実した悦びに浸るものでなければならない」という主張は、構造学習論の根底にしっかりと根付き「師弟同行」の原理となっている。

コラム　沖山光の授業風景

五学年の詩の授業二時間目（市内の先生方が参観に来る日）

・教材に徹底的に親しむ機会を与える意味から、この詩の暗唱、しかも短い限られた時間に暗唱することを要求した。読む側には深い心の緊張の参加を必要とする。過去の過去より流れ来た己の体験の全てを一転に集中して、すなわち心の焦点から対象を読んでいくのであるから、どうしても、一転に集中する精神の訓練を度外視して、読みの作用は成立しない。（略）

さらに暗唱したものをもう一度ふりかえって吟味する、舌端にころばして味わう意味から静かな落ち着いた心で一字一字に力を籠め書写をする。こうしている間に、自ら教材の語らんとする要求が目に見えてくるようにならなければならない。なぜなれば、書写していることそれ自身が、最もが深みに徹し

て読んでいることでなければならないからである。(略)

(沖山の発問)

《この詩の中から一番強く浮き上がって切る気分は、どういう気分であろう。》

・しばらく考えている。(略)教師の問いに反射的挙手する軽率な態度は私の最も嫌うところである。(略)そうした反射的態度は、自分の言葉で、自分の考えを、最も適切に発表しようとする考えられた態度ではない。(略)私は近頃、授業は教師児童の共同制作であると信じている。前もって推定したことをそのまま発問し、児童の答えも大体当方の予想していた通りという授業は無難ではあろう、(略)しかし、そのような生気のない授業で文の生命に食い入ることもできなければ、一読ごとに一課を取り扱うごとに教師、児童共に何かしら目に見えざる生命の充実した悦びに浸りつつ、一歩、より一歩と向上し、内攻してゆくことはありえない。即ち生の喜悦はそこには、見出せないのである。

ここで、沖山の児童観を示す別の資料があるので紹介する。これは、本書刊行の翌年、昭和一一年一一月に青山師範付属小学校の研究主任としてまとめ上げた『低学年における総合的取扱の研究』という未完の著作である。これは、大正デモクラシーの成果がもたらした児童優先主義の考え方で、エレンケイなどの自由主義教育運動の影響をうけている。この研究物は、今でいう生活科に相当するカリキュラムをまとめたもので、低学年児童の特徴をとらえた教育論が具体化されている。

我々はルソーやペスタロッチの教育観の洗礼を受けているので、勿論、明治末期に考えられた、大人が自分の子供時代のことを思い出して、それをそのままあてはめるという、子どもは大人を小さくした大人の中の子供という空想的な児童観は捨てている。更にまた、大正中期のエレンケイの主張した「児童の世紀」中に描かれたいわば、児童の純真さを傷つけまいとして児童の我儘を無批判に許すという神聖視された児童観をもとらない。これらの児童観を止揚させて、そこに児童の生命を、その生活をまともに凝視することによって、児童を一個の人格としての存在とみる立場をとるものである。(11)

以上、当時の青山師範附属小学校では、児童を一人の人間として育てていくという近代教育の目的に整合した教育課程が組まれていた。しかし、自由気ままに育てるのではなく、児童のおかれた社会に適応すべく、生まれ育った国の国民として立派に育てるという目的を明確にしている。それだけに、教師の指導力については、沖山は自己を厳しく磨いていく国語教育道という考え方をもっていたのである。

コラム　『一点凝視の読み方教育』の書評
（『帝国教育新聞』全国版、昭和一〇年九月五日に掲載）

これはまた、教育実際家の精進と体験の跡、沖山氏は青山師範付属訓導として、読方教育に於ける勝れたる実績は、天下に知られている。筆者も亦その実際授業を見、常なる熱と力に打たれたことがあるが、本書は正にそれに意味づけられて生まれたものであり、著者の人間としての深い思索が、一点を凝視する読方教育へと、向はしめたのであらう。

著者は云ふ。「二つの線か互に相交錯したところにこそ一点はある。しかも此の二つの線はともすれば互に離れ勝ちである。そこに精進を必要とし、追求を必要とする。更に永遠の相に於いて静かに見つめることを必要とする。謂う所の二つの線とは理論と実践との世界であり永遠の相に於いて静かに見つめることは凝視の世界である。」と。

友松円諦師と高神覚昇師とを師として特進し追求する著者の直剣な人生国語道をそこに思い出す。実によく読み、よく思索した跡が躍如として本書に現れ、熱情のあふれるような著書である。

五　国語教育思想の確立と実践への道筋

（一）戦前から戦後にわたる国語教育についてどのようにとらえていたか

沖山は、国語教師であり国語教育についての学究の徒であった。しかも誠実な教師であった。自ら「文章を読む、理解する、とはいかなることか」を追究し続けていった。そして、そこから得たもの、解釈ではなく、その読む姿勢、読むための能力を子ども達自身に持たせたいという願いを持ち続けていた。この沖山の姿勢、国語教育に関する考え方が『読解能力開発への道』(新光閣書店、一九六三)の第五章「読解指導の限界とその克服」(五一―五八頁)に記されているので、引用する。

わたしが、明治(一年生の一学期で終わるのだが)大正と小学校八年間(高等小学校二か年も加えて)に受けた国語教育(当時は「読み方」という教科名)は、明らかに、文字・語句中心の教育である。この姿は今日でも、高等学校あたりの訓詁注釈的な授業として存続している。それは教師中心のすすめ方である。こうした指導では、読むということは、難語句の注釈、文法的な解明といったことが中心である。今日の「読むとは意味の構造化である」といった、さきの節で、わたしが問題としたようなことは、問題意識として取りあげるところまでにいたっていなかったのである。文章は、文字・語句から成りたっているといった哲学的にいえば、構成主義の時代である。

この構成主義に対し、文章は一つの統一体であるという考え方を打ち出したのは、大正十一年に刊行された、垣内松三先生の名著『国語の力』に説かれている「センテンス・メソッド」である。

センテンス・メソッドというと、センテンスの訳語として「文」があてられるので、連想がまずいがこの主張は文章を一つの統一体とみる考え方の主張である。ここから、昭和五・六年ごろ、同じく垣内先生によって主張された、形式(文字・語句)内容(意味)一元論としての「形象理論」が生まれてくる。

この主張についての実践には、現在実践国語研究所の西原慶一先生や教育評論家の滑川道夫氏らのすぐれた業績が残されている。両氏とも、その当時は、成蹊学園の小学部におられて、著書を通して、全国的に活躍しておられた。今日でもなおご健闘中の志波末吉先生(当時は佐藤姓)も、教育大の附小におられて、全国的な指導者であった。

芦田式の七変化の独自の教法を主張された芦田恵之助先生も当時全国的に影響を及ぼされた方である。わたしは、大正十四年、当時の東京府青山師範を卒業し、港区（当時は芝区）桜川小学校に三年、昭和三年から終戦まで母校の附小に、いずれも終始国語主任、教育実習生補導主任として奉職していた。以上挙げた先生方には大なり小なり影響を受けてきた者である。

わたしは、現在の自分の主張する構造的読解過程の立場から、形象論・解釈学・七変化との関連を整理して、その学的な相伝相承の関係を展望してみたい。これは、いわゆる「古きをたずねて新しきを知る」ともいうことに当たる。学問や思潮の底には、時代を超えて貫いているものがあると思う。ただ、その時代の背景となる学問や思潮の角度あるいはその掘りさげ方によってとらえ方は異なっている。この変化を今日の角度から整理してみることもたいせつなことであると思っている。以下述べるような一つの試みを読者の参考に供したい。

大まかにいって、大正年代の読解指導は、黒読本に代表される、文章を通しての諸物教育、もろもろの知識を授ける教育であったといえるであろう。文字教育、語句教育、読むということは、教師による訓話注釈で、ここでは、「読むとはどういうことか」「いかに読みの能力を育てるか」などは、問題となっていなかったと言ってよい。その証拠は、当時の教材の分類を考えてみればよい。

黒読本（国定）は、昭和十二年まで使用されている。もっとも、昭和八年四月から一学年ずつ「サクラ読本」に切り変えられているから、昭和十二年度は、第四学年までが「サクラ読本」第五・六学年が黒読本使用となっている。現場の教育は、このような事情も反映して、黒読本における知識教育から、表現の理解ということに根底をおいた「サクラ読本」に応ずる教育へと完全に移っていたとは言いきれない。垣内先生の著書も講演もかなり難解との定評があり、わずかに指導的立場にある人たちの間で、実践研究が行なわれていたと判断せざるを得ない。

現場教師の大勢は、今日同様、安易なその日ぐらし（失礼な言い方であるが、全国的な動きは、そうなのである。）に流れやすい。事務的な多忙の中に流され、埋没し、実践に移るまでの忍耐強い理論の吸収は、ごく選ばれたわずかの人に限られている。これは、いつの時代になっても同じである。ただ、新しい用語や、新しい方法のつまみぐいが、いつの世にもはばをきかしているのである。悲しいことであるが、それが実状である。

表現とは「意味の統一体」である。この立場に立って文章を見るのが、構造論の立場であり、形象論に通じ、サクラ読本の編さんの背景ともなっているのである。この構成論から構造論への考え方の転換は、昭和八年の「サクラ読本」の出現を境界線としている。「サクラ読本」の出現をコペルニクス転回（考え方の百八十度転換）とよんでいるのは、この考え方の転換を指していることを忘れてはならない。

編さんの体系も、黒読本はその教材の系統を、次の六つの知識部門に配分している。これが「雑さん（纂）読本」と名づけられるゆえんである。

1　修身的教材（主として個人道徳）
2　地理的教材
3　歴史的教材
4　理科的教材
5　公民的教材（主として社会道徳）
6　文学的教材

（1～5までの分野にもれたものは、すべてここに属させた。したがって、いわゆる「文学」の意味の分類項目ではないことに注意。）

これが「サクラ読本」になると、次のように、表現分野で、三本の柱を立て、それぞれその柱が日本文学への開眼となるようになっていた。その三本の柱とは、次のとおりである。

1　詩的教材
2　生活教材
3　物語教材

詩的教材は童謡、童詩、詩、和歌、俳句という系統をたどり、古今集、万葉集にまで及んでいる。

生活教材は、日常生活の中から取材したものであるが黒読本の知識伝達式の文章ではなく、話題を日常生活に求めた随筆に類するものである。

物語教材は、低学年の神話、伝説を古事記に取材し、高学年にいたると、枕草子、源氏物語などの現代語解説となっている。高学年にいたるほど、日本文学入門的な解説となってくるところなどが一つの特色である。

黒読本が知識教育を中心として、国語教育を方便的に使った点は「サクラ読本」では影をひそめ、表現を理解するという「読みの能力」を目がけているところに、背景に形象論の影響がみられる。しかも、日本文学への橋わたし的なふくみのあるところも、大きな転換であるといえよう。教科書編修の裏には、その編修の態度を決する、国語教育思潮が裏うちされていることを見ぬいてほしい。ただ、形式的な面だけを追い求めていたのでは、この背後に流れる国語教育思潮という大事なポイントを見失ってしまうことになる。（略）
歴史的に展望すれば、「サクラ読本」の第五学年生用が刊行され使用されている昭和十二年の七月七日には、日中戦争に突入し、第六学年用が刊行され使用開始になった翌年、昭和十四年ごろからは、いわゆる「アサヒ読本」とよばれる、国粋的な挙国一致体制へのイデオロギー的な色彩の読本になり、生活教材の中には前線報道記的な教材が盛りこまれてくる。物語教材の中には武将物語のような、尽忠報国の教材があらわれてくるようになる。

戦争も泥沼式でいつ果てるともなく拡大され、昭和十六年四月には、国民学校令が出て、国民科国語、国民科地理、国民科歴史といった教科編成が中軸となる。出版事情などもむずかしくなり、数多く出ていた教育関係の雑誌類も廃刊されて、「国民教育」といった名の政府編集の雑誌一本にしぼられてくる。刊行物の用紙わりあてや内容や定価などについても、国家統制が始まってくる。この年の十二月八日には太平洋戦争の宣言がなされたことは、なお記憶に新しいことであろう。

昭和十八年ごろからは、学童の縁故疎開がはじまり、十九年になると強制的に都市学童集団疎開が続々と実施に移されていった。

こうしたあわただしい歴史的な変遷の中で、形象論的方法とか解釈学的方法とかが、どこまで実践的研究に浸透していったかは、はなはだ疑問である。ごく少数の意欲的・学究的な指導的地位にある人々の研究にとどまって、一般の現場教師にはこれに取りかかるほどの心の余裕もなかったというのが実状ではなかったろうか。

戦後はまた戦後で、教育の空白時代、虚脱時代が数年あり、終戦処理から開放された昭和二十六年ごろからは、事ごとに文部省と教員組合との対立感情が表面化し、こうした事情の中で、どれが正常な、まともな国語理論（このことだけに限らず、各教科について対立的な意見が公表されている）なのかの識別もつきかねるといった現象が出ている。

加えるに、言論の自由という名のもとに、いろいろな角度からの国語教育論が発刊されている。国語教育論といっても、多くは指導技術論である。国語教育論という名に価するためには、哲学とか言語学とか、芸術論、あるいは心理学といった、ことばを論ずる背後に必ずふまえなければならない基礎学の上に立ったものでなければならない。ところが、こうした基礎学の上に立つ論は、基礎学そのものの歴史的発展や学問的系統があって、おいそれとはまとめられない。そこで安易な方法として、指導技術論が圧倒的に多く刊行されていくのである。

また、現場の研究会などにおいても、指導技術については、常識的にも発言しやすいもので、自分の経験からでも一言は発言できるものである。国語教育ほど、常識的に、なんとでも発言できる教科はない。それは、われわれの日常生活の中に、読むとか、聞くとか、話すとかすることは、とけこんでいる。日光や空気のように身近かなものである。それだけに、だれにでもなんとか発言できる教科である。常識的に発言できる範囲内の国語という教科は、こうした生活の中にとかしこまれているだけに、常識論に終始するおそれも多分にあるのである。だから、新任校あるいは転任校において、研究部を決める時にも、「わたしは別にこれといって得意な教科はありませんが、まあ、国語ぐらいでしたら、なんとかやっていけます」というように軽くあしらわれるのである。しかし、これは、あくまでも常識論としての国語指導であって、それが、ことばの本質的な理論からみて、また、これまでの国語教育研究の歴史的発展の上からみて、どれほどの価値があるのか、それで理論的に照らしてみても正しいのかどうかということとは別の問題である。

ただ単に、

1　文字の読み書きを教える。
2　文章を音読させる。事実は、文章をいくつかに、こま切りして指名読させる。
3　文章に書かれている表面上のことを、あれこれと質問したり、説明したりする。

4　「いつ、どこで、だれが、なにを、どうした」といった、いわゆる五W法なる発問をする。
5　露出している記載段落（形式段落）ごとに要約する。長ければ短く言えと要求する。
6　まとめて言えばどうなるかと問う。これが主題や意図であると考えている。
7　書き取りの練習をする。
とやるのであれば、これはだれにでもできる。学校でなくても、家庭の主婦にだってできる。これが読解指導というのであれば、なにも学校で教師の指導を待つまでもあるまい。これならば、教科書会社の教師用書を読む必要もあるまい。別に学習指導要領を読まなくてもできる。教材研究を特別にしなくても、またしなくてもよいように、教師用書なる赤刷り入りの教科書が教科書会社によって、用意されている。
（略）しかし、ある水準以上の読解力は、絶対につかないこともまた事実である。ある水準以上は、本質的な読解理論の教師自身による吸収と、その理論にもとづく指導技術の研修なくしては、どこをどのように指導すべきかの識別が不可能であるからである。

沖山は、戦前から戦後への国語教育思潮を「構成主義から構造主義への転換」という視点で見通し、確固とした文章論を背景に国語教育は、安易に指導技術論に陥ってはならないと主張している。そのためには、哲学とか言語学とか、芸術論、あるいは心理学といった、基礎学を修めることが必要であると、新生日本の教師たちに訴えているのである。

（二）　最後の国定教科書をめぐる国語教育への思い

終戦の翌年ＧＨＱ（連合国軍最高司令官総司令部）は、日本を民主主義国家、平和国家に作り替えようと様々な社会制度改革を打ち出していった。その一部門であるＣＩＥ（民間情報教育局）による教育改革もその一環であった。まず、第一に手を付けたのが教科書であった。日本の軍国主義を払拭していくには国語を通した民主的思想育成が最適であることを十分に研究していたＧＨＱは、終戦とともに文部省にいた数人の監修官をレッドパージで追放したのである。残ったのは、石森延男(12)ただ一人であった。沖山は現場の意見具申という役割を担うべく、東京第一師範教官のまま文部省教科書局嘱託の辞令を昭和二一年の五月に拝領した。このころのことを『石森延男国語教育選集　第二巻』（光村図書出版、一九七八）の解説編「占領下における魂の雄叫び」に

新橋駅前の闇市を通り抜けるように歩いているときだった。私は、先生に対して一つの申し入れをした。（略）

小中高にわたる三十何冊かの戦後第一号の国定教科書編修の全責任が先生一人の肩に、ずしりと背負わされている。しかも二十二年四月の新学期に間に合わせるようにとのＧＨＱの厳命である。これは、とても人間わざでこなせることではない。ＧＨＱの命令は、それが達成できなければ、能力なきものとして罷免である。至上命令なのである。任免権はＧＨＱの手の中にある。

石森先生という人は、国語の教科書を作る人としてこの世に運命づけられているのかも知れない。それにしても、一か年に三十数冊を完成させるということは、まさに人殺しの命令である。私は決意した。私も敢えて先生と共にこの猛火の中に飛びこもうと。この先生には、思索と執筆だけしてもらうことだ。あとの雑務は私か引き受けよう。この申し出に対して先生は、「そうかい。やってくれるかい。」とだけの返事だった。先生の胸の中は、討死はわし一人でたくさんということがあったのではあるまいか。

と、回想している。

また、石森延男氏の「これまでは武器の戦いだ。これからは、文化の戦いだ」というつぶやきを紹介し、「新生日本の子ども達に日本のことばを通して日本人としての心情を培っていかねばならない、何としてもこの焼土から立ち上がってもらわなければならない」と、いう煮えたぎる思いを沖山は受け取り、共感している。沖山の子ども達を思う心に重なりあい、響き合ったのであろう。

そして、申し出た通り、石森監修官を援け、小学校用教科書一五冊の浄書、印刷原稿の作成のために文部省に日参した。教材となる文章は、ほとんどが石森の書き下ろしの原稿であり、度重なる推考を浄書するための徹夜がつづいた。時に妻の叱咤をうけながら、前後二回、三〇冊の浄書を終えたのである。

このころは、東京第一師範ではきっと担任ではなかったのではないだろうか。当時の上司への感謝の言葉が『小学館ユニット展開国語指導書六年上』のまえがきに綴られている。

教科書編集に没頭されて、来る日も来る日も原稿、校正、会議、の連続の中に過ごしておられる先生（略）誰からも感謝されることもなく、子どもらの楽しい読み声、楽しい学習の姿を描き、祖国再生の念願を子どもの中に種まきしておられる姿をおがみたくなる。（この先生を何とか助けようと—引用者注）お義理一辺の嘱託でなくほとんど連日文部省に足を運んだ。

新教科書の精神をあやまりなく石森先生から吸収しようとしてのわたくしの情熱がそうさせる。事実また、教科書編集の仕事は、毎日お手伝いしても、いつ片付くともわからぬ果てしない激務である。こうして連日お手伝いできるのも、この国家的な仕事に対する木下校長、井上主事の深いご理会とご指示のあらわれとありがたく思っている。

石森先生の新教科書への情熱とその激しい創作への貴い姿、これをみて先生の国家再建への情熱に打たれたのである。どうしても先生にこのお仕事をなしとげていただかなくてはならぬと思ったのである。

昭和二二年二月六日。この日、さし絵入り、色刷りの戦後はじめてで最後となる国定国語教科書の第一号、「こくご一」（いい子読本）が刷り上がった。これこそ、戦後国語教育の原点となる、新生日本の革新的教科書第一号であった。

沖山は、「こくご一」の巻頭を飾るこの詩を左記のように解釈し、

「みんな　いい　こ」になってくれ。着るもの、食べる物は乏しくとも、決してくじけるな。戦争には負けた。だがそれに打ちひしがれてはいけない。焼土の中に芽生えた草のように、咲き出た一輪の花のように、根強く生きるのだ。自分のことばを失ってはいけない。明るいきれいな日本語。これを忘れてはいけない。

無いものづくしであるが、お互いに手をつな

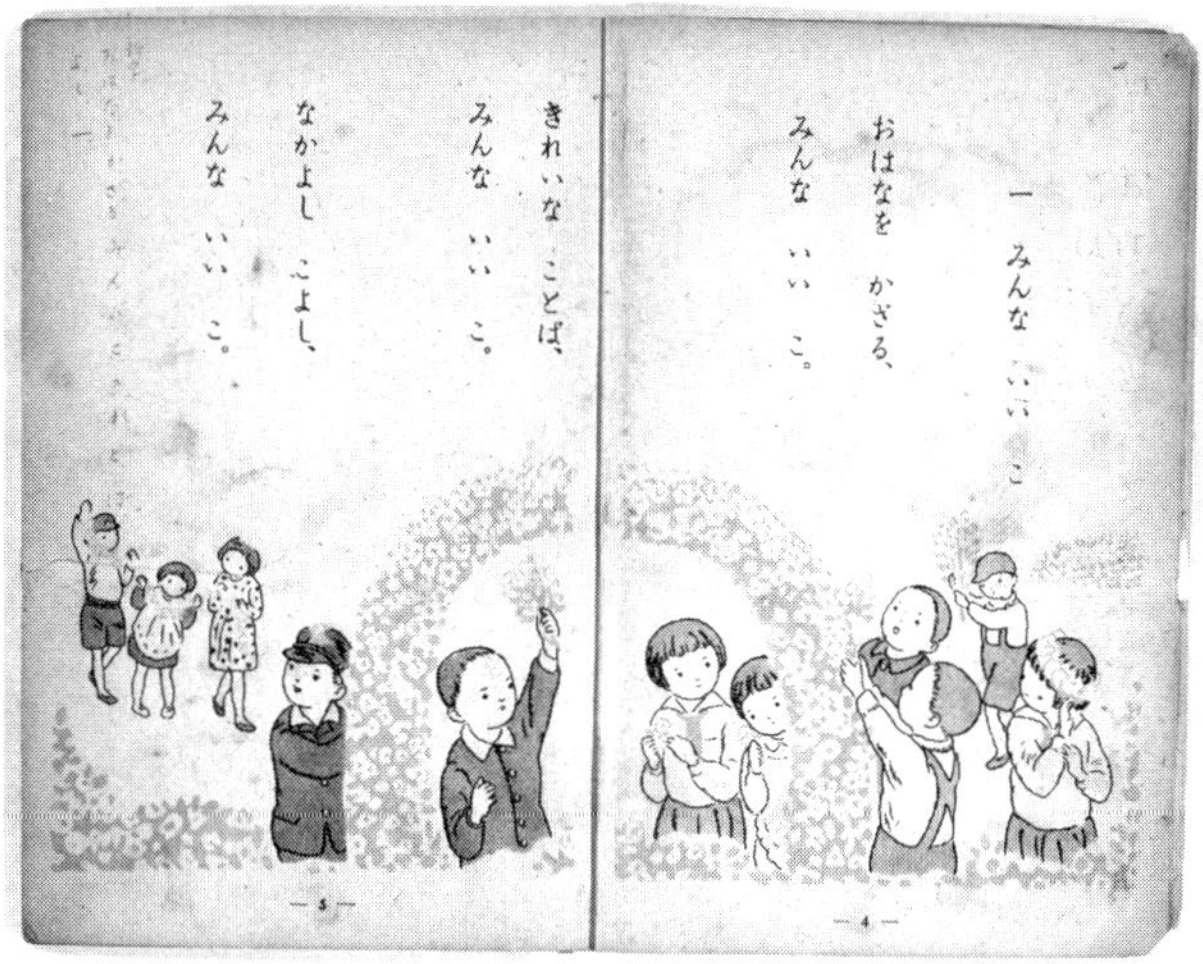

第六期国定教科書（みんないいこ読本）
（出典：広島大学図書館教科書コレクション画像データベース）

いで友情をわけあって、たちあがろう。この日本の光りは、君たちだ。ほら、はだか電球のポツソとともる焼けあとの夜空を見あげてごらん。どこまでもどこまでもまっ暗な夜空に、キラキラと星がまたたく。君たちはあの星なのだ。みんな、みんな、いい子だ。

「日本中の一人ひとりの児童に語りかけている石森先生の心がこの詩にあふれている」と記している。焼けあとに立つ貧しい子ども達が日本語を通して日本人としての誇りを身につけ、新生日本を作っていってほしいという切なる願いが伝わってくる。

教科書編集、そして指導要領の編纂と国語教育の土台作りを小学校教師としてかかわった経験は、入門期の子ども達の言語生活と言語を獲得していく思考の重要性を沖山自身に再認識させたのではないだろうか。実際、学年別に教科書を浄書していく中で、石森の推敲によって文章が変わり、その度に学年に配当する漢字が変わってしまう。これによって、否応なく子ども達の漢字の読み書きの習得状況を考慮しなくてはならなくなる。この時に生かされたのが、長年に渡る小学校教師の国語教育の実践経験であったと考える。

最後の国定教科書編纂、日本で初めてとなる指導要領作成のころ、沖山が作成実施した調査によって漢字配当、また、漢字の筆順などが確定したのである。

さらに、この教科書の特徴であった「かたかな漢字まじり」の文章表現についても、山本有三議員の質問に誠実に応え、実態調査を基に説明することによって戦前のカタカナ先習に逆戻りしてしまうという「国語学習の危機」は避けられたのである。

沖山の言語学の素養、実証的国語研究、そして、子ども達への思いが国語教育における言語指導事項の整備・充実を成し遂げ、多少の手直しはあったものの現在まで続く「教科書の学年別漢字配当」や漢字の「筆順」を決定していったのである。この時、沖山は文部省初等教育課調査係（文部省事務官）として、調査を担当していた。[13]

コラム　石森先生退官後の沖山光（文部省時代）

『石森延男国語教育選集第二巻』の解説「占領下における魂の雄叫び」より

昭和二十四年、石森先生が文部省を去られてからのことである。先生は文部省を辞する時、「きみが、私の心を受け継いでくれると思うから……」ということばを残して行かれた。この先生の心を体して、『児童・生徒の漢字を書く能力とその基準』（昭和二七）『児童・生徒のかなの読み書き能力』（昭和二九）『読解のつまずきとその指導』（昭和三一）『筆順の手びき』（昭和三三）の四つの調査が文部省の報告書として刊行されている。いずれも私の手がけたものである。（略）調査のための作問、答案の採点はすべて沖山が担当し、数字的統計処理は専門家松本順之氏が担当している。その後これを参照しながら調査局国語課で再検討したものが発表されているが、その基を開拓したのは、さきに記した報告書である。

かなに関する調査の計画は、篠原君が行ったものであるが、同君が九州地区の文部省主催講習会場で急死したため、その実施と処理は私が引き継いだ。この調査は、いわば、国語教育の危機に端を発する調査である。というのは、時の参議院議員であった山本有三先生が、文部大臣に対して、国語の学習は、かたかなから開始されるべきではないかという質問が発せられた。このことは、戦後ようやく定着してきた「ひらがな漢字まじり」の文章表現が戦前の「かたかな漢字まじり」の文章表現に逆転するおそれが生じてきた。このことを私は、国語学習の危機と考える。（略）これは、子どもたちの文化にとって重大な問題である。

この調査は、入学当初から「ひらがな」で学習する学級、「かたかな」で学習する対照学級を設け、当方の指示どおり忠実に、各教科の学習を実施してもらわなければ、実験研究の意味がない。また、山本有三先生に納得してもらうだけの説得力もないものとなる。このために、特に山間僻地の学校数校を選んで、この実験研究とその結果の七月における習得状況調査のための説明に出向く。二月のころだったと思う。栃木と茨城との境にある絹村の小学校を訪れた時、しのつくような雨、泥田のような桑畑の中を探ね探ねて、靴は裏がはがれてしまうし、外套を通して上衣まで水を吸いこみ、ホクホクとしずくはたれる。ようやくたどりついた学校の玄関に上がるにも上がれない。からだ中がぬれしょぼれて、水が床の上にポタポタたれる。こんなつらい思いをして、この実験は開始された。（略）入学以来一学期の終わりには、かたかなを中心にして学んでも、ひらがなを中心に学んでも、その習得能力には殆んど差異が見られないということである。現状のまま、「ひらがな漢字まじり文」で学習することが子どもたちに被害を与えないですむことを強調した。

（二） 構造国語教育論の原点は「言語学にあり」

文部省は、ＣＩＥの矢継ぎ早の教育改革によく耐え、日本文化に根差す伝統を守る努力を続けていた。特に教科書が上程された昭和二一年に今までは日本にはなかった「コースオブスタディ」つまり「学習指導要領」の作成を「翌年の三月までに作成せよ。」と命じられたときは、文化の土台である日本語の学習、即ち国語科の指導内容において、激しいやり取りがなされたといわれている。そして、沖山は、「アメリカは、決して押し付けてきたのではない、お互いに良識ある文化人として誠意をもって接し合ったのである。まことに文化の戦いである」と石森監修官の意を受け、我が国の国語教育の伝統を踏まえ対峙していた当時を回想している。(14)

ＣＩＥは指導要領の作成期日を限定すると共に教科目標と指導目的を明確にした内容を求めてきたという。その厳しい条件を乗り越え、昭和二二年三月「教育課程、教科内容及びその取扱い」の基準として、我が国で初めて学習指導要領が編集、刊行されたのである。ここに年間授業日数や各教科ごとの配当時数が定まり、昭和二一年の学制改革が実質的に動き出したのである。

昭和二六年には、昭和二三年以降学習指導要領の使用状況の調査を行う一方、文部省指定の実験学校における研究、編集委員会による問題点の研究などを行って改訂し、試案として全国の小中学校で実施されることになった。

沖山は、国語科において昭和二三年から昭和二四年にかけて全国三〇〇〇校以上の学校に学習指導要領使用状況調査を依頼し資料提供を受けた。また、実験学校統括主任として全国の実験学校の設置、成果の考察などを担当し、三三年の国語科の改訂指導要領の作成や実施状況調査を担当することになった（沖山は、昭和三十三年の教科書局改編に伴い初代の文部省初等中等教育局教科調査官「国語」となった)。
全国に実験学校を設置し、学力調査を実施するに当たり、沖山は、調査問題作成の予備調査や評価、そして、実施上の課題の整理などについて、日光市立清滝小学校(15)で昭和二六、二七年の二カ年研究を重ねた。ここでの教師研修(国語授業力の向上を目指す)は、師範学徒そして青山師範訓導時代を通して思索し続けていた国語教育論を実践的に試行し、具現化していく絶好の機会となった。この間、文部省事務官として毎週の土日、清滝小に通い、この教育論の指導過程や学習過程を教師と児童と共に実践していった。そして昭和二七年同校を実験学校に指定し、三年間の実践研究を実施した。昭和二九年六月二〇日中間発表、翌三〇年本発表を行った。その結果、児童の読解能力の目覚ましい向上がみられ、構造国語教育理論の骨組みが完成すると共に理論の具体化が実証できたのである。当時のことを『読解と構造思考』(新光閣書店、一九六二)に左記のように記している(三一頁)。

思えば四年前、それまでの過去数年にわたる、教育漢字の義務教育八カ年にわたる習得状況の実態調査、ひらがな、かたかなの習得調査、読解力に関する実態調査と答案の分析、報告書の執筆、あるいはまた、教育課程改革に備えての各教科時間配当の全国調査など、いずれも過重な精神労働であった。加えて栃木県日光市清滝小学校に、土曜日曜の休日を返上しての読解力向上のための教師の研修を主とした実験研究が数年の長期にわたって続けられ、その全てを指導した。

沖山は、この調査を基に『国語学習における診断と治療の技術』(新光閣書店、一九五三)を著わした。そのまえがきにさきに、わたくしは、東京水産大学の松本氏とともに、「国語学習の診断と治療」という一書を発表した。今日では。「診断と治療」という用語も、さして耳ざわりにならないほど、世間にも使われているが、それもここ一、二年のことである。診断とは、その名の示すとおり、どこまでも、実証的な、臨床的な研究である。診断をするためには、客観的な診断の対象が必要である。本書においては、その対象を児童・生徒の答案に求めた。

文部省の初等教育課において「読解力の診断テスト」を全国的に行うに当たり、神奈川、千葉の文部省実験学校で、その予備テストを行った。その際の答案を診断の対象として、小学校における各学年の、

1　文中における漢字の読みの能力

2　文中における語句の理解能力

3　文の内容に関する理解能力

の三部門について、

1　どんなところに、どのようなつまずきがあるか。

2　それは、どのようなことが原因となっているか。

を、細大もらさず取りあげて示すことにした。

つまり、本書においては、読者と共に診断を行っていくということを目ざして執筆した。読者は、ここから、診断の技術を学んでいくことができると思う。つぎに、診断の結果さぐりあてた、読解の障害について、を究明した。つまり、あくまでも、実態の上に立って、事例的に筆を進めたのが本書である。

国語教育に関して、理論的なもの、概論的なものは、数多く出版されている。しかし、どのように原理的なものが。現場の教師諸兄に読まれたとしても、そのことによって、児童・生徒の学力の向上や、学習効果

の進展は望めない。あくまでも。児童・生徒の学習の実態をつかんで、そこから、より効果的な学習へと歩みを進める必要がある。

今後の国語学習の進展は、この診断と治療の技術を、現場の教師諸兄がどのように身につけていくかにかかっていると思われる。

と記し、理論の実践化のためには、きめの細かい文章理解能力の実態調査が必要であること、そして、実態をとらえることができる問題作成の重要性を説いている。予備テストは次のように構成されていて、各学年共通で発達段階も考慮に入れたものであった。

一　読解文とテスト問題
二　文中における漢字の読みの能力
三　語句の意味の理解能力
四　内容に関する理解能力

そして、この調査結果における回答データの分析と評価は、

・誤答の実態と診断
・総合診断と治療学習
・全国調査の結果からの反省

という構成になっていた。児童の誤答、それを「つまづき」として大事にする。沖山の研究者としての姿勢が明確に表れている。

この実験学校を舞台とした実態調査の過程で子ども達の文章読解の能力の課題、それに伴う漢字等語句の認識の課題を具体的につかむことができたのである。これらの課題の解決を図ることこそ、思索を続けていた国語教育の目的であると考え、その解決策として沖山は児童の「学習構造、学習過程」を提案した。「実態調査から課題を集約し、解決策を考察する。」という実証的、科学的な国語教育論、構造国語教育論をここに創造したのである。

そのころのことを『目的論に立つ読解指導』（明治図書、一九六〇）に（三一頁）

私の構造的読解の思索は、昭和二七年三月の読解に関する調査に始まる。雪の降り積む中を岩手県の山村に実施上の説明に出向い記憶が今なおありありと浮かんでくる。この答案を全部回収して、採点、集計、分析と一貫して単身これに当った。この報告は、文部省刊行物として、『読解のつまずきとその指導』（一）（二）に、また、これとは別個になまの児童の筆答を分析したものは、『国語学習における診断治療の技術』（新光閣書店刊行）として、すでに発表してきた。[16]

さらに『構造国語教育入門』（明治図書、一九六八）にも（五一頁）、

わたしが、「読解のつまずき」の全国調査を文部省の名において実施し、その答案の採点・分析に当ってい

たのは、奇しくも、このウェルトハイマーの邦訳本が刊行された、昭和二七年のことです。分析した数字的結果を、いかに解釈し、国語教育をいかなる方向に展開すべきかを思索中の時のことであります。

幸か不幸か、この時は、調査・統計の専門家である松本順之氏も、水産大学に転出された時であり、同僚の篠原利逸君も劇務の犠牲となって故人となっていた時ですので、国語教育の専門職は、わたし一人という時だったと思います。したがって、問題作製、採点、結果の解釈ということ、報告書の執筆ということも、自分一人で遂行しなければならぬはめとなりました。

幸か不幸かと申しましたのは、自分一人でこの重責を果たさなければならない巌頭に追いつめられたことです。（略）文部省刊行の『読解のつまずきとその指導』という、二冊の報告言、国語教育への示唆という執筆は、全く、わたし一人の手によって行なわれましたので、この文部省刊行物は、わたしの著書と申してもよいもので、この点は幸せであったと思います。ただし、文部省刊行物でありますので、主観的な表現はいっさいするな、あとは、専門職のお前にまかせると、当時の課長、大島文義先生より、強く申しわたされました。

わたしが、課長を先生づけでよぶのはおかしいと思うでしょうが、大島先生は、教科書局時代、第二編修課長であり、第一編修課長は石山脩平先生という、学者課長の組み合わせでした。あとにも、さきにも、文部省で、学者が課長に就任するということはありません。占領下であったればと思います。学者課長であったればこそ、専門職を重視し、いっさいを専門職にまかせるという処置が執れたのだと思います。

と当時の思索のあとを回想している。

これは、国語教育において実証的研究の重要性を認識していた沖山の実践家としての能力がいかんなく発揮された結果ではないだろうか。そして、この構造的読解論を支える原理を長年にわたり師事していた小林英夫博士の言語学に求めたのである。

沖山は、『国語学習における診断・治療の技術』を改訂し、『読解のつまずきとその指導』を昭和二八（一九五三）年（いずれも新光閣書店）より刊行した。それは、清滝小学校で創り上げた構造的読解指導を他の実験学校や一般の実践に活用してもらうためだと考えていたからである。そのため、出版に際し、あえて文部省刊行物と同じ書名を用いたと考えている。

本書のまえがきに

「読解指導とは、ことばを通しての思考をいかに進めるかの指導である。」と定義し、「読解のつまずきはことばによる思考のつまずきのことである。」

と、読解指導における児童の課題を「つまづき」という言葉で表現している。おそらく、この言葉を教育用語として使用したのは沖山が初めてではないだろうか。児童の文章理解の課題に関する沖山の独創的なことばの使用を受けて、小林英夫博士は、同書に次のような序文を寄せ、絶賛している。

なぐる。ける。恐しい教師もあったものだ。しかし生徒の誤答のよって来たる処をつきとめもしないで、むやみに「覚えろ」と強いるのも、精神的暴力教室でなくてなんであろう。生徒があやまつのは、かれらが道徳的にわるいからではない。かれらはあやまちを犯すそのことによって。国語、国字あるいは教師の教え方の欠陥にたいして無言のレジスタンスをやっているのだ。教師たるものはまずその無言の訴えに耳をかすべきだ。ここに目覚めた著者は即ち、国語学習上の生徒のあやまちを精密に観察する。その観察を医事になぞらえて診断とよぶ。適正な診断をえて効果ある治療の道をひらかれたのである。

著者はこの道に思いをひそめること多年。すでに方法に精通し、成果は机上に山をなしている。手さばきのあざやかさは、かの長良川の鵜匠のそれを想わせるものがある。とはいえ沖山光氏はいささかのハッタリ気もない篤実の士である。おもうに児童へのなみなみならぬ愛情こそ、氏をして診断・治療の仁術を体得せしめたのではあるまいか。

本書は、国語教師にとってはコトバの教え方にかんする信頼すべき指南書であり、国語学徒にとっては言語伝承の現場をあばいてみせる報告書であ

これに応え沖山は、

本書にもられた研究を、歴史に残る研究として、心から喜んでくださったのは、著者に言語学の手ほどきと興味とを植えつけ、育てていただいた小林博士である。本書刊行の前後に、この種の研究は見あたらないし、外国文献にもこのような詳細な研究はないと喜んでくださったのは、著者に実態調査と分析とのおもしろさを身をもって導いてくださった、東京水産大学の松本順之教授であった。現場よりも、むしろ専門の学者の方々に、高く評価していただいたこともうれしいことであった。

と記し、著者の研究を歴史に残る実践研究であるという小林博士のことばを紹介している。そして、本書のはしがきには、「言語学は科学である」ととらえていた師である小林博士の薫陶を受けた沖山の研究姿勢が伝わって

くる。

本書において分析されている「思考のつまずき」の解明は、各学年にわたり、八十一の多数にのぼるデータと、「つまずき」の、なまの答案によって、細大もらさず追求したつもりである。

また、本書には、児童により添う沖山の心が表明されている。本書の第一章には、「学習指導における臨床学的立場」と銘打って、児童を患者、教師を医師に見立てている。同書（一四―一五頁）には

教師が、この子どもの陥りやすい欠点を知っているならば、子どもの教室における誤答に対して、冷い否定の態度をとらないで、もっと温い思いやりのある処置がとられ得るわけである。そうした子どもらの、かゆいところに手の届くような教師の処置は、子どもらに・もっともっと、明かるい生き生とした活動を教室に導き入れることができる。（略）

（略）このことは、ちょうど、経験に富んだ医師が、誤診の危険から、己自身を救うとともに、患者その人の生命の危険からも脱却できる重要な問題につながってくる。

医師のばあいは、誤診が直接に患者の生死の問題となって、はっきりとわれわれの目の前に結果があらわれてくるから、人々もあわてふためくのであるが、精神の世界のことは、患者のばあいのように、生死の問題としてはっきり示されないので、人々はのんびりとかまえているだけのことである。

しかし、精神の世界の誤診は、その子どもたちの学力の問題となり、性格の問題となって、その子どもたちの一生にとって、なんらかの形で、明暗を投じていることを考えるとき、精神世界の医師的な役わりをは

たす教師が、この診断と治療の問題に対して、無関心であることは、そのまま見のがせることではあるまい。

と、児童の苦悩を思いやる教師としての暖かい心情が良く表れている。そして、具体的には、第一三章の調査に表れた国語学習上の問題について「語句の読解力と内容読解力との関係」の箇所に子どもの達の課題である「つまづき」を、

・文の読解に際しては、文中における語句の理解が前者に先行し、あるいは相互に緊密な関係にある。（三四三頁）

・「語句の意味を文脈の中で読み取る」「語句の理解を文脈に沿って考える」という基礎技術に欠けている。（三四六頁）

と分析し、その改善策として、教師に対して単に指導技術だけを考えるのではなく「言語理論における文脈の理解」と「徹底した系統的な教材（資料）の研究」が必要であると主張している。

本書の末尾（三五四頁）には国語学習上の問題を解決していくために言語学という国語教育に関わる本質的学問を理解することの必要性を次のように教師に訴えている。

国語が言語の教育である以上、言語に対する本質的なものをみきわめて、そこから正しい、国語教育への理解を深めてほしいことを強く希望するからに外ならない。

ここに述べられている考え方も、戦後の国語教育が、「言語の機能」を重視したからにはじまることでは

ない。さきに掲げた小林博士の「言語学における目的論」にしても、昭和十一年の発表であるから、今から十六、七年も前のことに属するものである。

どのように国語教育の方法論は変っていこうとも、その根本にある言語の問題は、これを本質的にほりさげていかなくてはならない。（略）その意味において、国語教育にたずさわるすべての教師が、この本質的なものを見失わないで、この本質から、表面に出てくるいろいろな国語教育上の問題と取組むようにしたいものである。

また、小林英夫博士との出会いとその薫陶を受けたことについて、先述の著書『構造国語教育入門』の復刻に際して、次のような序文を当時の私達若手実践者のために寄稿していただいた。[17]

理論が血肉になるまで　沖山　光

昭和五四年十月三一日

私が小林英夫博士に始めてお目にかかったのは、昭和六年の春であり、私が二十七、先生が二十九のときである。それ以来、当時京城帝大の助教授の職におられた先生との文通が始まり、爾来昨年十月、先生が逝去されるまで、五十年近くお導きをいただいた。

この稿の執筆に底本として用いたのは『言語学通論』という小林言語学の原理書である。小林先生は常に我々に「ソシュールを真に理解するということは、ソシュールを乗り越えることである。」といわれておられた。正直に言えば、私にはソシュールを語る資格などない。なぜなら、先生の先のことば「ソシュールを真に理解するということは、ソシュールを乗り越えることである。」があるからである。事実、私には何十回ソシュールの『一般言語学講義』を読み返してみても、中々その全体像を描きだすことは、不可能である。

ともあれ、私は、この小林言語学を吸収し、国語教育（表現・理解の原理）との関連を問い続け、この書の刊行された昭和十二年以来、改訂決定版が刊行された昭和四二年まで三十年間にわたって熟読し、この小林言語学を、おのれの血肉とすべく精進した。

それが同書第五章「言語学の窓」であり、「小林言語学を、われかくの如く消化す」という答案なのである。小林先生に師事し、四十年近くを経て先生から、「お前もようやく、小林の心をとらえ得た。」と、はじめておほめのことばをいただいた。「小林言語学と国語教育」という、私の答案であり、忘れることのできない答案である。学問とはかくも厳しい物である。（略）

このように小林言語学を国語教育に生かすきっかけは、清滝小学校の実態調査であったことを詳らかにしている。そして、児童の読解のつまづきを取り除き、どのように児童自身の力で文章を理解していくことができるのか、思索が始まったのである。

沖山は、この課題の解決こそ、国語教師としての使命であると決意したのではないだろうか。そこで、文章を読むことの本質を究めようとして、温め、醸成してきた国語教育を核とした教育論を指導原理とする実践を創造した。それが、『読解力向上の理論と実践』（金沢書店、一九五七）に著わされた構造的読解過程である。(18)

この著書は、沖山の教育思想としての国語教育の原理及び指導論を集大成したものととらえることができる。ここに、小林英夫博士の研究成果であるソシュールの言語学を縦横に取り入れた学習理論を打ち立て、その具体化として「構造的読解過程」を提案している。同著のあとがきには

語ろうと意図しているところのものは、社会的約束としての言語をどのように分解しても、そこからは現わ

れてこない。なぜか。それは、語り手の意図は全体として構造的な姿をとっているからである。それは、「言語の世界」ではなく、「言の世界」である。表現は構造的なもので、これを部分に解体してしまえば、どのように、その解体したものを集めてみても、もとの姿にはかえらない。一語一語の意義はとらえられても、全体の意味は理解されないとは、このことである。一語一語に分解し、これを集合して全体がわかるとする立場は、構成的である。「構造主義」と「構成主義」とは、相対立するところの考え方である。

わたしは、この書において、終始、「言の立場」から読解の問題と取組んでみた。どこまでもこれは構造的な立場である。したがって、部分を見るとしても、絶えず語り手その人に属する言の全体の上から部分を価値づけることを心がけた。部分が集って全体となるのではない。まずあるのは、言としての全体で、これに位置づけられてこそ部分である。その位置づけを誤れば、読解は成立しない。（略）

この書に展開される論述は、単なる机上の論ではない。児童・生徒の読解力向上のためには、なによりもまず、教師その人のこれに対する理論的体系の確立が急務である。国語教育の本質は、言語による教育であるところにある。とすれば、教師その人が、言語の本質に関する理解なしにこのことは成就されない。これは私の長年にわたる信条である。

文部省初等教育実験学校において、読解の問題を担当した私は、この信条に基いて、その指定校である、日光市立清滝小学校職員の実力向上を目ざして、現職教育に、実験そのものと同等の努力を傾けてここ数年を費した。本書にもられるところのものは、すべて、清滝小学校における現職教育のための草稿に手を加え、秩序づけたものである。

沖山は、『読解力向上の理論と実践』が一年で絶版になるやこの著書を全面加筆増補して『読解指導の原理と方法』（新光閣書店、一九五九）を著わした。この著書の目次から、沖山が師範学徒以来三〇有余年間追究し、創造した教育思想、構造国語教育論を概観する。同書目次には

第一篇　国語教育の背景としての言語理論

第一章　ことばの抽象性と具体性

一　表現は生きている

二　文章は表現である

第二章　言・言語・言語活動

一　ことばについての正しい理解

二　根本の理解が大切

第三章　読解の論理

一読解とはよびかけに応ずることだ

二表現とは目的的行為である

三文と文とのからみあい

とあり、国語教育の対象である「ことば」についての学びには、言語学理論が欠かせないことを示している。

第一章のことばの抽象性と具体性とは、まさにソシュール言語学の要を具体化したもので、ことばの抽象性とは、「ことばの一般性」のことであり、これは、「言語」（社会共通であり、辞書的に意味を規定されている）である。そして、ことばの具体性とは、「言」（ことばの使い手に密着し、その意味で主体性をもった人格的な個性的なもの）である。ことばを言語と言という機能的な側面で分類したのがソシュールである。この章にある言葉の定義を引用してみる。

「ことばは、道具である。符号である。」といわれるときの「ことば」は、ことばの一般性についていっているのである。これに対し、この道具としてのことば、符号としてのことばを、ある特定の人が、自分の意見なり、考えなりを他人への語りかけとして、ことばのきまりに従って、これを使用し、一まとまりの思想を述べたときのことばは、これは具体性をそなえている。

したがって、「ことば」といっても、それには、一般性と具体性との二面があることに注意したい。

さらに述べるならば、「一般性としてのことば」は、主体性のないものであり、非人格的なものであるが、「具体性としてのことば」は、その使い手に密着し、その意味で主体性をもった人格的な個性的なものである。（略）主体性としてのことばには、人格の反映があり、統一性があり、個性的である。辞書に集録されたことばは、主体性はなく、したがって、非統一的であり、非人格的であり、非個性的である。（五二頁）

そして結論として、

ことばの教育の指向するところは、一般性から具体性へ、非個性的なものから個性的なものへと、その主体

性の確立をねらうところに意義かある。（五三頁）

とことばの教育つまり、国語教育の目的は、ことばに具体性を持たせ、その主体性を確立することであると主張している。この論理は、まさに「教育は児童の主体性の確立である。」と言い換えることができる。それは、人間は言葉によって思考し、人間として確立していくからである。

ことばに具体性を持たせるとは、その使い手の発話であり、文章である。そこで、ことばが機能発揮された文章についての沖山の考えを見ていく。

一般性としてのことばは使われることを待機しているものであり、生きたことばではない。これが主体のねらうある意味を表わすものとして読み手に働きかけてくるものであってこそ、生きた、具体的なことばといえる。

この一般性が具体性を発揮する過程をさらに述べれば、ことばの個性的な色あいは、主体のことばの選択と配列と結合とに現われてくる。したがって個人にゆるされた部面は、ことばの一役性やことばの結合法則という社会性の上に立ちながら、どのようにして個性を発揮するかの一点にかかってくる。創作とは、この個人にゆだねられたことばの選択と運用とにあるわけである。どのように、ことばとことばをからみあわせ文章としての表現の緊密化を企画していくかに表現者としての語るものの努力がある。（略）いわゆる意味の緊張体系が。そこに作りあげられるのである。これをさして、「文章」と呼ぶのである。（五四頁）

つまり、文章とは、表現であり、ことば意味の緊張体系である。この意味の緊張関係を作り出しているものを

「言」と呼んでいる。それに対し、「一般性としてのことば」は「言語」である。そして、国語教育をこの「ことばについての教育の指向するところ」とした沖山は、

国語教育といえども、このことばに関する原則のらち外にあるものではない。むしろ、こうした、ことばの原理・原則を基礎的なものとして正しく理解してかからなければ、国語教育そのものの独自性を理解したとはいえない。（五五頁）

と、小林博士に学び、「言語理論に基づいた国語教育の重要性、有効性」について確信を持ったのである。続いて、次のように言語学から学んだことばの意味について、指導目的に具体化している。

一例を国語教育に取るならば、筆者が常日ごろ「表現や理解への漢字指導は、漢字まじりのことばとして、文章の中で指導しなければならない」とか、文章読解に際しての語句の取扱いにおいて「いいかえれば、ことばを殺すものである」とか主張するのも、こうした、ことばに関する基礎的な原理の上に立っての発言である。

単なる文字教育は、表現や理解の学習にまで発展する指導ではない。それは、生きたことばから孤立した教育である。「いいかえ」によって、ことばが具体的になると考えることなどは、その誤りもはなはだしいものである。

どのように巧みにいいかえても、それは、一般性の域を脱出できないものであり、同一円周の上を空転しているにすぎない。いかえは、ことばの一般性を他のいいまわしの一般性にすりかえるにすぎない。これは

「同語反覆」とよばれるものである。

文章中に位置づけられたことばの意味は、ことばとことばとを意味的に相互関係的にとらえるときにのみ、発見されるものである。ことばの教育とか、読解指導とかいわれるときの目あては。とりわけ、この「ことばの意味を発見する能力」を育てるところに向けられなければならない（五五―五六頁）

と、言語学から導き出したこの「意味は発見されるものである」という主張は、構造学習論において、児童の主体的な文章読解の要であり、評価でもある。「児童自身の持てる能力を最大限に発揮し、その力で文章として表現された緊張関係にあることばが作り出している意味を掴み取ること」これこそが、沖山が師範学校学徒の時代から創り出そうとして辿り着いた国語教育思想の核心と考えている。

一章のまとめには、

真の読解指導のためには、生きたことばを、生きたことばとして見る読解能力が必要である。このことをソシュールの考えに立って私なりの言いまわしをすれば、座側に置かれた碁石は、「一般性としてのことば」であり、碁盤の上に打たれた碁石は「具体性としてのことば」の展開である。

一般性としてのことばに「言語」の名を与え、具体性としてのことばに「言」の名を与えたのは、ソシュールその人である。（五七頁）

二章では、児童の国語教育についてこのソシュールの言語理論と小林英夫博士の研究に学び、どのようにとらえて、構造国語教育として創造していったかの軌跡が見える。

まず、沖山は「吾が君に語る、ことによって始めて君は吾を理解する。（略）吾語り君聴き、君語り吾聴くときに対話が成立する」を端的に表わした「きみ語り、われ聞く」を文章読解の核心、さらに教育の原理としたのである。(19)

つまり、社会関係の媒体としてのことばの機能について「ことばの意味を規定してくるのは、人間関係の在り方なのだ」と喝破したのである。そして、「人間社会を成り立たせている相互の人間理解は、言語を媒介にした語り合いによる」という考え方は、沖山の教育思想そして構造学習論の根本的な原理であり、土台である。

三章の読解の論理では、児童の学習の姿をどのようにイメージしていくかについて明確な指針となる理論（構造国語学習理論）を提示している。

まず、読解については「読解とは呼びかけに応ずることだ」とし、ことばの使い手が主体的にことばを具体化する言行為（言語活動）である文章が語りかけていることに読み手は応じることであるとしている。したがって、文章とは読み手を意識し、読み手に主体である書き手が使用することばを意味的に限定しなくてはならない。そのために、主体者の立ち位置（対人関係や環境、状況）が明確になる必要がある。これが、「場面」とも「文脈」とも呼ばれている。沖山は、

　　言が具体的になるためには、立場を欠くことは許されない。立場は、表現にとってぬきさしのならないものである。（略）したがって、読解するときは、この呼びかけに応じて、作者とともに感じ、喜び、悲しみ、作者とともに考えることである（七三頁）

とまとめている。

また、読み手が文章の読解に取り組むとき、解釈が必要となるいわゆる「難しい語句や言い回し、品詞」については、それを「基礎としての問題」としてとらえ、その解釈が読解ではないと論じている。これは、後に実践的に明らかにした構造学習論における「基礎と基本の峻別」の原理となった。沖山は、

素材やことばの結合に関する知識は、読解の基礎としての問題である。とはいえ、筆者は、ここに素材やことばの結合に関する知識そのものを否定しているのではない。素材やことばの結合の知識そのことが読解そのものであるとする考え方を否定しているのである。

読解指導において難語句に注釈を加え、ことばの使い方（語法）を解明するのは、じつは、それは読解につながる基礎指導ではあるが、読解操作そのものではないことに注意したい。（七九頁）

と結論している。そして、国語教師のあるべき指導の姿を次のように提示し、いかに児童・生徒自身の読解力の向上を図ることが教師の使命であるべきかを訴えている。

また、教師自身の読解を、児童・生徒に押し付けることがあってもいけない。読む者は児童・生徒自身なのである。教師は、その補助者であるに過ぎない。教師が、児童・生徒に代って考え、感じるということは不可能である。児童・生徒自身が、じかに作品と取組んで書き手とともに考えるという能力が、読解学習の原則である。読解学習に近道ということはない。（七九―八〇頁）

三章の「二一　表現とは目的的行為である」（八〇頁）では、構造学習論の理論的根拠である小林英夫の論文「言語

学における目的論」[20]から、

人間が行為者である限り、人間の住する世界は意味の世界でなければならない。さうして言語はこの意味の世界の優れたる地位にをるものである。
　意味といふものは、表現者の設けた目的が理解者によって再認された時に発揮される。実に、意味は「発揮される」ものである。発揮されないものは意味ではない。

と引用し、「表現」について沖山は、

表現とは、一つの意味を目ざしての人間行為である。したがって、その人間行為を離れては表現としての意味は発見できない。文章もまた、これを表現とみるとき、それは書き手の言行為と考えなければならない。「作者とともに考える」とは、この意味の行為者としての書き手の意図に即して、その表現を理解することである。読解もまたこの理解行為にほかならない。文章読解に際して、「文脈に即して」とか、「文章に即して」とかいうこともまた「作者とともに」と同義に解されなければならない。（八〇―八一頁）

と小林博士の説から導き出している。そして、本章のまとめに、

語るとは行動することである。書くこともまた同じく行動することである。この行動とは身体的な動作の意味ではない。言行為とよばれる、思考のそれである。読むとは作者という主体とともに行動することである。

行動の主体は作者にある。作者とともに行動しながら、われわれはその心をとらえようと努める。これが再創造とよばれる読解操作でなければならない。(九〇頁)

とし、表現である「語ること書くこと」と文章を「読む」こととは、言行為という行動において一体である。そして、それは人間が一つの意味を目指して思考することでもある。と構造学習論でいうところの「表現と理解の相即」の原理を論じている。

本書の原典となった『読解力向上の理論と実践』は、沖山が辿り着いた究極の教育思想である。ここには、言語学を土台にした読解論(構造国語論)によって育つ児童の姿が示されている。そして、小林言語学に学び、汲み取った「言語」の役割と「言語の機能発揮」における教育的価値が説かれている。即ち、「主体者である児童が言語能力を駆使して思考し、意味ある世界を創造する。」ということが国語教育の目的であり、ひいては教育の原点でもある、と沖山は言っている。

この教育思想は机上の空論ではなく、日光市立清滝小学校の児童と教師がともに書き手の意図に即して読解していく授業の姿で実証されたのである。[21] 原点である本書とそして、本書が絶版になるや、加筆した『読解指導の原理と方法』の次に引用する前書きとを以て、沖山の教育思想のたどり着いたものとする。

表現とは、自己を語ることであり、自己を他人に「あかす」ことである。読解とは、この語りかけに応ずることである。

語りかけるかれ、読むわれ、ともに呼吸が合わなければ、表現の読解は成り立たない。これは自他ともに「あかしあう」ことである。文章としての表現は、読者を予想する。読解は、語りかける彼を予想する。ここに「きみ語り、われ聞く」の関係が生ずる。（略）

（略）ことばは、「きみ語り、われ聞く」の人間関係の上にこれをとらえなければ、その本質を見失ってしまう。わけても読解は、「きみ語り、われ聞く」の関係に、読むわれをすえて、その「かたりかけ」に応ずることでなければならない。聞くわれの態度に、かたくななところがあるとき、われへの「よびかけ」は、すなおに、読むものとしてのわれに響いてこない。

ことばによる表現とは、ある個人がおのれの所属する集団に公認された「ことば」という社会的記号（言語）と、その「記号の結合法則」（語法）とによりながら、自分という個人の意志、感情などを読者に伝えるためにどう描き出すかという言行為の所産（言）として、一般読者の前に客観的に提示したものである。

わたしは、「ことばによる表現」（ここでは、文章ということに限定していく。）ということを、このように考えている。そして、読解ということは、この書き手個人の「ことばによる表現」を、読み解くことであると考える。ここに、「ことばによる」表現と理解の研究課題があり、この課題にどのように取り組むかという研究者の立場によって、研究方向もわかれてくることを注意深く識別してほしい。

表現に対する態度としての二つの方向とは、これを外面から解きほぐすか、内面から解きほぐすかの二つである。いずれを是とし、いずれを非とするという問題ではない。二つの立場のあることは、そのまま認めてよい。ただ、この二つの立場を混同してはいけない。

わたしの本書における立場は、一貫して後者の立場を取る。前者はどちらかと言えば言語的な立場であり、後者はどちらかと言えば「言的」な立場が強い。構造論と一口に言っても、言語的な構造論もあれば、言的な構造論もある。同しく文章論と言っても言語的な立場のものもあれば、言的な立場のものもある。むしろ後者は文体論的と言うべきである。

わたしが、「内部構造」とか、「意味段落」とかの用語を使ったのは、わたしのねらっているところが「書き手その人の立場に身をおいて」文章を内面から理解しようとねらったからにほかならないからである。論ずるものの思考の立場は一貫していなければならない。反面、読者たるものは、この著者の一貫性に着眼して読み進めてほしい。ただ単に用語が同じであるからとて、その人の立論の根本的立場まで同一であると即断してはいけない。それぞれの論を展開する人の立場を終始一貫した目で識別していかないと、理解に混乱のおそれがある。

「書き手の意図」といい、「文章の主題」といい、「文章に即して」といい、「文脈に即して」といい、これらは、文章の外面からも内面からも研究できるであろうが、わたしは、文章を「書き手その人の所産」と見る立場を強くとる。「書き手その人の意味構造化した」ものを表現としての文章と見る立場に立ち、読み手が書き手の思考に即して文章を意味的に「再構造化」したときにはじめて読解は成立するという立場をとる。そして、この読み手の意味の再構造化を、「意味構造図」に客観的に求めようとする。

この主張は、後に『意味構造に立つ読解指導』（明治図書、一九五八）となって結実していく。このことを『読解と構造的思考』（三二一頁）に

実験当初小学校一年に入学した児童か、中学校に進学し、中学三年を終えるまでの読解力の成長を見さだめて、その信念と、実態調査の上に立ち、「意味構造に立つ読解指導」を提唱したのである。

過労のためか、「意味構造」執筆の折は、心臓病に悩みながら、この実験の上に実証されたものを、どう

しても書き残しておきたいという止むに止まれぬ気持ちから、健康を気にしながら、気分のすぐれた時を選んで、書きためた、いわば、わたしの遺書であったのである。

沖山がこの「意味構造」という概念を提示したのはやはり小林言語学であった。『構造国語教育入門』一二三頁には、小林博士の『言語学通論』の中の「構造」の概念について

コーゾーは、分節てき統一である。部分に分かれていながら、その部分は機械てき分割によって生じたものではなくて、有機てき全体の支節として、特定の役割を負わされているものである。したがってコーゾーは合目的性をもつ。（一六一頁）

という規定概念を示し、

この「構造」の概念規定に即して、わたしの「意味構造」という概念が生まれてきます。「意味構造」とは、わたしの文章に対する概念規定であります。

文章を構造としてとらえるところに、「構造国語教育論」の出発があります。

わたしは、文章を「意味によって統一された有機的全体である」と規定しました。この規定を代表する名称が「意味構造」あるいは「意味統一体」「意味構造体」という用語であります。

と、小林言語学、即ちソシュールの言語学を根底にした用語として規定している。

(二) 思考トレーニング学習の確立

清滝小学校にて、沖山講演(昭和二八年発表)

沖山の日光市立清滝小学校での実践を踏まえた構造国語教育論は全国各地の文部省実験学校で検証されていった。[22] この実践による実証の過程で「児童自身で文章を読解する」つまり、「児童自身の力で意味構造をつかむ」

ための思考とはどのようなものか、また、読解にいたる思考操作はどうあるべきか、ということが課題となってきた。そこに、沖山が出合ったのがウェルトハイマーのゲシタルト心理学の邦訳本であった。構造学習論に大きく影響したこの著書との出会いと当時の状況を『構造国語教育入門』（明治図書、一九六八）に次のように記載している（五三頁）。

わたしが、ウェルトハイマーのこの書を、真剣に読み出したのは、文部省の刊行物の執筆が終えてからのことでした。「読解のつまずき」に関して思考したことが念頭にあり、その頭でウェルトハイマーのものに読みふけりました。そこに生まれたのが『意味構造に立つ読解指導』（昭和三二年　明治図書刊）であります。

ウェルトハイマーの二一六ページからの引用を検討されると、これがわたしの具体操への考察の発火点となり、今日の「構造的学習過程」というものが提案されたいきさつが、おわかりと思います。

この、わたしの思索のいきさつを知らない学者の方たちが、垣内先生提案の「直観、自証、確認」と、外形的に似ているというので、沖山理論は垣内の裏がえしだと言いだすのです。しかし、わたしのここに掲げた読書遍歴と、思考学習として、学習をその主体である生徒の手に、いかにしたならば、返してやることができるかの、具体操作の追求と、それの構造化への、わたしのたどった道を知るならば、それが、当っていない批評であることがわかるでしょう。

わたしが、垣内先生に学恩を感じているということと、わたしの、具体操作の追求とその構造化とは、直接の関係はないと、わたし自身、思いかえしております。

このように沖山は、実験学校での理論の検証結果を受け、教師たちと共に児童の読解学習の「学習過程」を追究してきた。それは、単なる指導技術ではない、国語教育の原理を求める思索でもあった。左記に沖山が、ウェルトハイマーのゲシタルト心理学から学んだ思考の本質について紹介する（『構造国語教育入門』五〇頁）。

思考の本質は、構造的特徴、構造的要求を直視し、それらを認識し、これらの要求に合致して進展し、それによって規定され、それによって状況を構造的改善への方向に変化せしめるのである。構造的改善への方向とは、次の意味を含んでいる。

ギャップ、紛糾せる領域、混乱、表面的な諸特徴等々が構造的に見渡され、取扱われること、内部的な構造関係―適合しているとか適合していないとか―が、かかる混乱の中に、所与の状況全体のうちに、またその状況の種々たる部分の間に求められること、構造的群化と分凝、中心化等の操作が存在すること。

数々の操作は、その構造上の位置、役割、力動的意味において見られ取扱われる。力動的意味とは、それが内臓している変化の実現をも含めたものと解する。

思考の本質は、さらに、構造的移調可能性、構造的ヒエラルキー、及び構造的にみて末梢的な特徴を根本的特徴から分離すること、―群化の特殊な場合、断片的真理よりも、むしろ構造的真理を求めることにある。

わたしの見解を述べる前に、かれの結論的な論述として、この書の次の部分を、見落してはならないと思います。

生産的な過程は、しばしば次のような性質をもっている。即ち、現実の理解に到達せんとの願望のうちに、問題の新たな提出と探究とがはじまる。場の特定の領域が重要なものとなって、それに焦点があわされる。しかしそれは未だ分離されるに至らない。状況に関する新たなもっと深い構造的な見方が発展し、個々の事項の群化というような機能的意味の変化が生じてくる。状況の構造の要求するところに従って、重要な領域へと方向づけられ首肯しうる予言へと導かれる。かかる予言は——構造の他の部分と同様——直接間接の検証を要求する。

二つの方向がそこに含まれている。

第一には、首尾一貫せる全体像の獲得、第2には、全体の構造が諸部分に対して、なにを要求しているかを看取することである。

ここから沖山の思索によって生み出されたのが、この思考の本質をたどって理解する思考（読解操作）としての「学習過程」であった。それを児童の立場でわかりやすく示した用語が「見通し、ふりわけ、重みづけ」である。現在この用語は、より構造学習の原理に沿っていることがわかるように「洞察、分析、統一」としている。また、「ふりわけ、重みづけ」は一連の思考操作であるとし、「分析・統一」という連動用語として使用している。この学習過程は、当時の実験学校の教師と子ども達の実践によって、より緻密に具体化していくことになったのである。

実験校の実践を経て、生まれた著書が『学習過程の構造とトレーニング』（新光閣書店、一九五五）である。折しも、当時の様々な研究分野に「構造」という言葉があふれていた時代であったところから、「構造国語教育論は、ブルーナーの受け売りではないか」という声も聞かれたのである。このような時流への明確な否定を本書のまえがきに

本書は、わたしの第十二冊目の執筆である。このごろは、教育ばかりでなくすべての研究分野に「構造」ばやりであるが、わたしの構造論は、昭和二八年の「読解のつまずきの分析」に端を発し、爾来終始一貫し

て「意味構造」を追求して来た。すでに、意味構造論は、十年の年輪を刻んでいる。
教育界に構造論が問題とされてきたのは、ブルーナー編著の教育の過程」が邦訳された、昭和三八年一一月以降と見ることも可能である。昨今のアメリカの教育界も、構造論がほとんど全米において論議されていると、権威ある筋のアメリカ出版ニュースは報じている。
ここで、わたしが言いたいことは、アメリカの教育界の動向ではない。構造論が世界的な学問の動きとして、大きくうねっているという事実である。

と示している。そして、本書の九頁に

問題解決能力を生徒自身のものたらしめ、問題解決にあたって、おのれの能力を十分に発揮できるように育てようとすることを願って、「学習過程の構造（学習構造）」ということを提案してきた。

と述べ、児童自身による構造的な読解操作への道筋を示したのである。この学習過程による実践を各地の実験学校が取り組んできた中で明らかになってきたことは、児童が学習過程における思考操作を体得することの重要性であった。そして、この解決のために生まれたのが「思考トレーニング」という実践であった。同著第一章の学習の確立を目指した学習能力のトレーニング（五八頁）には

現状のように、教科書教材を年間に配分し、一文章、一文章の解説を主としている、一文章中へ埋没している情況では、「学習過程構造の体得」も、「学習過程構造の転移」も不可能である。（略）学習操作すると

は、みずからハンドルをにぎり、みずから状況判断を下し、目的地まで、みずからの力で到達することである。学習操作のトレーニングとは、自動車運転ができるようになるための、教習所における、運転操作の実地練習のことである。

と、思考操作の習熟を自動車の運転操作になぞらえ解説している。この「学習過程構造の体得」のための指導方法が各地の実践校で研究されていった。その中で静岡県浜名郡新居小学校で考案されたのが「読み取りのおけいこ」である。沖山はその指導方法に構造理論に基づく意味付けを行った。同書一二七頁には、

②（読解）の操作能力は、いわば、自動車を安全に、「自力で」操作する能力である。これに対し、①（操作を十分に行うための知識）は、安全に自力で操作するための知識であり、操作以前の指導である。

③（スキル学習）は、②を円滑にしかも正しく操作するための、部分的（予見とか検証とか）な操作であったり、小規模（構造のあらい、短い文章）における全面操作（予見〜検証〜安定）であったりする「スキル学習」である。わたしは、これに「読み取りのおけいこ」なる学習を位置づけている。①から②への橋わたしとして③を位置づけるのである。

（略）なぜ③のスキル学習（読み取りのおけいこ）が必要かといえば、「読解するということは、複雑な一連の精神操作であるからである。」このことは、構造的読解論として、この十年来わたしの十冊におよぶ読解論のいずれにも、論の根底にふまえられた原理である。

と学習における思考操作を位置づけ、スキル学習の在り方を実践的に各地の実験学校や研究校で実践的研究が深

まっていくように指導していった。

コラム　静岡県浜名郡新居小学校の研究『読み取りのおけいこ』とは?

『読み取りのおけいこ』は、ワークブックではない。それを学習することによって、文章の読み取り方法を体得することができるものである。文章の読み取り方法は別の観点からすれば思考の型、思考の方法、価値生産の方法である。

（略）いろいろな調理法を教えるということは国語科の使命ではない。やはりそこに、よりよい思想形成・価値生産の可能な思考方法・価値生産の方法といったものが予想されなければならない。それが基本的な思考方法・価値生産の方法なのである『読み取りのおけいこ』は、そのような基本的な読解方法（思考方法）を予想して編集したものである。

『読解の基本的学習構造』（明治図書、一九六四、一三七頁）

ここでいうスキル学習は、読解能力を身に付けるための思考訓練である。学習の対象になる文章を集めたものが「読み取りのおけいこ」である。ここに収録されている文章を使って思考トレーニングを行い、読解能力を身に付け、その能力を教科書にある文章の読解に転移させることを目的としていた。同書の五九頁にはトレーニングとは、単なる練習とか、ワークブック式の知識の整理のことではない。あらゆる文章を読破することを目ざし、適切なる「トレーニング教材としての文章」による学習操作の実技訓練が、ここにいうところの学習操作のトレーニングということである。

と記し、この「学習過程操作の習熟のためには、トレーニング教材に数倍するところの資料を用意すべきである」と沖山は、主張している。この資料の精選と実践研究が実験校の課題であった。

当時の沖山の著作にはしばしば、具体的実践例として次の学校が取り上げられている。静岡県浜名郡新居小、東京文京区立金富小、静岡県磐田市立磐田北小、佐賀県杵島群有明南小などである。このほかにも、当時全国のおよそ四〇校が実験校として学習過程の実践的研究と思考訓練の在り方を研究していた。

このトレーニング学習の実践の工夫がなされていたとき、沖山の退官直前であったが、調布市立調布第二小学校に講師として招かれ、現構造学習研究所長の金井里子教諭(23)に出会った。

金井氏は、沖山との衝撃的な出会い(24)から教師として覚醒し、必死で児童に「学習思考トレーニング」を体得させるべく、悪戦苦闘したのである。その上、この時期、構造的読解理論を児童に体得させる指導法の確立の途上にあり、読解の思考操作過程を児童に分かる言葉にしていく実践の途上にあった。そのため、「一貫性」についても、「表現意図」「意味中軸」「主題」「大意」など、統一性に欠け、学習論に示された読解の操作過程と児童が思考操作する姿とが一致する実践を模索していた。従って、児童が見通す操作（洞察）をしたものを「軸」とするというようなはっきりした定義はなく、「児童が予見した見通しについて」などと表現されることもあった。

金井氏は、研究会での衝撃を正面から受け止め、当時構造学習論の最先端の実践書であった『学習過程の構造とトレーニング』を読み込み、クラスの児童と必死になってトレーニングを実践し、確立していった。

沖山は、調布第二小学校や全国に広がっていった構造的読解理論と実践とを整合させること、さらには他教科の学習理論にも発展させるべく必死で研究を続けていたときであった。

従って、金井氏は児童が文章の内面ある意味の一貫性を見通すことができるようになるとはどのような思考操作なのか、さらに、全体に対する部分の価値、つまり意味の一貫性を支える内面的の依存関係にある要点をふりわけ、重みづけるという操作を児童はどのようにとらえるのか、など、理論が実践にどのように現れるのか、自分の実践は理論的に合うように説明できるのかなど、悩み続ける日々であった。そのため、金井氏は、沖山の理論書を片手に、ご主人の晩御飯の支度をするなど、無我夢中で構造的読解指導に取り組み、理論が不明になると等々力にあった沖山の自宅に押しかけていたという。

そして、ちょうどこの時期、沖山が学習構造の実証的研究に意義付けをしつつあるさなかに出会ったことが意義のあることにもなったのである。それは、構造学習理論の実践が教師と児童との関係の中で多様化し、学習過程を詳細にしていくことができたからである。また、沖山も理論が具現化する児童の姿を目の当たりにできたからである。しかし、構造学習論の核心は変わることがなかった。それが、互いに切磋琢磨する教師の研究を可能にしたのである。

沖山が同書に示している「学習構造」を左記に示す。これを児童の学習のレベルに具体的に体得できるようにすることが実践者の研究目的になっていった。

沖山は、学習構造を大きく三つにとらえている。まず、Aの「見通しの操作過程」を洞察思考といい、脳裏において短時間に行われる思考（軸の予見）操作である。つぎにBの「ふりわけ・重みづけの操作過程」を意味布石（軸に直結する要点）の発見とそれらと予見との関係性の把握（ノートに記録していく、意味構造図）を行う。

そして、洞察した予見が全体を統一している軸であると実証された高次の洞察思考過程（現在は、特段の思考過

〔学習（構造操作過程）構造〕

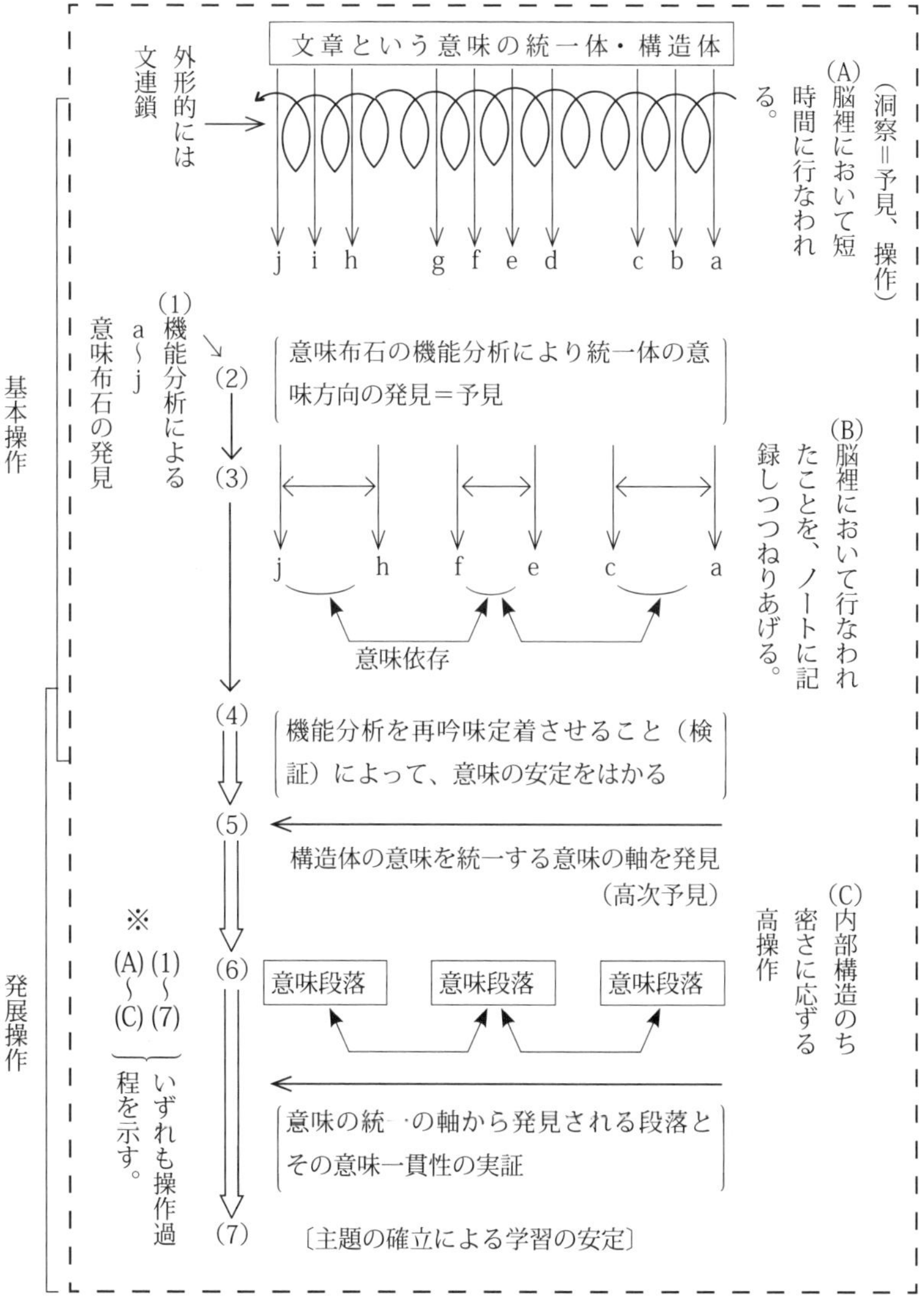
文章という意味の統一体・構造体
外形的には文連鎖
j i h g f e d c b a
(A)脳裡において短時間に行なわれる。
（洞察＝予見、操作）
(1)機能分析によるa～j意味布石の発見
(2)
意味布石の機能分析により統一体の意味方向の発見＝予見
(3)
j h f e c a
意味依存
(B)脳裡において行なわれたことを、ノートに記録しつつねりあげる。
(4)
機能分析を再吟味定着させること（検証）によって、意味の安定をはかる
(5)
構造体の意味を統一する意味の軸を発見
（高次予見）
(C)内部構造のち密さに応ずる高操作
※
(A)～(C)(1)～(7)いずれも操作過程を示す。
(6)
意味段落
意味段落
意味段落
意味の統一の軸から発見される段落とその意味一貫性の実証
(7)
〔主題の確立による学習の安定〕
基本操作
発展操作

程はなく、意味中軸の安定とか納得とされている）を持って、ひとまとまりの読解学習とした。

金井氏は、調布第二小学校の国語主任として、沖山に指導を受け、理論を実践で確かめ徹底して学習過程を児童に身に着けていった。その成果が表れたのが、昭和四一年の東京都小学校国語研究大会と昭和四三年の全国構造教育研究会第一〇回全国大会での公開授業であった。

特に金井氏は、学級の児童の育ちに目を見張ったのである。トレーニング学習で国語力を身に着け、さらにその能力が他の教科へ転移していくという児童の思考力の向上に目を見張ったのである。[25]

沖山は、同書第二部「生きがいの教育」に第一章「構造国語教育と人間形成をめぐって」と第二章「子どもと共に生きる」の章に、この調布第二小学校と和歌山県三里町立上神野小学校の実践を「構造国語教育論」の実践的証明として紹介している。

本書からは、沖山の教育思想が常に児童自身による国語の学び、そして、言語活用による思考力の向上を目指していること、また、そのためには教師の実践力の向上がカギとなるという切実な思いを受け取ることができるのである。

七　構造国語教育から構造学習論への発展

全国構造教育研究会第一〇回大会において、構造学習論の学習過程は、国語科だけにとどまらず、コラムにもあるように他教科の学習過程に反映していくことが実証された。このことは、自力での文章読解のための「トレーニング」の定着が子ども達の問題解決能力を育て、他の教科の学習に転移していくことを証明したのである。昭和四五（一九七〇）年明治図書より出版された『構造思考トレーニング』はこの調布第二小学校の実践を基に前著より具体化したトレーニング論であり、実践の手引となっている。同書一三七頁の操作プロセスと他教科には

思考能力が、他教科へも転移できるように、操作プロセスは構造化されている。また、この思考操作は、その子どもの生涯にわたって有効に働くように吟味されたものである。

このことに関しては、わたし個人として、数多くの中学生、高校生、大学生および企業体に働く成人について、実験的なゼミナールを行なっている。その結果に基づいて、このような発言をしているのである。

このような実験を通して言えることは、

一　操作能力の開発には、何回も、違った文章や問題に接して、みずから操作するという学習経験を、ふんだんに積ませること。

二　操作プロセスや操作のポイントを、頭で理解させようとする、記憶方式は、一つ一つ意味構造や問題の性質の異なるものには適用できない。

三　このことは、つぎのような、教師の経験からも、反省的に理解されてくるであろう。算数の学習において、一つの文章題がたまたま解けたとしても、文章題の数的なことや、文章題そのものの表現を、少し変えただけで、子どもは、とまどってしまって、解けなくなることが、しばしばある

と「構造思考トレーニング」が問題解決の思考操作能力やその成果としての認識力の向上に役立つことを説いている。即ち「トレーニング」によって、思考の本質（全体構造の認識）を身に着ける能力が育成されることを意味している。これが主体の構造化であり、対象である教科に内在する問題を顕在化し、その解決に向かう主体的な学習活動となって現れるということである。

沖山の国語教育思想が国語を母体として全ての教科の「学習論」を生み出す可能性を実証したのである。第一〇回大会の五年後、昭和四八（一九七三）年、この学習論の飛躍と充実をめざし、研究会の名称を。「構造教育」から「構造学習」へと変え、研究誌の名称も「構造教育研究」から「構造学習」へと改められた。(26)

沖山は、昭和四一年二月文部省を定年で退官した。その後、全国構造学習研究会研究所を私邸に立ち上げ、研究会の同志とともに精力的に研究を進めていた。思えば「意味構造」なる用語を生み出し、理論から実践へと進化してきた構造学習論は、未だ、完成途上にあったのである。日光市立清滝小学校から調布第二小学校はじめ多くの研究校からの実証的研究を積み上げようやく他教科への広がりを見せ始めた時期であった。

全国構造学習研究会では、昭和四九（一九七四）年の第一六回福島大会から心理学者の滝沢武久氏を招き、ピアジェの認知発達理論と構造学習との関連について研究を始めた。これは、ウェルトハイマーの「構造」概念は、構造学習論として発展した学習構造の原理として対応できるかという沖山の問題意識からであった。

沖山は昭和三五（一九六〇）年にピアジェの著書『知能の心理学』にある「思考の成長」にある認知構造の発達とゲシタルト学説との関連性を構造論との関係で考察していた。『構造国語教育入門』四二頁には、ピアジェがゲシタルト学説を支持した左記の内容を示しゲシタルト学説の中心的な考え方は、こうである。

「むすびつく前にバラバラの状態であたえられた要素が、総合されたり、連合されたりして。精神の組織ができあがるのではない。それは、いつも、『形態』ないし全体構造としてはじめから体制化された全体から、成り立っているのだ。」

ここから学んだこととして沖山は

文章の定義を「思想、感情の表出」として認めたとしても、それだけでは、学習上の問題は解決しません。思想、感情といっても、ピアジェのゲシタルト学説の中心主張として掲げている「形態ないし全体構造」として、思想、感情を統一的につかまなければ、文章としての表出価値あるいは表出機能は、理解されないことになります。学習論として「全体構造」というゲシタルト理論を導入するか、しないかによって。学習の近代化となるか、ならないかの根本問題が生じてきます。

と述べ、ピアジェの「知覚は全体構造をもっている」ということと「文章は意味構造体である」ということに共通したゲシタルト学説のとらえ方の相違を追究していた。また、ピアジェの認知発達の視点から子どもの学習構造をとらえるという思索へと発展していたのである。

昭和五二（一九七七）年七二才となった沖山は、遺書ともいえる『人間変革の学習論』を刊行した。その第四章発生的認識論と学習（一一一頁以降）においてウェルトハイマーの概念の中には、「全体傾向」とか「全体行動」とか「全体性質」というのはあるが、「全一体」という概念は見当らない。

私が文章を「意味統一体」と考える考え方は、ウェルトハイマーの「全体」なる概念からは導き出せない。かれの「全体」なる概念は、かなり固定的なもので。「再構造化」と言っているものは、この固定的な全体に、より近い再現構造を指すものと考えられる。それは、私のよぶ「文章構造」(文章の解剖図)にあたるもので、「意味構造としての構造化」(読み手自身によって作り出されるもの)とは、かなり違ったものである。

このことは、ウェルトハイマーが第二の引用部分に「構造転換」とよんでいるものである。この「構造転換」は、「発展するものではなく、永久的な均衡形態を示しており、精神的発達とは独立だ」と述べているあたりには、構造を固定的に考えていることが、はっきりと読み取れる。しかも、この構造転換の操作が、精神的発達とは独立したものだとすると、ウェルトハイマーのこの根本概念を、精神的発達を遂げつつある学習者に対して、学習理論の原理として採りあげるべきかどうかにとまどいを、私は感ずるのである。

と、再構造化は、読み手による構造化であり、書き手の意味構造を写し取るものではないのではないか、とウェルトハイマーの構造転換に疑問を呈している。

そして、ピアジェの構造概念である、構造の変換性(認識の過程に起こる対象の構造化は皆個人によって違う)と構造の自己調節作用(認識対象の構造は、目的によって変化するが全体としての構造は保っていて、部分に分解することはない)とは、沖山の考える読解操作により近いのではないかと、今までのゲシタルト理論の適用に修正を加えた。さらに、同書には、ゲシタルト論によると、文章というものも、すでに出来あがったものであって、それを「かがみ」に写せばよいということになる。すると、われわれが考えている「書き手」という存在は消失してしまうことになる。なぜなら、読み手は、すでに出来あがっているものを写す鏡としての機能しかないことになるからである。

私が「文章構造」と「意味構造」とを識別するのも、このピアジェのゲシタルト批判に支えられてのことである。「文章構造」も「意味構造」も、そこにある文章というまとまりに即していることは同じであるが、「文章構造」はいわば、死体解剖に似ている。文章の骨組みや骨相互の接続はわかる。よく取りあげられる「起承転結」というのは、骨組みの代表的なものである。しかし、それがわかったということが、生動している表現能そのものを理解したことになるであろうか。

私は、文章を書き手の所産（生み出したもの）として定義してきた。書き手の所産という立場に立たないかぎり「表現学習」なるものは成立しない。また、表現ならびに理解の活動を精神操作として考えることもできない。

もし前方にある景色を鏡に写すとか、ガラス越しに見るというならば、それは物理現象であって、ここには精神操作という働きは、何一つ加えられていない。これを再構造化というならば、われわれは、かかる写し絵にも似た営みを認識活動とよぶことはできない。

われわれはピアジェと共に、構造は、「すっかりできあがったもの」という考えを否定し、「構造は作られるもの」という立場を取る。ウェルトハイマーには「構造変化」という概念はあるが、ピアジェの「構造変換」という概念はない。

と述べている。

「児童が学習するという行為は認識を発達させることである」と原理を進化させた沖山は、ピアジェの「構造変換」の概念を構造学習の原理とするという考えを提案している。

この沖山の提案に対して、滝沢武久氏はピアジェの認知発達理論と学習についての考察を『ゆとりと充実の学習　国語科編』の書評に、ピアジェの「子ども自身の手で教材を構造化することの重要性」という主張を提示した[27]。

これは、構造学習研究会が目指す「児童自身の手による構造化」こそ「学習の成立」であるという主張を裏付ける理論的証明と受け取ることができる。実際、沖山理論に基づいた実践を地道に続けていた金井里子氏により実践的に証明されていたのである。

沖山の教育思想である構造学習論は、ピアジェの構造主義、認知発達の観点からとらえた構造化理論と整合性を持つことが実証され、さらに学習論としての深化と発展の可能性が認められたのである。それは、「思考としての構造の姿」におけるピアジェの「全体性」の概念とウェルトハイマーの心理学における構造の概念（構造はゲシタルト、つまり、全体として存在し、部分の総和ではない）とが対立していることではなく、構造の概念が重なることが分かったからである。

つまり、沖山は「文章の意味構造は全体として存在し、分割できるものではない。だから、読み手は書き手の意味構造を自己の内面にできるだけ忠実に構造化する。すなわち、再構造化することである」といっている。また、再構造化は個の所産であるからソシュール言語学の視点からは「言の世界」であるとしている。

このことは、ピアジェの「構造は全体性という特徴をもつ」ということと、「構造は個において発達していく主体の構造化である」という考え方において共通しているのである。

そして、文章の読解は、できあがった構造（文章）を理解（再構造化あるいは受信）していく理解活動である。

そのため文章全体（意味構造）をつかむ、即ち軸を直観洞察によってつかむ。この活動を児童自身の力で行うことができるように「思考トレーニング学習」を学習過程に位置づけている。このトレーニングの習熟が主体の理解能力を安定させる。この再構造化の学び（理解）があるからこそ、ピアジェの構造化（表現）が身につくと考えている。

つまり、文章の読解が一人でできるようになれば、全体構造をつかむ能力が身に付いたことになり、必然的に表現（構造化）能力も身に付くのである。このことこそ、沖山の提唱した表現と理解は相即不離の関係にあるということの証明なのである。すなわち、読解における再構造化力は、子ども達の構造化力に転移して、ピアジェの「思考構造の発達理論」を学習において実現することになったのである。

これらを学習構造の立場で実践的に明らかにした金井氏は、自著『未来に生きる子どもづくり』（復刻版、東京学芸大学出版会、二〇一五）で（三六六頁）、

「構造化には【全体を創る】ということと【全体から出発する】という二面的な性格がある」と、実践者の立場からととらえている。

まず、【全体から出発する】という構造化は、子どもの前に提示された構造体（文章や算数の問題など）の軸を洞察し、内面にある意味をつかみ取って、再構造化する学習である、としている（沖山先生の構造国語理論の学習）。

次に【全体をつくる】という構造化は、具体的事実や現象だけが提示されるが、「何を問題とすべきか」は、子ども達自身がそこからつかみ出し解決（構造化）していくという学習である、とした。これは、理科や社会にある「問題の発見、予想、検証と一般化」という問題解決の学習過程である。ここにおいて軸は、問題

の予想であり、学習の目的、目標である。そして、分析・統一は検証と一般化である（ピアジェ理論による学習）。

従って、滝沢先生のいうところの同じ主体の構造化であっても、学習者の立場、学習指導方法の明確化の観点から、再構造化と構造化（バラバラな要素を関係付けて全体を創る）という二つの学習構造があるとしたのである。

と述べ、主体者である子ども達の学習の実態から二つの構造化を実践的に明らかにしたのである。このように沖山の創始した構造学習論は、とどまることなく、その主体の構造化を成し遂げる実践を生み出している。

沖山の国語教育への熱い思いと自身の国語教育論に対する研究意欲は青山師範学徒の時代から六〇有余年変わることはなかった。そして、そこに脈々と流れているのは「人間愛」である。沖山の初めての著作であった『一転凝視の読方教育』以来、追究してきた国語道の根底とした小林言語学、そこから得た「きみ語りわれ聞く」を沖山光の教育思想の軸としたい。このことを最も明確に打ち出した構造学習論の原典である『意味構造に立つ読解指導』（明治図書、一九五八）には（九頁）、

われわれ人間は、たがいに自己を明かしあう。つまり語りあうことによって、共同の社会生活を営んでいく。おたがいに、ながし目で見るだけの関係や、行きずりの間には、「言」は成立しない。そのような関係面には、共同社会も成立しない。人間社会は、単なる人と人との数的な集合体ではない。

共同社会は、何よりも、この明かしあう関係——きみ語り、われ聞くの世界——の上に成り立つものである。

共同社会とは、「われときみ」との関連において見いだされる世界である。その共同社会の中にある人間とは、

「われ」「きみ」ともに、語る人間としての具体的な人間なのである。このような具体的な人間であって、はじめて社会的な人間と言い得る。

と、小林英夫博士の『言語学方法論考』の引用をわかりやすく説いている。また、学究の徒であり続けた姿勢を髣髴とさせる先述した『人間変革の学習論』のまえがきもここに紹介して、沖山光の教育思想のまとめとする。

私が取り組んだ文献は百冊をはるかに越えている。その百冊あまりの文献の中から、これだと私が納得のいった学者を、それぞれ一人ないし二人と限定し、その学者の著述を底本として、それぞれの章が展開されている。たとえば、大脳生理学の章で「ショシャールへの旅」と示しだのがそれである。旅とは、それぞれの学者の説に取りついていく、私の苦闘を暗示した語である。とは言え、それぞれの学説を解明するのが、私のねらいではない。その学説のどこが、構造学習論と交錯してくるかを、構造学習十八年の足どりと合わせて述べようとした。

私の歳もすでに七十を越している。全国の同志と今後何年歩み続けられるかわからない。構造学習を提唱し、この道一筋に十八年、苦難の道であった。その苦難の道を歩み続け得られたのも、その背景に、確たる学問的背景を持ち得たからである。私か何を目ざし、何をふまえて歩み続けたかを、同志に語り残しておく一書である。これまでに得た多くの学恩に感謝したい。また、私を心から信じて、共に苦難の道を歩み続けて来た、全国の同志、さらにまた、この学習方法のよさを、身をもって実証してくれた、同志の教え子たちに、心から感謝すると共に、学び得た豊かな人間性を、社会の人びとに奉仕できる人として育ってほしいと願っている。

現在、沖山光の教育思想の具現化である構造学習論は、金井里子構造学習研究所長を中心とした全国構造学習研究会の教師たちによって、理論と実践の研究が続けられている。

この研究のさらなる充実によって、より多くの児童が主体の構造化を成し遂げ、未来を切り開いてほしいと願っている。

【注】

（1）「創作ノート」は、沖山光が青山師範学校四年次の卒業時に提出した『記録帳』（A5版四百字詰め原稿用紙百九〇枚）に書かれている。内容は、国語教育に関する自身の考えや当時の有名な実践家の授業参観記録、国語実践家の指導方法や国語学者に関する所見などである。資料の性格上、引用元の頁数の記載を行わないこととする。

（2）保科孝一は、欧米留学の新知識としての言語学の普及や語学教育実践の重要性を早くから認識し、小学校の国語教育実践の向上のために雑誌『国語教育』を発行していた。当時新進気鋭の学者である。その後も、国定教科書編纂員として保科は、優れた文学作品を教材化したり、植民地での日本語教育の在り方などについて多くの研究をしている。また、戦後の昭和二三年文部省教科書局調査員、昭和二四年文部事務次官、調査普及局勤務として、漢字の送り仮名や現代仮名遣いの統一など沖山と同時期の文部省で戦後の国語教育の土台作りにも関わっている。

（3）戦時中文部省で初等教育国語教科書の編纂に携わった国語教育学者。一九二〇（大正九）年当時、奈良女子高等師範学校附属小学校（現奈良女子大学附属小学校）訓導として、国語教育実践の理論確立に努めた。

（4）国語教育学者、国文学者。一九二〇年当時東京高等師範教授。沖山は、「垣内先生追憶」（『実践国語』一九五一年九月号）のなかで、「先生の著書に初めて接したのは、大正一二年一一月『国語の力』であった。師範学校三年生の秋であった。それ以来この書は、私の座右の書となっている」と記し慕った。

（5）言語学者、ソシュールの『一般言語学講義』を『言語学原論』として世界にさきがけて翻訳する（一九三二年京城帝国大学助教授）。

沖山光は昭和一二（一九三七）年以来師事した。小林英夫は、終戦により帰国し、毎年一一月二六日にソシュールの生誕祭を東京工業大学の研究室で開催した。写真はソシュール『言語学言論』（沖山蔵書）の表紙に記載された生誕祭の準備についての沖山の言葉。また、昭和二六年九月より『ソワレの会』と称する『ソシュール言語学』のセミナーを昭和三二年四月までの七年間一〇一回にわたり続けた（小林英夫著作集月報二より）。

（6）青山師範附属小学校で最初に担任した教え子の横山寧夫（慶応大名誉教授、社会学）を家に招き、共に食事をした時の昔話（沖山光長女美子・次女亘子からの聞取り）。

（7）一九三五年、南光社より刊行。

（8）池田亀鑑は、二松学舎専門学校に東京大学から出向し教授として国文学（源氏物語）を講義していた。第一期生の沖山は、熱心に学んだ。休講は、全くなかったと沖山は伝えている。

（9）昭和初期の社会状況

昭和二年　金融恐慌による不況　南京事件

昭和四年　「大学はでたけれど」の流行語　不況、就職難つづく

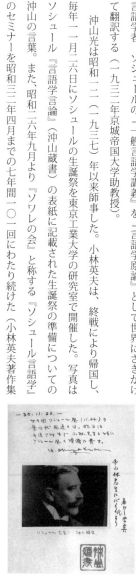

昭和六年　満州事変
昭和七年　五・一五事件
昭和八年　国際連盟脱退　小学校さくら読本

(10) 以下引用については、沖山『一点凝視の読方教育』からの重引。沖山によると、西尾実の『国語教育の諸問題』、金原省吾の『国語教育講座』を参照したとある。

(11)『低学年における総合的取扱の研究』の第五章「我校における総合的取扱」の「直観科教授の要領」より。

(12) 児童文学者、国語教育学者。一九三九年、文部省図書監修官となり、国民学校教科書を編纂する。クリスチャンのためか、レッドパージに合わず、戦後、最後の国定教科書を編纂した。

(13)『初等教育資料』（文部省初等教育課、昭和二五年五月号）による。

(14) CIE担当フェファナン博士との対談については、『石森延男国語教育選集　第二』解説「占領下における魂の雄叫び」（五一六頁）や、国立国会憲政資料室図書館収蔵マイクロフィルム（775.017）が参考になる。

(15) 日光市立清滝小学校は、当時三五学級（児童数一九八〇人）の大規模校であった。
青山師範同期の校長上吉原寿に教師研修による国語授業力の向上を依頼された。選定の経緯などについて、構造学習研究会全国大会の座談テープ資料がある。その他沖山の指導がわかる証拠の資料として『清滝小学校学校日誌』（昭和二六、二七、二八各年度より抜き刷り）、児童の作文『創立八十周年記念誌　石楠花』（昭和二九年十月二八日発行）などがある。この間の経緯が『意味構造に立つ読解指導』（明治図書出版、一九五八）の一五三―一五五頁に述べられている。また、沖山は、清滝小学校の校歌を作詞している。

(16)「読解」という言葉が一般化したのはいつ頃からであろうか。輿水実が「読みにおける理解の指導」（『国語教育の近代化』昭和五四年一一月号）に興味深いことを記している。

「読解」という語が一般化したのは、昭和三一年の文部省の『読解のつまずきとその指導』以後である。沖山光氏の『意味構造に立つ読解指導』（昭和三三年）『目的論に立つ読解指導』など一連の読解指導に対する業績によってこの領域に一般の関心が集まったことによる。（略）「これからの指導は『読即解』に立たなければならない」と喝破されたのは、昭和二年の垣内松三先生の『国語教授の批判と内省』である。この『読即解』に当たるのが読解である。（略）読み方に対しては古さも感じられるから「読解」という語が「作文」に対して一般の嗜好にあってきたのである。

(17) 原文は、構造学習研究会の若手実践者（昭和五四年）の手作りの復刻版に寄稿していただいた手書きの序文である（研究所所蔵）。
(18) 読解力向上の理論と実践』は、出版社が倒産し廃刊となったので昭和三四（一九五九）年、内容に加筆し『読解指導の原理と方法』として、新光閣書店より刊行した。
(19) 『一点凝視の読方教育』で引用した小林英夫の著書『言語学方法論考』（三省堂、一九三五）から学んだ沖山光の教育原理といえる。
(20) 『言語研究　態度篇』（三省堂、三省堂）所収。
(21) 昭和三二（一九五七）年六月、日本短波放送にて一週間にわたって放送された。
(22) 『読解と構造思考』（新光閣書店、一九六二）のはしがきには、当時の構造的読解研究の次の拠点校が紹介されている。

東北地区　山形県新庄市立日進小学校
関東地区　東京都文京区立金富小学校
東海地区　静岡県浜松市立伊佐見小学校　静岡県浜松市立都田小学校
　　　　　岐阜県加茂郡坂祝小学校

北陸地区　石川県小松市立大杉小・中学校
四国地区　愛媛県西条市立玉津小学校

（23）全国構造学習研究会会員、第二代構造学習研究所長。昭和四〇年調布市立調布第二小学校で沖山光文部省教科調査官と出会う。以来、研究実践を開拓し、構造学習論の実践的リーダーとして活躍する。『ゆとりと充実の学習――構造理論に基づくひとり歩きの学習展開 国語科篇』（れんが書房新社、一九七八）他、実践書著書多数。

（24）『ゆとりと充実の学習　国語科編』（金井里子、れんが書房新社、一九七八）に記載されている、沖山と金井里子教諭との衝撃的な出会い（三頁）。

当日、四年生の国語（「ごんぎつね」の読解）の授業公開をした。一時間の授業はいともスムーズで、思いのほか発表する児童も多かった。何か月も前から心して、教材を微に入り細にわたり、とにかく神経を使って研究したものであった。それだけに、成功感があり、満足感を覚えたものである。責任を果たしたと思い込んだ私は、至極気楽に午後の研究会・講演会に参加した。当時文部省教科調査官であられた沖山光先生は、思考の問題を中心に話を展開してくださったが、その講演の中で、教育の本質的な問題に触れ始めた時だ。ぱっと私の十頁余りの指導案を振り上げられ、「皆さん、今日の金井さんの授業で、子ども達にどんな力が付いたと思います」と、語調強く厳しい眼差しで、大勢の聴衆に呼びかけたられた。そして、「きょうの子どもの発表内容は、指導者が教材を研究し深めたものを、子どもに与えたようなものだ。指導者の発言は、その読みの深さへ導きたいため、つまり教師の思い通り答えてもらいたいためのものであった。あれでは、どんなに子どもが立派に答えても、子ども自身が文章を理解したとはいえない」という批判であった。「文章を理解するとは、子どもが自らの手で文章全体がもっている意味は、こうなんだ。それは、こういうことからわかるのだと、根拠をもって示し得ることだ」とおっしゃられた。そして、そのような能力を開発するのが教師の仕事だといわれ、思考訓練の必要を説かれた。（略）会場は一瞬異様な雰囲気に包まれた。参加者四百の目が私に凝集したのは確かである。かっと湯沸し器のように体内が熱くなったのを今だにはっきり覚えている。（略）そして、「なぜ、全面否定なさるのだろう。」（略）「四十にもなって恥ずかしい…」目のやり場を失った私は、小さな固い椅子にじっとしているしかなかった。

（25）金井は当時の様子を次のように語る（『構造国語教育入門』明治図書、一九六一、五五―一五六頁）。

お話を聞いて、これまでのわたしの教育に対する考えや構えがまちかっていたんだということが、胸を刺すようにはっきりとらえられたんです。その年の秋『学習過程の構造とトレーニング』という著書を一冊手に入れました。ところがなかなか難しくて手の付けようがなかったという状態でした。国語部の三人で長時間、論議しまして、だんだん理論の消化ができてきました。そして、子どもたちの学習の場におろしていきました。ところが子どもは、はじめてでしたのでたいへん学習が混乱してしまいました。毎日、子どもにあやまっていました。来る日も来る日も修正、修正のくり返しで、半年ほどは必死でしたね。その開力強く思ったのは苦労続きのこの学習に子どもたちから何の文句も出なかったことです。これは構造論の思考過程がそうさせたんだと思います。子どもたちは思考することに喜びをもつようになり、学習することが興味となって夢中で続けていったと思います。これが自分たちの力を作り、読解力への安定に近づいていったと思っています。

国語科の学習が、自分の力で学習できるようになると、子どもたちは他教科の学習方法が、今までのやり方では力がつかないと気がついて、そこで国語の思考過程をもとに、社会科も理科も算数も、自分たちで学習する方法を考え出しました。何をいおうとしているか、問題にしなくてはならないことは何かを抑えて学習の切込みをしています。どの教科も、洞察、検証、確認という過程を取っています。

(26) 構造的読解指導を実践する国語教育指導者の研究者団体として発足。
昭和三四(一九五九)年 第一回ロンドの会(東京学芸大学附属世田谷小学校)開催
昭和三八(一九六三)年 第五回大会(全国構造国語研究会に改称)静岡・浜名郡新居小学校にて開催
昭和四三(一九六八)年 第一〇回大会(全国構造教育研究会に改称)東京・調布市立調布第二小学校にて開催
昭和四八年(一九七三)年 第一五回大会(全国構造学習研究会と改称)和歌山・伊達郡かつらぎ町立妙寺小学校にて開催
以後、全国大会は毎年夏季に開催される。全国構造学習研究会会員の研究実践は研究誌『構造学習』に掲載され、構造国語理論を核心に据え、他教科も含めた学習論として発展を続けている。
なお、沖山は「構造」という言葉をめぐって、全国構造学習研究会の研究誌『構造学習』三四号に以下のように記している。

構造ということばは、少しも耳新しいものではありませんが、一般には「構造教育」といいますと、(略)何か特殊な教育を意図しているように受け取られている面があるようです。「構造国語」と教科名を名のっていましたころは「構造的国語教育実践」という理解は容易でありました。ところが、研究内容が発展してきましてからは、沖山理論は、単なる国語科だけのものではなく、各教科、生活に普遍、適用されてしかるべきものということで(略)

(27)『ゆとりと充実の学習 国語科編』に挿入された滝沢武久氏の書評は以下の通り。

現代の構造主義における構造の概念は、主体の「構造化」という働きに力点を置いています。実在の中に構造を認めるということは、宇宙の天体の中に「星座」を読み取るようなものです。事実、星の位置はバラバラで、それ自体としては何の構造も持っていません。それらの無秩序な位置を「星座」という形で秩序ある構造にまとめ上げるのは、私たち（認識主体）なのです。

このように現代の構造主義は、客体の中の構造が主体に課せられるとみなすのではなく、逆に主体が客体を構造化する能動的（創造的）側面を重視します。つまり、構造は、主体なしには成立しないという立場に立ちます。この意味で、それは「存在論」的でなく「認識論」的な意味をもった構造理論なのです。

論理的一貫性をもった構造という視点から個々の事実を操作し、それらの事実を構造の中に組み込んでいきます。実在を関係の網の目の中で操作しながら把握していくのです。だから、ここで大切なのは、自然の中に内在する構造ではなくて、操作の構造です。従って現代の構造主義は一つの学派というよりも科学的方法論とみなすべきでしょう。

ブルーナーが教材の構造化を強調し、構造化された教材によって子どもの知的発達促されることを主張した時、ピアジェが「もっと大切なのは、子ども自身の手で教材を構造化する活動だ」と反論したのも、まさに、この現代構造主義の精神に基づいているといえるでしょう。ところが、現代の教育理論があまりにもブルーナー学派というよりも存在論的構造理論の色彩が濃厚なのに、私はかねて疑問を感じていました。とくに構造化された教材によって子どもにその構造を発見させることを「発見学習とする」教育方法論には飽き足らないものがありました。短い時間に最大限の効率を発揮することを【効率的】と呼ぶならば、確かにそれは、効率的な教育方法かもしれません。しかし、その学習が、真に子どもの血肉となるでしょうか？

一方、なまの実在に向かって、子ども自身の手で構造化することは、確かに非効率的です。貴重な学習時間の浪費かもしれません。しかし、長い目で見れば、その知識がどんなに強く定着し、かつ応用範囲もどんなに広がることでしょうか。学習をあせらずに「ゆとり」をもって、地道に進めていくことこそ、真の学力の形成へとつながるのではないでしょうか。

（太田　由紀夫）

第八章　『低学年における総合的取扱の研究』について

一　沖山光と大正自由教育

――未刊の草稿『総合的取扱の研究』を手がかりに――

はじめに

大正期の新教育運動をリードした成城小学校が自由教育の実験校として創設されたのは、一九一七年のことである。大正時代は他にも成蹊学園や池袋児童の村小学校等の私立学校が創設されたり、師範学校附属小学校や先進的な公立小学校において、それまでの形式的な授業のあり方を改革する動きが一斉に広がり出した時期である。明治以降急速に整備された近代的な学校制度の下で、海外の教育思潮からの影響も受けつつ、学校現場に生きる教師たちが教育実践者としての専門的な探究精神を旺盛に発揮し始めた運動が大正自由教育であった。

一九二五年に東京の青山師範学校を卒業し、小学校の教師（訓導）となった沖山光は、そうした同時代の新教育の動向を注意深く研究していた青年教師の一人であった。そして、およそ一〇年後の一九三六年、沖山光は同時代の実験学校等の動向を紹介するとともに、自らの勤務校である青山師範学校附属小学校における低学年教育の総合的取扱について報告書を刊行しようと試みる。その未刊の報告書には、二〇代の時期に沖山光が大正新教育からどのような影響を受け、どういう教育観・児童観を抱いていたのかが語られている。戦後、沖山光は文部省で教育行政に携わり、国語科教育の指導者となっていくが、沖山光だけでなく、戦後日本の新しい教育の創出を担った世代には大正期における自由教育思潮のなかで自らの教育観を形成していった者が少なくない。

沖山光は大正自由教育のなかで何を学んでいったのか。とりわけ、子どもという存在をどう捉え、「指導する」・「教育する」という営みをどういうものと考えるようになったのか。沖山光が遺した資料から、そうした課題を探ってみようと思う。

（一）　未刊の報告書

沖山光が手元に残しておいた『低学年に於ける綜合的取扱の研究』(1)は、初校用の用紙を紐綴じした体裁であり、一枚目には「沖山光著　低学年に於ける綜合的取扱の研究」と大きく墨書きされており、その横に朱い文字で「昭和十一年十一月廿五日研究会発表」と記されている。

この初校ゲラと思われる文書には、いわゆる下駄記号も途中からたくさん使われており、沖山本人の手によると思われる校正メモがフォントの指定も含めて、たくさん書き加えられている。全体で一九〇頁に及ぶこの文書には、出版された場合の奥付頁等はない。そのため、出版する予定であったか否かについて断定はできないが、校正のための丁寧な書き込みやフォント指定等のメモ書きを見るかぎりでは、出版する意図のもとに作成されたと考えて、まず間違いではないであろう。

この資料（以下『総合的取扱の研究』とよぶ）に目次の頁はないが、章や節の題をまとめて、目次として示すと以下のようになる。

第一章　まことの教育としての綜合的取扱
第二章　児童の本質と綜合的取扱
　第一節　児童観の新しい立場
　第二節　児童の発達と教育の基準
　第三節　児童の特質に関する考察
　第四節　生活としての遊戯
　第五節　児童生活と郷土
　第六節　結論
第三章　生活指導に基く教育の展望
　第一節　東京高師の観察科並に郷土科
　第二節　奈良女高師附小の合科学習
　第三節　東京女子高等師範学校附属小学校の全体教育
　第四節　東京女師田園教場
　第五節　愛知県第一師範学校附属小学校の郷土教育
　第六節　成蹊学園小学部の自然科

＊低学年における総合的取扱の実験的姿態

これを見て気づくことは、大正自由教育の実践校として有名な学校が数多く紹介されていることである。もっとも、大正自由教育の実践として有名でありながら、ここで沖山が取り上げていないものもいくつかある。及川平治の明石女子師範附属小学校や手塚岸衛の千葉師範附属小学校、あるいは、成城学園や池袋児童の村小学校である。他にも、西村伊作の文化学院や羽仁もと子の自由学園等が扱われていないが、これらは中等あるいは高等教育の範疇であり、沖山が当面関心を寄せていた低学年に於ける総合的取扱との関わりで扱うには無理があると言える。しかし、前者の小学校実践が沖山が遺したこの文書中で言及されていない理由は、はっきりしない。池袋児童の村小学校については、経営に苦労している等の噂が沖山の耳にも届いていたかもしれず、現実に、沖山が低学年における総合的取扱の研究発表をする以前の一九三六年七月に閉校となっている。(2) 千葉県師範学校附属小学校で自由教育を掲げて研究を推進した手塚岸衛については、一九二六年に大多喜中学校へ転任となり、翌年には同中学校において配属将校に扇動された生徒らが校長排斥運動を起こし、辞職を余儀なくされている。(3)

この池袋児童の村小学校や千葉師範附属小学校の事情等を踏まえると、その二つの小学校の事例を沖山が取り上げていない理由も分からなくはないが、成城学園や明石女子師範附属小学校を沖山がなぜ紹介しなかったのかは謎である。(4) 推測の域を出ないが、一つ考えられる理由として、両校の実践が既に全国に知れ渡っており、改めて紹介する必要はないと判断したのかもしれない。

実は、この文書の第三章の冒頭で沖山は、第三章の趣旨を以下のように説明している。

この章には、「生活指導の展望」として、各校の直観科、自然科、文化科、郷土科、生活科というものを、年次順ではなく、各校単位に紹介したのであって、これを批判するという態度は少しも取っていない。それは各校より、それぞれ研究されたことであり、方法においては、生活指導の教育思潮に導かれてきた教育施設であるから、その目的観においては、多少の相違を根本的に持っているものの、生活指導の教育思潮の上に立つ教育施設であることにおいては、合科教育、総合的取扱においても同様であるので、ここに各施設を各校単位に紹介した理由である。

それ等施設を通して各校の、取扱の態度、趣旨を明らかにし、その中に児童の生活を基底として、これを指導せんとする共通的の傾向を見出して行けば事足りるのである。また一つにはかかる方面の研究をされる方が、幾多の書物を読まれる繁に堪えないという労を幾分でも、軽減する意味から、幾多の書中よりその校の研究をそのまま何等の批判を加えず、転記したものである。

生活指導あるいは総合的取扱等の「研究をされる方が、幾多の書物を読まれる繁に堪えないという労を幾分でも、軽減する意味から、幾多の書中よりその校の研究をそのまま何等の批判を加えず、転記した」と述べているように、第三章は、まさに著書等からの抜粋であり、沖山のコメントや批評は加えられていない章になっている。大正自由教育の思想や実践のアンソロジーのようになっているのが第三章である。しかしながら、及川平治の場合[5]、明治末から附属小で研究的取組みを始めており、その成果は一九一二年の『分団式動的教育法』や一九一五年の『分団式各科動的教育法』として刊行され、それぞれ、二五版、二三版と増刷され、教育書のベストセラーとなっていたである。明石女子師範附属小学校を訪問して授業等を参観する教師も多く、早くから新教育のメッカとしての地位を築いていたのである。

当時の教育界でそれはどに有名になっている明石女子師範附属小学校を改めて紹介する必要はないと考えたの

か。それとも、及川平治の動的教育論が沖山の関心事である総合的取扱とはつながらないと感じたからなのか。明確な理由は定かでなく、今後の課題の一つとしておく。

いずれにせよ、沖山光が一九三六年の『総合的取扱の研究』で紹介している実践例はすべて大正自由教育の実践校であり、青山師範学校附属小学校も大正自由教育のなかに位置づく一実践校だったのである。

（二）　国民教育の創出と学校批判

明治五年の「学制」発布から始まったといえる近代日本の公教育の整備は、その理念を模索する紆余曲折を経て、一八八九年の明治憲法と翌年の教育勅語によって絶対主義的な国家のもとで生きる「臣民」の形成を軸に進められることになる。また、そうした理念の下、制度的には、森有礼の諸学校令の公布を経た後、一九〇〇年前後の諸改革（第三次小学校令、教科書国定化等）によって制度的に確立したと言われている。

しかしながら、教育の理念や制度が確立したからと言って、一定の制度のもとで実際に教育という営みを支える授業方法や生徒指導が教師たちによって円滑に担われていないならば、本当の意味で教育制度が安定したとは言えないであろう。森有礼の師範学校令（一八八六年）によって、教師には、一方では「順良信愛威重ノ気質」が求められるとともに、教科書の内容等を確実に授業できる型の習得も求められていく。具体的には、ハウスクネヒト等によって伝えられたヘルバルト派の段階教授法や、第三次小学校令で導入された教師の懲戒権に象徴されるような、権威（＝威重ノ気質）や体罰で学級を管理していく生徒指導が全国に広まっていく。

しかしながら、師範学校でそうした生徒管理術や授業方法を教えられて教壇に立ち始めた教師たちは、しだいに、教えるという営みの価値や意味を自らの現場に即して探求するようになり、子どもと社会への洞察を深めていくことになる。

そうした動向の先頭に立っていたと言える人物が、東京師範学校附属小訓導の樋口勘次郎（一八七二―一九一七）である。彼は一八九九年に出した『統合主義新教授法』のなかで、ヘルバルト派の生徒管理について次のように批判している。

ヘルバルト派教育学にては、教授の予備として、管理の大に必要なることを説けども、予は反対の意見を有するなり。ヘルバルト派の唱うるが如き管理は、小学校に於ては、更に必要なきのみならず、却て誤解を来して、害毒を流すものたることを恐るるなり。教授を施さんとするには、まず教場に於て一定の秩序を立て、注意を一点に向わしめざるべからず。児童の我儘、例えば教室にありて、種々なる手いたずらをなし、或は故意に靴音を高くして、以て自から快しとし、甚だしきは喧嘩をなすが如き、之を抑うるに、命令を以てし、之を威すに威厳を以てし、盲目的に服従せしむるにあらずば、いかにしてか教授をなすことを得んという。之同派の主張する所の学説なり。この説は多くの教育者界に信ぜられ、盲目的服従は至る所の学校に強行せらる。かくて児童の活動は、厳に剋制せられ、児童は何故にさまざまの規則を守らざるべからざるかを解することなく、従いて自己の内心より出でたる自治心によりて謹慎するにあらずして、教師の威嚇又は懲罰等を恐るるがために、殆ど偶像同様に委縮し終れり。(6)

樋口勘次郎は、教師からの威嚇や懲罰によって子どもに盲目的服従を強いる学校の在り方を批判しているわけだが、樋口のこうした学校批判が一世紀以上経った今日の学校にも、そのまま当てはまるように感じられるのはどう考えたものだろうか。

本格的にスタートしてまだ日の浅い公教育の学校の中で苦悩していたのは教師ばかりでない。子どもたちも教師による理不尽な仕打ち等をこうむっていた。感受性の豊かな児童の場合、特に理不尽な目に合わなくても、学校という空間がまとっている抑圧感を他の子以上に強く感じ取っており、例えば、北原白秋（一八八五―一九四二）は自らの小学校入学時の感覚を次のように語っている。

私が学齢に達した時、愈々私は街の小学に入学せなければならなくなつた。その当日の事を私はよく覚えてゐる。私は厭だと云つて学校の黒い門の柱にかぢりついて泣きわめいた。青くなつて顫へた。子供の私にも学校と云ふものが何か恐ろしい牢獄のやうに見えたのだつた。全く其処は純真な子供の天性を歪形ならしむる、妙に規則的な、子供に縁のない、何の楽しみもない、大人の子供の為に造つた一種の牢獄であつた。其処では私たちの童謡と何らの関係の無い唱歌といふものを無理に教へられ、私たちの郷土的な自然の生活と全く違つた世界の中で、全く違つた大人の遊戯を強ひられた。(7)

北原白秋のこの文は、一八九一年に福岡県柳川の矢留尋常小学校に入学したときの思いを回想しているものであるが、「学校と云ふものが何か恐ろしい牢獄のやうに見えた」という感じ方は、(8)戦後日本で一九七〇年代後半以降に急増していった登校拒否児童が学校に対して感じた抑圧感と近いものがあるように感じられる。ついでに言えば、二一世紀になった今日でも、長期欠席児童の割合が少しも減っていないことが示しているように、白秋が学校に感じた抑圧感はそれから一世紀以上が経過した今日にあっても、ほとんど変わっていないと思われる。

近代学校が孕んでいる、こうした懲罰性・抑圧性を学校から無くして、教師にとっても子どもにとっても、人間的な成長が豊かに達成できる場として学校を作り変えていく運動が大正自由教育であった。(9)

（三）　大正自由教育の諸側面

大正自由教育の運動は一般的には三つの側面から語られることが多い。一つは、私立学校の創設とそこにおける新しい教育実践の試みである。二つには、師範附属小学校や先進的な公立学校における授業等の改革の試みである。そして、第三の側面として注目されるのが、絵画や文芸といった芸術教育分野における革新運動である。

第一の私立学校の創設では、澤柳政太郎による成城小学校、中村春二の成蹊学園、西山哲治の帝国小学校、教育の世紀社（野口援太郎や下中弥三郎ら）による池袋児童の村小学校等があるが、とりわけ、成城小学校は創設者澤柳が「科学的研究を基とする」実験学校として生み出しただけに、新しい試みに積極的で、全国から多くの参観者を集め、「新教育運動」の中心的存在になっていった[10]。また、成城の関係者らによって、一九二四年に明星学園（赤井米吉ら）が、一九二九年に玉川学園（小原国芳）が、さらに一九三三年に和光学園が生み出されており、見方によっては、この時期の私立小学校創設運動の母体であったと言えなくもない。ちなみに、成城小学校には平塚らいてうもわが子二人を通わせており、成城小学校の教育について次のように語っている。

（わたくしは我が子二人を）世間からブルジョア学校と見られている成城へ入れてしまいました。といって成城がいいと思ったからではありません。それほど他の一般の小学校がいやだったからに過ぎないのです。（略）普通の小学校よりも生徒の数が非常に少いということ、従って普通の小学校のように画一的な教育でなく、生徒各自の能力本位だということ、自由なのびのびとした気分が全体の上に感じられるということ、わけてもわたくしの気に入ったことは、あのいやな国定教科書を使わないということなどでした[11]。

大正自由教育の第二の系譜は、師範附属小学校等における授業や教育課程の改革である。この動きは、先進的な公立学校も含んで展開された。沖山光が『総合的取扱の研究』のなかで紹介している各校の取組みがそれである。代表的な事例としては、既に言及したが、及川平治の明石女子師範学校附属小学校や木下竹次の奈良女子高等師範学校附属小学校、手塚岸衛の千葉県師範学校附属小学校や北澤種一の東京女子高等師範学校附属小学校等の試みがある。

大正自由教育の第三の系譜は芸術教育分野における改革運動である。具体的には、鈴木三重吉による雑誌『赤い鳥』の創刊（一九一八年）によって、子どものための新しい読物が数多く発表されるようになると共に、教師の指導を受けた児童詩や綴方の投稿も盛んになり、文芸教育の新しい展開へとつながっていった。先に紹介した北原白秋は『赤い鳥』に自らの詩を発表するだけでなく、投稿された詩の選者も務めた。豊田正子の『綴方教室』（一九三七年）も、豊田正子の綴方の投稿先であり、入選作の発表の場でもあった『赤い鳥』なくして、生まれなかったと言えよう。『赤い鳥』は楽譜も掲載することで、童謡の創作と「唱歌」革新の動きも担うことになっていった。

美術教育の分野では、ロシアで農民美術や児童画との出会いを経て帰国した山本鼎が「児童自由画展覧会」を一九一九年に開いたことで、自由画運動が広まっていくことになる。

こうして、三つの領域で一定の広がりを見せた自由教育運動ではあったが、沖山光が『総合的取扱の研究』をまとめた一九三六年にかけて、発展が続いたわけではない。むしろ、運動がもっとも盛んであったのは沖山光が師範学校で学んでいた頃であり、彼が教師として学校現場に入った一九二五年には、自由教育を牽制する言説が生み出されるようになり、実際に弾圧も行われ始めていたのである。たとえば、茨城県では内務官僚出身の守屋知事の意向を受けて、一九二一年の暮れから翌年三月にかけて、千葉師範附属小の手塚岸衛を講師とする講演会が県当局によって中止に追い込まれたり開催を妨害されたりしている。[12] 一九二四年に入ると、岡田良平文相が地方長官会議（八月）で、「近年種々の名称の下に教育の新主義を鼓吹する者が輩出し、学校教員にして軽率に之に共鳴して実際に之を試みる者少からず、その甚しきに至りては往々にして法令上の規定を無視するが如き者ありと聞く。軽信妄動徒に新を衒い奇を弄して彼の人の子を賊ふのみならず、其の法令に背反するが如きに至りては厳に之を諌めざるべからず[13]」と訓示するに至る。同年九月には、長野県の松本女子師範附属小学校で川井清一郎訓導が修身科の授業で国定教科書を使用しなかったとして休職へと追いつめられる事件が起きている。

さらに、一九二五年に制定された治安維持法によって、共産主義者に対する検挙・弾圧が行われたり（一九二八年の三・一五事件、一九二九年の四・一六事件等）、一九三三年には長野県を中心に赤化教員とされた教師が多数検挙されてもいる。

沖山光が『総合的取扱の研究』の作成にとりかかっていた時期には、一九三五年二月に国会で天皇機関説問題がとりあげられ、政府から二度にわたる国体明徴声明が出されたり、美濃部達吉が議員辞職に追い込まれたりする事件が起きている。[14]

（四）『総合的取扱の研究』の内容

以上、大正から昭和一〇年前後の状況をさっと眺めてきたが、以下では、沖山が遺しておいた『総合的取扱の研究』について、その中身を概観することとする。

先に述べたように、この文書（草稿）は研究会での発表内容をまとめたものであるが、発表内容の中心は自校が行ってきた「低学年における総合的取扱」である。そうした観点から全体の構成を見ると、「第一章　まことの教育としての総合的取扱」は、教育論あるいは教育学説史から見た総合的取扱の説明であり、「第二章　児童の本質と綜合的取扱」は、児童観・児童研究から見た総合的取扱の理由付けであると言える。「第三章　生活指導に基く教育の展望」では、自校の取組みと類似の実践を行っている諸学校の事例紹介である。「第四章　カリキュラムの問題」では、合科学習、総合学習、生活科学習等の現行の教科課程（カリキュラム）は、「社会化、生命化、個性化という三原則に照らして再構成せられねばならぬ」と述べているが、記述の大部分は、五つの小学校のカリキュラムの例示的紹介である。しかも、そのほとんどが伏見猛弥『我国に於ける直観教授・郷土教育及合科教授』（日独書院、昭和一〇年）からの抜粋である。「第五章　我が校における総合的取扱」は、青山師範学校附属小学校の取組みを報告している章であり、この章こそがこの文書の中心であるともいえるが、第五章の前半は、昭和二年に青山師範附属小学校から出された『直観科教授の研究』（隆文館）の内容を再録に近い形で紹介することで終わっている。第五章の後半では、昭和二年時の直観科に比べて、昭和一一年時の総合的取扱が如何なる点で前進しているかを述べている。そして、最後に、資料として青山師範附属小学校の低学年の総合的取扱のカリキュラム（実験案）を付している。

以下では、『低学年における総合的取扱の研究』の第一章、第二章及び第五章について、それぞれの章で沖山が述べている内容を紹介する。

まず、第一章であるが、そこで沖山は以下のような主張を展開する。

教育はカントが言うように、人間性の完成を志向するものである。ただし、完成という未来のために、現在を犠牲にすることとは近視眼的な見方である。「児童より」ということを主張したルソーの児童中心主義は現在を犠牲にしない思想であり、その思想は二〇世紀のエレン・ケイやデューイによって継承され・発展させられてきている。現実の中の具体的な生活を指導するという生活教育論によって、ルソーの抽象的な児童観・教育観を乗り越えることが今日の課題となっている。

現在を犠牲にせずに未来の完成を志向する教育は、現在の生活の不断の更新であり、現在生活の連続的発展である。そして、そういう連続的発展を生み出す指導とは、自己発展に対する助成である。児童の「外面より、児童の内面に直接に知識や能力を授与することは不能のこと」であり、具体的に可能なことは「ただ、児童を啓発し得る機能を刺激し得る状態に置くことだけ」、「すなわち適当なる環境（自然的環境、社会的環境）に置くこと」である。

かくして、生活教育＝総合的取扱は、近代の教育学説の発展からみても十分に納得できる教育論であり、「まことの教育」というべきものである。

（五）　普遍的な人間本性に拠る教育

次に第二章であるが、この二章はかなり長い章であり、ここでも総合的取扱の正当化が論じられる。沖山によれば、教育の仕事はその対象である被教育者（子ども）の人間本性（本質）を根拠にして営まれるべきであり、なかでも、普遍的な人間本性として確認できるものは、子どもの内に存在する「内的主観」「自発性」である。こうした子ども内部からの自発活動（自己形成）を認め、強制や命令でなく、その助成作用として子どもの発達に係る営みが教育活動の基本であるということになる。

「内的主観」「自発性」という基軸的な人間本性を認めたうえで、さらに、人間には各発達段階ごとの特質（本性）があり、子どもの自己形成に対する助成としての教育は各時期の本性に応えることであり、各段階の生活要求の充足・拡充こそが次の発達段階への移行を促すことになる。以上の内容を沖山はフィヒテやルソーに言及しつつ、更には、フレーベルの有名な葡萄園の庭師の話を紹介しつつ述べている。

第二章の後半では、小学校低学年時期の発達特徴について、佐藤熊治郎や石山脩平の所説を参考に考察している。七、八歳以前の幼児的段階の子どもは、人間的な文化世界に第一歩を歩み始める時期ではあるが、その歩みは、大人世界とは違って、世界への理論的価値希求や社会的価値希求や美的な希求等が分化せずに、渾然一体として体験される遊び（沖山は「遊戯」と呼んでいる）を通して遂行される。この時期の子どもにとって、遊びこそが生活であり、労働も学びも、すべて遊びとして営まれるのである。ここでも、プラトンやシラー、ルソーやフレーベルに言及しつつ、遊戯の時代は、遊戯そのものが目的であって、その他に目的はない時期であり、子どもの生活を遊戯時代として完成させる以外に、この時期の子どもを教育する方法はないとしている。

さらに、第二章の最後で、以上述べてきた自己活動としての遊び（遊戯）が具体的に発現する場としての社会（郷土や国家）の原理を自説の中に組み入れる。ここでは、長田新の郷土教育論や石山脩平の基礎的陶冶論に依拠しつつ、具体的な全体生活の場としての郷土や国家の上に根を下ろした総合的取扱（総合教授）の必要性を説いている。

（六）　青山師範附属小学校における総合的取扱

『綜合的取扱の研究』の「第五章　我が校における総合的取扱」は、その前半で、大正八年より始められた青山師範附属小における直観科について紹介している。その成果は昭和二年に同小学校編『直観科教授の研究』（隆文館、一九二七年）として刊行されているが、まずは、その内容が紹介されている。

青山師範附属小において直観科が特設された理由は、低学年における理科の準備的学習という理由だけでなく、低学年の生活を直観を通して陶冶充実させるということであった。子どもは、自然物や自然現象に興味をもつものであり、教育はそうした子どもの本性に即して行う必要があると考えられたのである。

しかしながら、沖山は直観科に対して、その意図は理解できるとしつつも、「児童の生活に対する深い洞察がなく、依然として児童の生活を分科的に指導する立場をぬけ切れないで」おり、「直観科は低学年児童の全生活を指導せんとする意図はなお薄弱なものであり、依然として低学年における理科の準備学習的指導という傾向を脱することはできない」と述べる。そして、低学年において総合的取扱の教育が求められる理由も、低学年児童の生活をどう見るかという児童観の深化があるとしている。

沖山は児童観の深化（推移）の説明に際して、次のような表を示している。

年次		教育施設	施設校	児童観
明治時代	29	庶物科	東京高師附小	空想的な児童観
	34	観察科 直観科 郷土科	東京高師附小	
	41	郷土教育	愛知第一師附小	

大正時代						昭和時代			
5	8	9	10	12	14	2	4	6	9
自然科	直観科	合科学習［自然科 直観科］	直観科	直観科細目 郊外教授案	全体教育 自然科	直観科細目 郷土教育施設	直観科施設 観察科	総合的取扱 郊外教授細目	田園教場
成城学園	青師附小	奈良女高師附小 ｛京都師附小 新潟師附小 天王寺師附小 山形師附小 滋賀師附小｝	女子学習院	東京高師附小 全国各小学校	東京高師附小 成蹊学園	青師附小 全国五〇〇校	師附小一〇〇校中五一校 東女師附小	青師附小	東女師附小
神聖視された児童観						一個の人格としての児童観			

明治三〇年代に登場してくる「空想的な児童観」とは、沖山によれば、「大人の中の子供らしさを子供の中に投げ込んで、それを子供の真の性質と考えて」しまうものであり、大人がこんな風だろうと考える子どもらしさを子どもに押しつけてしまう子ども観である。

それに対して、大正期の「神聖視された児童観」は、大人によってイメージされる子ども像ではなく、「子供独自の世界を持つものとして、大人の世界と平等の権利を与えられた子供」理解である。その結果、子どもの世界は「極度に尊重され」、「子供に課題して作業させることは大人の越権であるとされ、子供の自由が極度に認められた時代」であった。

沖山はこうした児童観は子どもの奔放な活動を誘発する恐れがあり、問題であると述べている。そうした問題を克服するために、沖山は「再度児童観を変えて」、子どもをして「社会の中に育つ児童、環境の中に育つ児童」と捉えることが必要であり、そうした子ども観を「一個の人格としての児童観」と呼んでいる。それは、「教育即生活論の中に導かれてくる児童」像であり、「創造的発展を為す現実社会の中に、現実に生きる児童すなわち、自己以外の人々との間に人格的交渉の生活を営む児童」として子どもを捉えるものである。この「一個の人格としての児童観」の特徴を沖山は次の五点にまとめている。

1　児童は現実社会に生きている児童である。
2　児童は現実社会より驚嘆の機会を与えられ、学習の興味をもそこから起こしている。
3　現実社会においてこそ児童の個性に対する適切な教育も可能である。
4　児童に対する刺激力も、指導力もこの現実社会においてこそ可能である。
5　したがって、児童の経験を刻々に整理し、生活全体を統整しながら、無限の方向に不断に進展努力する。

自由意志の働きも現実においてのみその指導陶冶が可能である。

こうした児童観に立って、児童の現実生活に即して指導を進めていこうとする故に、総合的取扱を採用するようになったのであると沖山は述べている。

そして、こうして取り組んでみた低学年における総合的取扱の教育について、その成果を以下の七点にまとめている。

1　一時間毎に区分された単元の中に追い立てられることがなく、一単元の生活題材の下に数時間ないし十数時間の生活を営むので、低学年児童らしい悠々とした、せまらぬ生活を楽しんでいる。

2　興味と必要とから学習生活を続けているので、作業や学習の上に活気がある。

3　自らの必要と内部的の要求による作業であるので、その作業の多くは命ぜられるでもなく、自発的のものであるから、活動が常に自発的である。

4　しかもその作業は、分科以前の作業であるから、総合的であり、全一的である。修身、読み方、書き方、綴り方、図画、手工、唱歌、体操等と、各分科されたものを合わせたものではなく、最初より全一体のものであるから、かえってその中に、これ等各教科の姿を認めるわけである。

5　児童の生活は常に活動的で静止しているものではない。故に彼等を、作業の間にすなわち為すことによって学ばしめることになるので、注入教育でなく、義務的でなく、興味の中に学ぶことができるのである。

6　生活題材（学習題材）は郷土よりとられるものであるから、生活題材としては固定的なものが基準を示しているが、指導者によって自由に加除することができる自由性を認める。故に社会的な要求に応ずる範囲も分科による指導より大きいものがある。

7　郷土は地理的の環境のみを示すものではないので、自然国家的見地に立つものへと発展的になってきている。

おわりに　――戦時下における言説――

ここまで見てきたように、沖山光は、一九三六（昭和一一）年の時点では、大正自由教育圏の思想や実践から多くを学び、指導観や児童観においても、人権や子どもの権利思想に近いものを表明するほどになっていたと言える。

しかしながら、四年後の昭和一五年に青山師範附属小学校著として刊行された『国民学校皇民錬成の研究』（明治図書・昭和一五年）のなかで、沖山は以下のように述べるにいたる。

天皇が皇祖天照大神の大御心に随順せられることが即ち「まつり」であり、まつりによつて御所得になられた絶対公平無私の仁愛を具体的な政策として実現なし給ふことが即ち「まつりごと」であるのである。かくして、皇祖天照大神の御遺訓は、歴代の天皇に依つて永遠に継承され「皇道」として確立し実践せられて居るのである。

斯くの如く日本は、皇祖皇宗の遺訓を「道」として御継承になり、これを「皇道」として実践し確立し給ふ天皇国即ち「皇国」である。「すめらみくに」である。

今日に於ける重要なる教学刷新の問題は、明治以来無批判に輸入せられた、個人主義、自由主義、階級主義というような非日本的な主義思想を清算克服して、「皇道」の何たるかを計り「皇国」の本質を明かに自覚し凡ての日本人が、誠忠を尽くして、国の大御親としての天皇に帰一し、随順し、その大御心を奉戴していくことでなければならぬ。[15]

さらに、沖山が専門としている国語教育に関して、「国語科ニツイテハ、我ガ国民性ヲ具現セル国語国文ノ特質ヲ会得シ、ソノ深キ精神ヲ理解セシムルコトニ務メ、又国語ヲ尊重シソノ愛護醇化ニ意ヲ用ヒ、外国語濫用ノ近時ノ浮薄ナル傾向ヲ排除スルコトヲ要ス」という、教学刷新評議会答申（昭和一一年一〇月二九日）の一節を引用した後で、次のように断言する。

畢竟するに、我々は、ただ作品を、過去の思想を解釈するといふのではなく、その作品の中に、その過去の思想の中に、現に息づきつつある「吾々の国」を、「吾々の姿」を発見しなければならぬ。これは民族と言語との重要な結合を自覚せる教育者の、当然歩まねばならぬ、否国家に奉仕する教育者としての義務であると考へる。過去を知ることによつて、現在の自己を知り、現在の自己を知ることによつて、未来の自己を強く描き出し、そこに強き結合を生み、皇国の民としての　大君への献身を誓ふべきではあるまいか。[16]

四年前の『綜合的取扱の研究』では、ルソーやフレーベルを、あるいはエレン・ケイやデューイ、ナトルプ等も援用しつつ、総合的取扱としての生活指導を説いていた沖山が、ここでは、「個人主義、自由主義、階級主義というような非日本的な主義思想を清算克服」する必要性を説いていることをどう見たらいいのか。

こうした変化を沖山自身が自分のなかで自己の思想や生き方の問題としてどう自己理解していたのかは今後の

課題としたいが、青山師範学校長三国谷三四郎の「序」と同附属小学校主事阪本一郎の「序」が付されている研究報告書という性格の『国民学校皇民錬成の研究』の中で、自由に自分の考えを述べることはできなかったという見方もできるであろう。また、そうではなく、『総合的取扱の研究』における沖山の教育観・国家観と四年後の彼の教育観・国家観には、共通する部分が多く、沖山個人においては「転向」意識あるいは「時流に抗せず」に自説を曲げた感覚はなかったのかもしれない。[17] そのあたりについては、今後の研究課題とせざるを得ないが、『総合的取扱の研究』が附属小学校での研究発表された昭和一一年前後がどういう時期であったかを見ておく必要がある。

沖山光個人の生活についてみると、一九三四年に結婚し、翌三五年には長女が誕生するなど、私生活の充実期ともいえる時期にあたり、仕事や研究面でも、初めての著書『一点凝視の読み方教育』（一九三五年）を発表したり、本稿で検討した『低学年における総合的取扱の研究』について研究発表を行うなど、キャリアを堅実に積み上げている時期と言える。

しかしながら、沖山が師範学校時代にその息吹に触れ、おそらく自らも旺盛に学んできた大正期の自由教育の思想や実践はこの昭和一〇年前後になると、師範学校附属小学校等に対しても政治的・権力的な抑圧が年々強まってくる時代でもあったのである。

そういう時代状況を踏まえて、改めて沖山が遺した『総合的取扱の研究』をみるならば、出版にまでは至らないにしても、この時期にここまで自由教育の精神を表明した文書をまとめたということに驚かざるを得ない。しかしながら、時代の風向きの急激な変化を察知して予定していた出版を急きょ取りやめたのではないか。恐らく、そのことは沖山にとっても無念であったのではないかと推測するのだが、その時の忸怩たる思いがあったからこそ、彼が戦後、文部省で教育再生のために身を粉にして働き続けたのではないかと思われてならない。こうした推測が当たっているか否かは、今後の課題としたい。

【注】

（1）未刊の草稿『低学年に於ける綜合的取扱の研究』は、太田由紀夫氏が金井里子氏の蔵書中より発見したものである。なお、本資料からの引用等に当たっては、適宜、常用漢字や仮名書きに変換している。

（2）井野川潔編『日本教育運動史第一巻　明治・大正期の教育運動』（一九六〇、三一書房）には、児童の村小学校に創設と同時に関わり閉校まで見届けた野村芳兵衛の手記「児童の村の創立のころと、その教育」が収められている。

（3）中野光『教育改革者の群像』一九九〇、国土社、参照。公立学校の教職を追われた手塚岸衛は、一九二八年に自由ヶ丘学園を創設し、自由教育の灯を掲げ続ける。手塚の死後、自由ヶ丘学園の小学部は小林宗作によってトモエ学園として引き継がれるが、空襲による校舎焼失に伴い廃校となる。トモエ学園時代の体験を記した黒柳徹子『窓ぎわのトットちゃん』（一九八四、講談社）は空前のベストセラーとなった。

（4）成城学園については、まとまった紹介こそないものの、『総合的取扱の研究』のなかで二回言及されている。一つは、第三章の冒頭に示されている生活指導関係の施設（学科・課程等）の創設年表のなかに、「大正8年　自然科（成城学園）」と記されている。もう一つは第五章であり、そこで論じられる「神聖視された児童観」との関連で、成城学園について、「極度に児童の自由活動を認めることは児童自体の奔放な活動を誘発することになる」可能性があり、「これは当時の成城学園の学習状態にも見られた一つの教育の危険性であった」と言及されている。

（5）及川平治については、中野光の前掲書、あるいは、橋本美保「及川平治の動的教育論」（橋本美保・田中智志編著『大正新教育の思想』二〇一五、東信堂）等を参照のこと。
（6）樋口勘次郎『統合主義新教授法』一八九九、同文館、三六―三七頁。
（7）北原白秋「童謡復興」、『白秋全集第20巻』一九八六、岩波書店、三二頁（初出は『芸術自由教育』大正一〇年一、二月号）。
（8）ちなみに、学校を牢獄（＝監獄）と感じる感性は、フーコーが『監獄の誕生』で述べたように、学校における監視と処罰によって規律化された従順な「主体」を作りだす場として学校が機能してきた現実を踏まえるならば、実に学校の本質を見抜いたものと言えるであろう。
（9）大正自由教育については、中野光の『大正自由教育の研究』（一九六八、黎明書房）や池田進・本山幸彦編『大正の教育』（一九七八、第一法規出版）等の先行研究の他にも、近代日本の教育の歴史を通史風に扱っている文献では必ず論じられている。最近では、橋本美保・田中智志編著『大正新教育の思想』（二〇一五、東信堂）が大正新教育の思想内容を可能なかぎり思想内在的に把握する論集として刊行されている。また、当時の実践的な取り組みに関するモノグラフ的研究も生み出されている。
（10）中野光「第四章　教育における統制と自由」、『教育学全集増補版3　近代教育史』一九七五、小学館、一二八頁。
（11）小林登美枝・米田佐代子編『平塚らいてう評論集』一九八七、岩波書店、二二三頁（初出は「婦人之友」一九二六年三月号）。
（12）志村廣明「茨城県における『自由教育』抑圧事件」、『教育学研究』第四九巻第一号、一九八二年三月、参照。
（13）川合章「大正新教育の展開」、井野川潔編『日本の教育運動史第1巻　明治・大正期の教育運動』一九六〇、三一書房、一〇七頁。
（14）山崎雅弘『「天皇機関説」事件』二〇一七、集英社、参照。
（15）東京府青山師範学校附属小学校『国民学校皇民錬成の教育』一九四〇、明治図書、一四七頁。
（16）同右、一五四頁、傍点は沖山。
（17）『綜合的取扱の研究』の中で沖山は次のように述べている。

現代教育革新という見地から眺めたり、教育勅語の旨趣より考えられた、日本国民としての協同社会建造の目的より考察されたりすれば、当然それ（＝カリキュラム）は改められねばならぬものであり、新しい要求に添うように再構成されなければならぬ性質のものである。

ここでの沖山の叙述は、一九三五年の二月以降の天皇機関説事件絡みの世論動向や同事件の結果として作られた教学刷新評議会の議論や答申（答申は昭和一一年一〇月二九日）を意識したものであるように思われる。

（小渕　朝男）

二 附載 沖山光『低学年における総合的取扱の研究』全文翻刻

凡例

一、この附載は、沖山光の未刊の著『低学年における総合的取扱の研究』の翻刻である。
一、底本に、金井里子氏蔵の『低学年における総合的取扱の研究』を使用した。
一、行について、改行箇所は原本に忠実だが、一行あたりの文字数については、都合上、原本と一致しない。
一、歴史的仮名遣いについて、読者の便を図って、おおむね現代仮名遣いに直した。ただし、引用文については原則、歴史的仮名遣いのままとした。
一、原本で使用される漢字については、通行の字体に直した箇所がある。
一、以下に代表される表記について、読者の便を図って、平仮名に直した箇所がある。
（例）此の　即ち　於ける　出来る　来る　既に　如く　寧ろ　居る　若し　儘
一、原本で判読不明な箇所については、□で示した。
一、第三章は、引用が大部分を占めるため、本文同様、旧仮名遣い等は改めた。

低学年における総合的取扱の研究

第一章　まことの教育としての総合的取扱

教育思潮の進展

児童観の再認識

国家、民族より教育への要求

教育界というところは、実によく新しいものの好きなところである。そこには、実に送迎に暇なきほどに新思潮が、論議されている。こうした傾向は、教育社会の純真性の表れと見られぬこともない。すなわち教育社会が正直に虚心に何物でも受け入れる性質に富んでいるとみる見方がそうである。また一面にそれは教育社会の不健全性の暴露と考えられる危険性も多分にある。何故なれば、そうした新思潮の送迎に寧日なしということは、それらの新思潮が、ただ単に右から左へと移動するだけでその思潮が十分に消化され、研究し尽くされるという余裕のないことにもなるからである。所謂新しがりやで、意味もない雷同模倣だけの事に終わってしまう傾きがあるからである。

我々はかかる思潮を研究し、論議する時に、その思潮の新旧ということよりも、むしろ、その根底となる真実性について、論議し、研究したいものである。その真実性を目標にして研究し考察するならば、例えそれが新思潮であっても、それは何らかの意味において、かならず昨日までの思潮との関連を有するもので、今日の思潮が、昨日までの思潮と絶縁されて偶然にも生み出されたということは、ほとんどあり得ないことである。

昨日までのものとの関連をたどって見ていけば、意外にそれは、今日の思潮を見ることが昨日までのものを掘り下げているという結果にたどりつくことが、しばしばあるものである。この意味において、我々は常に過去を培っていきたい。新思潮が起こったとしても、それを虚心に受け入れるのと同時に、虚心に受け入れたものと、昨日までのものとを比較対照し、過去のものを新しく育て上げるという堅実な立場に立ちたいものである。

ここに「まことの教育としての総合的取扱」という一章を草するのも、そうした考えのもとに、新しい止揚された、弁証された眼をもって、総合的取扱の中に新しさ、深さ、すなわち意味の真実性を見出して行こうとするものである。

「新しさ」とか「深さ」とかいう意味は、総合的取扱の中に「動かすべからざるもの」を見出していこうという立場に立つことを意味する。すなわち我々は、その思潮の根拠と限界とを検討して、しかる後にこれを安んじて、実践に移そうとするのである。少なくともそれが、教育という社会に移される時には、被教育者たる児童に大なり小なり影響を及ぼし、時には、その児童の生活を将来にわたって基礎づけあるいは定位しないとも限らぬので、根拠なき無力の実践にならぬよう、限界なき暴挙の実践とそしられざるよう、慎重な態度を持さねばならぬのである。

カントが「人間性の完成」を教育の普遍的、永遠的なる目的として、これを理念と名づけ、「児童は人類の現在の状態にまでではなくして、未来に於て可能なる、よりよき状態にまで、換言すれば、人間性の理念にまで、そして人の全き本分に合致して、教育されねばならぬ。」と言いしごとく、教育それ自体は、ある一定の時間内に完成されるものではなく、実現されるものでもなく、実に世代を追って、無限の道程において、完成に近接し行くのであるから、これだけに、単なる新思潮の流行を追うごとき軽薄なものであってはならぬのである。

ただし、我々はカントの言える「人間性の理念にまで」ということを近視眼的に考えたくはない。児童の現在というものを、不確実な未来のために犠牲にするという意味には考えたくない。大人のための教育や、文化のための教育によって、児童の現在を歪めたくはない。

ルソーが児童への関心を力説し、教師は、何よりもまず児童を知らねばならぬとして、教育上の一切の運営は「児童より」ということを主張した点は、この意味において、確かに注目すべき創見であり、彼が、「近世教育思想の父」として讃えられることも故あることである。

このルソーの、教育上の一切の運営は児童よりという「児童中心主義」の思潮は、エレン・ケイ女史をして、「二十世紀は児童の世紀」なりと叫ばしめ、更にデューイによって、現代の新教育運動へと発展せしめられている。

カントの「人間性の理念にまでへの教育」を、「児童中心主義の教育」へと意味づけて来た我々は、ここに一歩を進めて、ルソーの意味せる抽象の世界の児童エミールを、現実の世界の具体的児童にまで引きもどして、「特定の自然的環境と歴史的社会的環境の中に存する具体的児童へまでの教育」と意味づけなければならない。ここにおいて、ルソーの児童中心主義は、教育の個別化、具体化の原理へと発展してきたのである。ここに最近の教育界に叫ばれる、「生活教育論」の生まれる契機が存するのである。

言うところの「生活教育論」とは如何なる教育的な見地に立つものであるか。次にその意味する内容を述べねばならぬ。

生活教育論は、児童の現在生活それ自身を全体として指導するもので、あくまでも、現在そのものに独自の価値を認め、それを充実させるところに目的をおくものである。

然るにかの準備説のごときは現在を、

1　成人期の準備と考えたり

2　大人の生活または天国生活の準備であると考える

3　したがって必然的にそこには、将来のために現在生活に自覚と無自覚とに限らず、苦難と犠牲とを要求する。

これは明らかに、その目的を、児童の現在とは遠く離れた大人の生活や、未来の職業等におくものである。

現在の生活を歪めて、決して幸福な将来が得られるものではない。生活とは、不断に更新せられるところの流動的、連続的なる発展である。歪められたるところの生活には、真の意味の更新も、流動性も、連続性も生ずる根拠がない。かかる意味から、我々は、この不断に更新し、流動的に、連続的に発展を続ける現在の生活そのものに着眼せんとするものである。しかも生活教育の本質とするところは、かかる連続的発展を指導するということにある。

ここにまた我々は指導とは何かということを考察しなければならぬ。我々は外面より、児童の内面に、直接に知識や能力を授与することは不能のことに属する。何を為し得るかと言えば、ただ、児童を啓発し得る機能を、刺激し得る状態に置くことだけが可能である。すなわち適当なる環境（自然的環境、社会的環境）に置くことであり、言うところの生活の指導を為すことである。生活とは、自我と環境との交渉を通して、そこに自我の要求を遂げ、より高次へと、自覚的に発展することである。故に我々教師は、児童が、その置かれたる環境において自我の要求を遂げんがために、思考を働かせ、解決の方法を講ずるのであるから、その際

1　それが果たして適切であるか否かを吟味し

2　しかも適切ならしめるように暗示あるいは明示してやる。

3　かくすることによって、すなわち環境を調整してやることによって、児童に自らの問題──自我と環境との交渉──を解決させ、あるいはその結果、さらに方法計画を改善させる等して、生活の向上と、思考の確実さを増させていく、これがすなわち生活の指導である。

平易に言えば、児童の生活の中に、生活題材を発見せしめ、あるいは所与の教材にも児童の生活に結合して、興味あらしめ、生活題材学習の結果を児童生活の向上に資せしめるように指導するということである。

かかる際の生活は、その主体を、児童の直接経験であるところの郷土に必然的に見出してゆくので、「生活教育論」は、かかる意味から「郷土教育論」とも関連してくるし、また他の見方すなわち、生活の動向、自律的なところに着眼すれば、生活は、自己活動に立脚して、心身一如の労作として表れることが多いので、この見地に立てば、自然これは「労作教育論」とも関連し、益々もって「生活教育論」の真実性は濃度を増してくる。

我々の叫ぶところの「低学年教育の総合的取扱」も結局この「低学年における生活指導」に外ならぬのである。この第一章には、生活教育論の拠ってくるところを、歴史的に、科学的に、ここに検討しきたって、その確実性を明らかにしたつもりである。すなわ

ち「まことの教育として総合的取扱」を明るみに出したつもりである。

第二章　児童の本質と総合的取扱

第一節 児童観の新しい立場

教育の仕事はすべてその根拠を人間性の内面に持たなくてはならない。教育とは本来が、被教育者に秘められてあるものの内部からの自己発展に対するところの助成作用である。勿論この際吾人教師は、外部よりも種々なる助成作用としての刺激を与える。だがこの際、単に刺激を与えるというのではなく、被教育者にこの刺激を受納するだけの自己の内的主観があると見ての刺激である。すなわち吾人教育者の任務はあくまでも、被教育者の自発性を認めて、本質的な基礎的なものは、普遍的な人間性として、本来児童の心底深く眠っているのであるから、吾人はこれを揺り動かし、自覚させるより外はないとするものである。

教育活動が、一面また児童における価値意識の発展であると言われるのも叙上の理によるのである。かかる見地からすれば、従来児童の心意は白紙なりと見て来た児童観は改められなければならない。事実児童の心意が白紙での状態であるなれば、外部より刺激を与えても、これを感ずる由なく、助成作用ということも思いもよらぬ事となる。

児童に対する外部よりの刺激が可能であると考える限り、教育は児童内心における自発活動に対する助成作用と認むる限りは、吾人はそこに先験的なる価値判断の能力を肯定せねばならぬ。価値判断の能力ありて、はじめて価値意識は可能である。かかる新児童観に立てば、教育とは児童における価値意識の発展に対する助成作用と見ることができる。

「汝自らのうちに、そうして総てのもののうちに汝自らを認識せよ」とは新教育のスローガンでなければならない。

ここにおいて我々は、大人のみを偉大なる完成せるものとしての、児童に対する未完成、未成熟という概念を捨てて、新たなる観点に立って、児童の特質としての

1　未決定性

2　不完結性

3　無限性

を認める必要がある。

教育者が、自己をばすでに完成されたるもの、上に立つもの、何等の発展の余地なき既成熟者へ、児童を単に低級なる未完成物に対する総括として考えるところには、児童における本源性や、自然のうちに拘束されずにある生命等を理解することはできない。

かかる誤れる見地より、児童生活に方向を与えて、それを規定しようとする、強制の教育が生まれる。畢竟これは、児童の児童としての特質を認めないことに基因する。

新教育においては、人間そのものをつくることが、その唯一の目標であり、そのすべてでもある。人間をつくるとは、従来のごとく、教育を一種の生徒の所有物と考えず、むしろそれは、生徒そのものの人格形成の要素と考えることである。教育は強制によって断じてなされるものではない。

教育はフィヒテが、「独逸国民に告ぐ」の中に指摘しているごとく、児童そのものの自己形成であることに着眼しなくてはならない。

成長しつつある児童は、内面から創造しつつ、自己が環境に不可分的に生き、彼が世界に生きるのではなく、世界を彼に生かしつつあると考えるのである。

彼が成長しつつある間、彼は自己自身の内部において不断なるごとくに、世界からも決して分離せずに成長し続ける。否成長し続

けることは、成長し続ける限りにおいて、彼に世界を生かし続けることである。

彼が彼の内に世界を組み入れつつあることは、決して外から強制されるものではない。外から附加されるものでもない。全く児童によって、創作され形成されてゆくのである。教育者は、この児童内部の自発性を認めて、児童の成長における各時期の拡充を助成してやればよいのである。児童をして、彼自らの生活を生きさせればよいのである。

ルソーの説ける児童観を表面的に解さずに内面的に現代的に、解釈すれば、教育の仕事は、現在を犠牲にすることによって、未来を準備したり、大人を以て児童を律したりすることではなくなってくる。勿論教育は何等かの意味において未来に対する準備であっても、それは遠き大人の生活を抽象縮写して児童に強いることではない。ただその内部の成長に応じて、その時期を幼児として、少年として、精神や、心情や、身体の要求を忠実に生活し抜くことによってのみ、はじめて、幼児たり、少年たり得るのである。それは決して、命令や干渉に依るべきものではない。

フレーベルはその著『人の教育』（小原國芳氏訳）の総論の中に植物に対する人間の態度より説き及ぼして、巧みにこの原理を述べている。すなわち、

我々は植物や動物、殊に若い動植物の成長に対しては、よく場所と時間とを与えて、その自然の発育をさせるが、それは、かようにする時には動植物が、その個々のものの中に働いている法則に従って立派に発育し、よく成長するものと心得ているからである。若い動植物に休息を与えて、それに強い人為的干渉を避けようとするのも、もしそうでなかったら、動植物の自然的な発育や健全な成長が妨げられるということが解っているからである。しかるに児童に対しては人々の態度は全く別である。児童は蝋か粘土の塊でもあるかの様に、思うままに自由に取扱われ得るものとされている。――庭園や田園に、牧場や森林に逍遙する人々よ、何故に心をひらいて、自然が与えてくれる無声の教訓に耳傾けないか。圧迫と抑制とのもとに成長している所謂雑草を見よ、ほとんどその内的法則性を発露させることはできないではないか。しかし、野に花園に、広々とした場所に発育する植物を見れば、そこに自然の合法性が現れている。純粋なる内的生命が全体の調和を保って現れたる様の麗しさは正しく、美しき太陽や輝く星が、地平線上に突如現

れたる姿そのままである。人の親たる人々よ。あなた方の子供達は早くからその本性に反した伝習や嗜好を強いられて、病的な不自然な不具者となって、あなた方と共に歩きつつあるが、それでもなお児童らはよくその美を発揮して、各方面に円満な発達を遂げ得るものとなるであろうか。

神性の働きに関しても、また人間の円満な根本的に健全な発達という点から観ても、能動的、命令的、規定的、また干渉的な教育法は凡て、必ず破壊的であり、圧制的であり、妨害的である。再び自然界の例をとって見るならば、例えば葡萄の樹はなるほど時折鋏を入れる必要があるけれども、しかし唯無闇に刈り込むだからとて、決してその葡萄の樹から葡萄酒がとれる訳でもない。むしろ、園丁が樹の本性にそむいて無闇に切り込む結果は、よしそれが善意からするのであっても、ついにその樹は破壊されてしまうかも知れない。あるいは少なくとも、その樹の効力や生産力は害されてしまうに違いない。我々は自然の事物に対して、またその取扱いなどにおいては、過失を犯すことが比較的少ないが、人間に対しては全く誤ることが多い。

何故であろうか。次に述べんとするところである。

第二節　児童の発達と教育の基準

自己活動にまでの教育ということは教育の最高原理である。ヤン・パウルは、「凡ての力は神聖である」とその著に言っている。児童の内部に萌芽する神聖なる力を麻痺せしめてはならない。むしろただ対抗力を強めることを図るべきである。児童の教育において、自己活動にまでの教育という最高原理を実現するための規範は児童の本性そのものに基づいたものでなければならぬ、ということになる。

すなわち教育に関する一切の法規を立てるに際しての基準となるべきものは、子供の発達である。教育の仕事は断じて、現在を犠牲にすることに依って未来を準備したり、大人を以て児童を律したりすることではない。勿論教育は何等かの意味において、未来に対する準備ではあっても、それは遠き大人の生活を抽象縮写して児童に強いることではなくて児童をして、彼自らの生活を生きしめることでなくてはならないと前節に述べたとおりである。

我々の生命は連続発展的のものであるからして、我々はそこに「現在は一切の過去を負ふと共に未来を孕む」というライプニッツの言に導かれて、児童における生活の各時期の拡充こそは、それがそのまま人生そのものの拡充への唯一必然の途であることに気づかなくてはならない。

それには児童の本性にまず目を注ぎ、これを直視することによって、陶冶に関し教育に関する一切の規矩準縄をば子供の発達段階に適応せしめなければならない。これが教育活動の根本的要求である。

児童の本性として、子供の発達の上に現れる特徴をひろい上げて、次の様な項目について考察して見ることとする。

1. 知覚　2. 着眼　3. 観念　4. 抽象作用　5. 記憶
6. 想像作用　7. 注意作用　8. 意志　9. 活動性

知覚は著しく主観的である。これは子供が幼いほど外向知覚に内からの感情、観念、意志等の要素が加わって主観的になるのである。着眼について見るに物を観る場合の子供の眼の九歳以前においては物を個々のものとして知覚するだけで、総合する力は乏しいと見られる。

第三の観念について見るに、子供の観念界は頗る狭いものであるから、思考作用も言語観念による抽象的のものではなく、事物観念を以てする直観的の思考である。

抽象作用の発達に関しても、心理学者の報告するところは、十四歳以後に至らざれば顕著ならずとしているので、十四歳以前の抽象的推理は一般に危険としなければならぬ。

第五には子供の記憶であるが、子供は大人よりも容易に且つ敏速に学ぶと信ぜられてきたが、最近の研究においては、それはある一面のことで、他面においては極めて薄弱であるということが、わかってきた。それは如何なる方面かと言えば数及び抽象概念の記憶である。感情の記憶にいたってはさらにおくれるものとされている。故にかかる記憶の強弱の傾向を無視して、一様にこれを要求することは非心理的であるとされる。

第六は子供の想像作用である。これは観念多様であるか否か、またそれが完全であるか否かという二観点から考究されるのであるが、何れの方面からするも極めて貧弱であるということが言われている。さらに子供の注意作用の方に眼を向けて見よう。子供の注意作用は、知的精神的ではなくて著しく感覚的である。有意的でなくむしろ受動的である。

かくのごとく有意的注意が、遙かに受動的注意に劣っていることは、最後にあげる意志の発達の遅れて起こることを物語っている。子供は個々具体的の目的または活動原因に促されて動くので、一般的の決意または規範に従って動くのではないと報告されている（佐藤熊治郎教授著参照）。しからば児童を導くには如何にするのが、心理的であり妥当であるかを説く前に弁証的の見地より説く教育学説に耳を傾けて見たい。

第三節　児童の特質に関する考察

児童中期（二、三歳―七、八歳、幼児期）には、美しき玩具、器物、衣服等に関する美的の希求や、事物を比較し、対照し、計算し、因果的に結合する理論的価値希求、親兄弟や友人等に対する親愛、嫉妬、競争等の社会的価値希求という様に、生命価値に対して、生物的欲求から独立して各種の価値希求が生じて来る。

但しこれ等の価値意識は、明瞭に分化して表れて来るのではなく、結合せられて未分化のまゝで作用する。即ち一個の玩具を求めるにしても、それは美的対象として求められると同時に知的及び社会的活動の対象として取扱はれるといつた様な工合である。

これ等の特質は具体的には、遊戯として表現されて来る。であるから此の時期の子供の生活内容は遊戯がその大部分を占めるものである。遊戯と区別されて作業というべきものは、殆ど行はれて居ない。大人の眼には客観的に作業と見えても、児童の主観からすればそれは遊戯であつて、作業と名のつくべきものではない。

この児童生活の大部分を占める遊戯は、多くの成人の生活を模倣して行はれ、その相手は主として魂なき事物、特に玩具である。而もこれを魂あるものゝ如く想像して取扱う。此の様に此の時期の特質は、外面的にその動作を見れば遊戯であるが、内面的にその意識を見れば活溌な大胆な想像である。彼等は周囲のあらゆるものを人間化し有情化せずにはおかぬのである。しかもこの想像は、心的機能の未分化の全体を以てする素朴的想像で、想像する世界が同時に実在する世界で、想像界と実在界との二元的想像でなく、想像界即実在界の一元的想像の世界である。この意味に於て此の時期の子供の世界は、神話的であり、物語的であり、芸術的である。

而して彼等の生活が単なる生物的状態より漸く人間的生活に進むことに注目すれば、此の時期は、人間文化への最初の接触の地点にあると言ふことが出来る。今や彼等は人間としての生活に第一歩を踏入れたのである。（石山修平教授著参照）

第四節　生活としての遊戯

児童中期の生活の主要なる部分は遊戯であることは前節において述べた通りである。しかも児童はこの遊戯を真剣に生活することによって、人間文化への第一歩を踏み入れるのである。かかる見地よりこの遊戯について、ここに一考察をしようとするのである。

児童期における遊戯が大切であるということを考える様になったのは、一般に近代のことの様に考えられるが、古代においても偉大な教育者達は、この点に注目していた。プラトーのごときはその例である。プラトーはすでに二千幾百年の昔において、「遊びを通じての教育」ということを考えていた。すなわちそれは、

「身体の鍛錬は、強制しても身体をそこなひはしないが、強制のもとに収得した知識は決して把持せられない」

と説いている中に、遊戯を通じての教育の叫びを認めることができる。

さてこの様にプラトーの昔から叫ばれている遊戯の価値については、その見方において種々の意見が提出されている。

詩人シルラーは、勢力過剰説を唱えている。その説によれば、遊戯は身心の過剰の勢力を発散する所以で、獅子が食い足り腹満ちて、森林に吠ゆるがごときは正にこれであるとしている。

シルラーの思想の影響を受けているドイツのグーツムーツは、『精神及身体の鍛錬と錬磨のための遊戯』という書を著して、その中に、

「遊びに於ては、それが正しく理解せられるならば、遊び手は彼の活動性の自由なる働きの満足といふより他の目的は持つてゐない」と、さらにまた次のごとき極めて興味深き言もある。

「遊びは吾々の幼年期の最初の唯一の仕事であつて最も愉快なものとして生涯忘れられない。重荷を負つた動物のやうに苦労するのは、人間の最下層の、最も不運な、また最も数多き階級の悲惨なる運命である。然もこれは自然の目論見と意志とに反する。ミューズの最も美しい芸術は遊びであつて、ピンダルの歌へる如く、優しい美しさなくては神さへも、祭もはじめなければ、踊もはじめない。人生から必要のため強制せられる務を取り去つて見よ、残つてゐる総ては遊びではないか。芸術家は自然と共に遊び詩人は想像力と共に遊び、哲学者は思想と共に遊び、やさしき本性は心情と共に遊び、而して王者は実に吾々の頭数と共に遊ぶのである」と。

かくのごとく、児童における遊びは興味の中に遂行せられる仕事である。児童にとっては遊びは生活そのものである。

近代の教育思想家の中では、フレーベルが、この問題に最も深く触れている。

フレーベルの教育思想及びその実際教育は幼児のために作り出されたる「遊びの教育」であるとも言われている。彼はその信念の中から次のごとく語っている。

「遊びは人間のこの時期に於ける最も純な最も精神的な活動である。同時にそれは人間とすべての物の中にひそむ生命体として、人間生活の模範である。それは善なるもののすべての源をいだいて居る。子供の遊戯は後の全生涯の萌芽である」と。

彼の思想によれば、子供の生活をつくり出すものは、遊びと談話とであって、中でもよく遊戯する子供はよき生徒となり、遊戯は「社会の学校」であり、「芸術の学校」であり、「宗教の学校」であり、さらにまた実に、「神に於ける活動である」と、遊びの生活を

強調している。

ここに注意すべきは、大人の功利的立場に立って、遊戯ということを考えてはならないことである。グルースのごときは、その児童心理の研究において、遊戯を将来の準備のためと考えているが、これは余りに偏した功利的な考え方であると言わなければなるまい。

勿論グルースの言うごとく、遊戯は自ら将来の社会生活の準備となると考えられる点も多分にある。がしかし児童の生活には児童の生活それ自身として意味がなければならない。

「子供をして子供の世界を味わせよ」

これはルソーの力説するところであるが、実に人生は、その各時期にそれぞれ独特の意味を有していて、しかもその各時期に与えられた独特の生活を充実してゆくことが、すなわちそのまま人生そのものを完成する所以となるのである。

という意味は、遊戯の時代は、遊戯そのものが目的であって、その他に目的はない。であるから遊戯時代は、遊戯時代として完成させれば足りるのである。否これより外にこの時期を教育する方法はない。と言ってよいのである。であるからして我々は大人の頭からして、遊戯の教育的価値を低きもの、所謂遊び半分と考えてはならない。子供にとってはそれは、かけがえのない真剣な生活そのものなのである。

次に遊戯と労作との関係を見るに、教育を論ずる多くの人が、子供にあっての遊戯は、大人にとっての労作であるとして、遊戯と労作とを区別しているが、しかしこれを明らかに区別することは困難なことで、むしろ大人の世界にも遊戯は立派に存するということを考えたい。

大人の観念では、遊戯的といえば、幼稚な取るにも足らぬことのごとく考えているが、こうした考え方は、子供の遊戯をさえもその本質において捉えておらぬ考え方で、子供の遊戯が、彼等が「生命をうち込んでいる全生活」であること、すなわち「真剣なる生活」であるという遊戯の本質を、我々大人が理解しているならば、子供の遊戯を称して遊戯的という様なかかる皮相な見解に基づく用語はないはずである。

試みに子供の遊戯する有様を見れば、子供は実に熱心に真剣に遊戯していることがわかる。大人の考える所謂遊戯的態度、遊び半分という軽薄なる態度はその姿の中に毫末も見出されない。

かかる意味からして、子供の遊戯は、その「会心の労作」であると言える。営々として働くというよりもさらに深く根ざす「会心の労作」なのである。

この会心の労作たる遊戯において、子供は、大人がこれを如何に見ようとその様なことにはほとんど頓着なしに一心にそれを続けている。この時における子供の遊戯は、ただ純一にその心に考え想像するところを、目に見える行として実現しようとしている。その姿はあたかも芸術家の精進におけるがごときもので、かかる見地から子供の遊戯の世界は、自由創造という意味の制作であると結論することも可能であり、しかもその論は正しいものである。かかる遊戯の中に我々は彼等が遊戯することによって、衝動を整正し健全化する働きのあることを認める。この点からデューイなどは、遊戯は子供を社会化すると言っている。

子供の真剣な遊戯の姿が大人の世界にも見出せると先に述べたが、大人の生活において、徹底するということは、子供の生活の形相をさらに深めたものを自己に体現しているのだと見ることができる。この意味からすれば、大人の労作が、子供のような純な意味における遊びにならなければ、大人の生活というものは真の働きを為し得ないものであるとも言える。

人生は単に真剣という一本調子ばかりで動くものでなく、純一にその仕事の中に生きるすなわち、「真剣に遊ぶ」ということになって、はじめて人生の味が出るのである。

悠々として人生に処する哲人の生活はすべてかかる「真剣に遊ぶ」という姿態をとっていると言ってよい。真の哲人、真に徹底した人というのは、如何なる時においても、人生を超脱して人生に処する人である。

それは真剣であるけれども功利とか打算を脱却している点において遊びであり、しかも真剣である。矛盾したような二つのことが渾然と一つに融合しているのである。

「大人はその赤子の心を失わず」

というのはかかることから了解できる深い言葉である。子供の知育を遊戯本位に行えと言ったプラトーの言もここに深く生きる。哲人が真剣に人生に遊ぶということを考える時、吾人が、子供の遊戯から深く味わなければならぬ永遠の問題がそこに萌芽していることを認める。

かかる意味からして吾人は遊戯についてここに深く考え、その本質、真意義を再認識して子供の生活を評価する必要が認められるのである。

「よく眠る子はよく育つ」

が真理である様に

「よく遊ぶ子はよく育つ」

もまた深い真理を蔵している言として、深く子供の遊戯の中に彼等の真の生活を見出してやらねばならぬ。かく論じきたって、吾人は遊戯を生活させることがこの時期の子供にとって、否人生すべてにかかる重要問題を孕んでいることを直視してからねばならぬことを強調したい。(福島博士、教育学緒論参照)

第五節　児童生活と郷土

教育とは児童をして彼自らの生活を生活させることであった。現在を将来への準備と解して、何等かの意味において、歪めたり、パウル・モンローの言のごとし、「望遠鏡を逆にして覗いた大人の観」ちょう児童観、教育観にて、大人を以て子供を律するということではなかった。

「各人の魂に内在せる能力を現象より理念へと転向せしめる」と言うがごとき認識の正しき哲学の基礎に立つ教育は、あくまでも児童の生活の現実に目をさらし、素直に見極めることによって、現実に生きる教育でなければならない。それは各時期を拡充することによって、そのまま人生そのものの拡充を企画する教育である。

故にそれはまた、「宛も盲者の眼に視覚を植込む如く魂に内在せざる知識を植込む」がごとき大人の越権による教育ではない。児童の精神をば、そのいずれの時期においても、

「一個のそれ自らに於てまとまれる全体」として取り扱う教育である。この観点は、幼児より成人に至る発達は、単に同一の性質の量的増加ではなく、質的変化である。児童と青年と成人とは各々それ自らの特質を以てまとまれる全体をなしているとする立場である。

この観点は次の様な立場からも言える。すなわち人は一定の年齢に達することによって少年になったり、青年になったりするのではなくて、ただその幼年期なり、少年期なりを、精神や心情や身体の要求を忠実に生活し抜くことによって初めて少年になり青年になるのである。同様に成人は成人の年齢の故に成人になるのではなくて、彼がただ彼の幼年、少年、青年の各時期の要求をそれぞれ忠実に充たすことによって成人になるのである。

しかして児童中期は、人間文化への最初の接触の時であり、生命的希求の外に、審美的希求、理論的希求が生じ、しかもこれ等の希求は、未分化の渾一体として、生活としての遊戯の中に表れるということは前項にも述べた通りである。

故にこの時期における子供の生活の大部分は生活としての遊戯なのであるから、生活としての遊戯を善導すること、遊戯を生活させることが、すなわち現実を生活させることとなるのである。

児童は児童自らの現実を生活するところに、生活への不断の興味を起こすのであるから、教師の仕事は、何よりもまず児童をして、十分に自己活動を営ましめる、すなわち遊戯を生活させる様にその指導を企画することであると言わねばならぬ。

ただしここに留意すべきは、遊戯が子供の生活の大部分であり、その生活の本質であるからして、ただ子供が遊戯するままに任せておいたのでは教育とは言い得ないし、また児童を自然のままに放任しておいても、そこには決して、何の自己活動も起こる理由の

ものではないということである。

この問題を考えるためには、どうしても、個人は全体の一成員であるという、社会の原理に眼を向けなくてはいけない。

長田博士は、ナトルプの社会的教育の中から「個人は人間社会に依つてのみ人となる」という一言をとって、教育と社会の関係を説いておられるが、実に我々は、社会の影響、刺激によって、人間本来の素質を向上発展させてゆくのである。ここにいう社会とは勿論人間社会の謂で、人間を離れた社会というものはなく、社会というも人間なくして成立する概念的の存在ではない。したがって、大なり、小なり、人間知識の陶冶も、人間意志の陶冶も、すべてこの人間社会なしには考え得られぬことである。

この論をなす最初に「児童観の新しい立場」ということを説いた。児童を一つの生命体と見て、それ自らの内に進展する力の芽生へを認めたのであった。それ自らに進展する芽生は具有されても、これに刺激を与え、これを進展し得る環境に置くのでなければその力は発展するものではない。ここに我々は、児童を社会との関係の上において考えねばならぬ理由が存するのを発見する。

すなわち何等かの意味においての自覚は、意識と意識との社会的交錯の上に生ずるので、それ自らの単独なる存在の上には発現せぬ姿である、「生活や陶冶する」ということは、かかる意識と意識との社会的交錯の上に生ずる生々発展を指しての謂である。従来の教育のごとく児童がただ単に受動的に教師の影響下に立ったとて、それで、児童の意志は発展するものではないのである。

そこに、甲の意志が乙の意志を刺激し、教師の意志が児童の意志を刺激し得るのは、両者の意識が同じ社会の根本法則に支配されて互いに連続するからである。すなわち社会を離れて教育はない。かかる意味から、学校の社会化が叫ばれる所以である。学校生活と社会生活とが、無関係のものであったり、対立するものであったり、矛盾するものであってはならない。学校を共同社会化して、児童の全我を如実に解放し、教育を生活して味得させ以て単なる「認識の取引」を目的とするかのごとき個人意志の集積としての学校をば目的の王国へと止揚するにある。つまり我々は子供を社会的の環境において、教育しようとするのである。ここにおける社会的の環境とは、郷土という意味に考えてよろしい。何故なれば子供の日々起居するその社会は郷土以外にはあり得ないからである。

この点に関して、長田博士は次のごとく述べておられる。

「総合教授の基礎を人は就中郷土に置かなくてはならない。基礎を郷土に置かない総合教授は多くは似て非なる総合教授であつて、其の立脚点は依然として旧い原子論的機械観である。普通総合教授の名に於いて呼ばれる教授の多くは既成の諸教科を要素として、これを機械的に束ねた剪篏細工であつて、其処には何の有機的生命の流動もない。凡て教授が総合教授であるか否かは、其の教授がうちに含む教科の数によつて決すべきものではなくて多くの教科内容を総合統一する様式の純一無雑な点になくてはならない。総合教授にして若しただ雑多な教科内容の単なる集積であるならばそれは従来の教授と何の相違もない。斯く考へて人は「何が」でなくて「如何に」が総合教授の本質を規定する条件であると言つてもいゝであらう。実際たゞ雑多なところに総合教授の本質があるのではなくて、雑多の統一される様式が真の有機的生命観に基づくところに総合教授の本質がある。」

以上の学説に導かれて総合教授の行くべき途は分化せる数多くの教科を未だ分化せざる実在関連の根源に引きもどして、そこに教授の真の生命を流動させるところにある。しかもかかる総合教授を真に成立させる最も力強い基礎若しくは地盤を人は就中具体的全体としての郷土に求めることができる。かく観て人生は機械観の上に立つ擬似的総合教授を真の生命観の上に立たせるものが郷土であると言っても誤りではない。現代の教育改革運動を支配する根本精神の一つは、すでに述べたるごとく原子論的機械観から有機的生命観への転回である。この意味の転回を最も効果的に招来することに依って、教育を具体的全体としての生活の上に再建し、以てコメニース以来の直観教授を深化し、且つ純一無雑ならしめるものが郷土であるといっても過言ではない。（長田博士、教育学参照）

なおこの郷土教育について、別の見地より論及したものに、石山脩平氏のものがある。氏は教育の段階を、

1．基礎的陶冶
2．職業的陶冶と一般的陶冶
3．一般的陶冶と古典主義教育

の三段階に分け、普通教育と呼ばれる、家庭教育より幼稚園小学校の教育及び中等学校の教育までを、人生の発達過程において、未だ特定の生活形式——個性及び職業——に固定せざる段階として、これを基礎的陶冶の時代としておられる。

そして、基礎的陶冶においては、将来の如何なる生活形式にも共通に必要なる基本的教養を得しめることがその任務であると指摘するのである。氏は基礎的陶冶に対する理念の萌芽として、ルソーの言を挙げておられる。すなわち、

「私の子供が軍人にならうと牧師にならうと弁護士にならうと私の関知することではない。両親の職業を継がせる前に、自然は子供を人間として生活せしめようとする。生きることこそ、私が彼に学んで欲しく思ふ職業である。」とこう言うのである。

しかしこの基礎的陶冶なるものも、それは職業的の見地からは開放せられたものであるけれども、社会や、国家的の見地から開放せらるべき性質のものではない。ここに氏が、基礎的陶冶を郷土と祖国に結びつけて説く理由が存するのである。しばらく氏の説を傾聴することとする。

「児童の根本的特質は、環境への順応に存する。この場合に環境とは、小にしては郷土、大にしては祖国の、自然的並に文化的事象である。家庭及び近隣の小郷土から出発し、次第にその範囲を広めて、ついに現代人類社会の諸形態中最も緊密なる一単位をなせる国家にまで及び、この郷土と祖国との自然に順応し、言語を修得し、歴史に通じ、その他郷土祖国の生活に必須なる知能を、それへの愛着関心を養ふことは実に基礎陶冶の本領である」（弁証的教育段階論　一七七―一七八）

しかして、基礎的陶冶は実に子弟をして自らの生の根を下ろさせること、生涯の活動の地盤を確保させること、すなわち自己の身と心とを特定の郷土と祖国とに深く結合させることを根本的使命とするとこの項を結んでいる。

さらに、「一切の生活形式の基礎」なることに言及して、郷土と祖国とを地盤とする基礎陶冶は、その内容においては人間生活のあらゆる領域――一切の生活形式――の基底を培うことを任務とするとして、次の様に言われている。

「即ちここでは身体的、経済的、理論的、芸術的、社会的、政治的、道徳的、宗教的の諸方向が、洩れなく陶冶せられねばならぬ。但し児童と雖もその時々の生活は、これ等諸方向の何れかを主とし、中心として、他をそれに従属せしめた所の特定の構造形式を示す。換言すれば、如何なる時にも彼等の生活は一個の全体であり、全我活動である。故にすべての生活形式の基礎を養ふといふことは、如何なる特定の生活形式をも取らせないといふことではなく、かえって一切の特定の生活形式を、次々と交代して取らせることであ

る。毎時限の児童が、更に細かく見れば瞬間毎の児童が、その時々に全我を傾けて、特定の生活形式を取りつゝあるのである。今の時限を科学者的生活に没頭した彼等は、次の時限には芸術家的生活に全我を傾ける。斯くして常に全体が、併し永く固定せざる全体が、次々と体験せられて行くところに基礎的陶治の本領は存するとするのである」と述べる。

要するに現在生活は、特定社会に制約せられたる現在生活即ち郷土の生活である。すなわち我々は郷土に生活の題材を求めて、彼等の現在生活を指導することが要点となるのである。

第六節　結論

第一項においては児童を大人の縮図と見ざる立場を説き、第二項において低学年児童の教育は、児童の現状を凝視するところより、発生せねばならぬ理由により、第一項の児童観の正しさを深め、第三項に児童の特質を説くことによって、次に来る第四項の、生活としての遊戯の価値を決定し、第五項において、その遊戯は郷土に根ざす生活の指導であることを述べた。

総合的取扱は、児童の生活しかも郷土に根ざす未分化の生活を指導することによって、児童の生活を陶治せんとするものであるから、児童の本質より説いてきても、総合的取扱の妥当な意味が確立してくる。すなわち我々は、

1　児童の本質
2　児童の生活
3　郷土（国家、民族）の教育への要求

の三点に立つことにより、総合的取扱の根拠と、妥当性を見出し、低学年にこれを実施しきたったものである。

第三章　生活指導に基づく教育の展望

この章には、「生活指導の展望」として、各校の直観科、自然科、文化科、郷土科、生活科というものを、年次順ではなく、各校単位に紹介したのであって、これを批判するという態度は少しも取っていない。それは各校により、それぞれ研究されたことであり、方法においては、生活指導の教育思潮に導かれてきた教育施設であるから、その目的観においては、多少の相違を根本的に持っているものの、生活指導の教育思潮の上に立つ教育施設であることにおいては、合科教育、総合的取扱においても同様であるので、ここに各施設を各校単位に紹介した理由である。

それ等施設を通して各校の、取扱の態度、趣旨を明らかにし、その中に児童の生活を基底として、これを指導せんとする共通的の傾向を見出して行けば事足りるのである。また一つにはかかる方面の研究をされる方が、幾多の書物を読まれる繁に堪えないという労を幾分でも、軽減する意味から、幾多の書中よりその校の研究をそのまま何等の批判を加えず、転記したものである。随ってそれら発表校の各研究に対し、ここに転記させていただいたことを感謝するものである。

多少年度ということを考慮に入れて、その歴史を辿れば、次のごとき表が作製される。せめて転記に対する感謝の意味を以て、次の表を掲げる。

年次	実践相
明治 29	庶物科（東高師）
〃　34	観察科 直観科 郷土科　（東高師）
〃　41	郷土教育（愛知第一師）
大正 8	自然科（成城学園）
〃　9	合科教育（奈良女高師）
	自然科 直観科　（青師附小）　京都師 新潟師　天王寺師 山形女師　滋賀師
〃　10	直観科（女子学習院）
〃　12	直観科細目（東高師）
〃　14	全体教育（東京女高師） 自然科（成蹊学園）
昭和 2	郷土教育施設　全国に 500 校 （青師附小　直観科細目）
〃　4	師附小　直観科（100 校の内 50 校）
〃　6	総合的取扱 郊外教授　（青師附小）
〃　9	田園教場（東女師）

第一節　東京高師の観察科並に郷土科

東京高等師範学校附属小学校に観察科というものが特設せられたのは、明治三十四年四月からであるが、しかしその前段階とも見るべき施設はすでに早くから設けられていた。すなわち同校にては早くから地理科と称して尋常一学年より庶物の知識を授けていたのである。その創始年月については「創立六十年」においても不明となっているが、東京茗渓会雑誌に現れている論説等より推察すれば、恐らく明治二十八、九年ではないかと思われる。少なくとも明治二十九年にはかかる施設が設けられていたことは明瞭である。この庶物科とも見るべき地理科が明治三十四年に観察科と改められたのであるが、その間の事情を明らかならしむるものとして、当時の附属小学校主事補助棚橋源太郎氏が雑誌『教育実験界』に掲げている説明を次に再録して見よう。

「高等師範学校の附属小学校の第一部では従前は尋常第一学年から地理科というものがあつて、其内では主として理科及び地理の初歩を教へ、さうして尋常第三学年に至つて郷土の地理を稍精密に知らせ、尋常第四学年に至つて郷土に於ける伝説から始めて伝記体の基礎的歴史教授を行ふて居つたのである。然るに本学年からは少しく之を改正して尋常第一学年第二学年には観察科として主として理科及び地理に関する事項を直観的に教授し、第三学年になって郷土科として地理歴史理科と言ふものを悉く郷土に材料を採つて教授し、第四学年に至つて更にその地理歴史理科の教授を拡張するということに改めたのである」

これに依って見れば、尋常第一学年及び第二学年における観察科は、理科及び地理に関する事項を直観的に教授する場所であって、第三学年における郷土科と共に地理、理科、歴史の準備教科としての任務を有するものである。地理、理科、歴史の初歩を直観的方法に依って教授せんとする所謂方法主義に立脚する高嶺氏流の直観教授は、漸くここに至って一つの特設科目としてその実を結んだものと言うべきである。

かくて明治三十四年より我が国における最初の直観科の施設が、東京高等師範学校附属小学校において実施せられるに至った。しかしてその内容に関しては当時の教育雑誌に発表せられているものに依ってかなり明瞭に覗われる。直観的事物について主として理科及び地理科に関する事項を教授せんとする同施設の意図はこれによって明瞭に覗われるであろう。謂わば同校の観察科は直観初歩教授の思想を最も端的に表明した施設とも言うべきものであって、同校の観察科を貫く、こうした精神はほとんど変化することなくして、現在まで持続されている。大正十二年には第一学年より第三学年までの直観教授細目が作製せられて、その内容は主として理科入門と見られるに至ったが、直観初歩教授としてその根本方針は、観察科創設当時と何等変わるところがない。

東京高等師範学校附属小学校において、主として独逸の教育界より輸入せるハイマート・クンデの影響によって、明治二十年代の末より低学年に地理科を置き、後述するごとく第三学年より郷土的事物に即して地理、歴史の初歩教授を行っていたが、さらに明治三十四年より郷土科を特設するに至った。

かかる意味の郷土科論はその幼稚な形式においてはすでに明治三十年頃より認められる。もっともその用語は必ずしも郷土科という言葉で統一せられているものでなく、郷土識、郷土誌、郷土学というような言葉がハイマート・クンデの訳語として郷土科の意味に用いられていた様である。当時の教育雑誌には三十年頃よりかかる所論がぽつぽつ現れている。斎藤斐章氏の「郷土誌の小学教科上に於ける位置」と題している論文には、

「郷土誌とは児童に最大影響を与ふる所の自然上、並に人事上の材料を蒐集したる学科の総称なりとす。

蓋し郷土は児童に対して深き印象を与ふるものにして、其の個性に著大なる影響を及ぼすものなれば、児童教育はこの郷土により て形式せること甚だ多しとす。且つ児童は郷土に対する観念甚だ活溌にして其の感情も強烈なるものなれば、郷土の材料を採りて以て教授の資料となすときは教育の上に著大なる功を奏するものなり」

とする、もっとも特設郷土科論が明瞭に現われ始めたのはむしろ東京高等師範附属小学校に郷土科が特設せられた明治三十四年以後であって、この頃著された単行本『郷土科教授指針』（増田長吉、桂信次郎共著）においては、郷土の意義、郷土科の必要、時間数、教材配列、学校設備、郊外教授等が論ぜられ、従来の郷土地誌、郷土史談等の教授を廃して、郷土の教材を生徒の発見し得る順序に従って、総合的に取扱う郷土科を特設し、以て一面地理、理科、歴史等事物教授の基礎となし、他面国民的社会的教養の基礎となさんことを主張しているのである。

明治の初年頃より直観教授の思想と雁行して直観初歩教授、謂わば地理、歴史、理科の予備段階として、郷土教授とか郷土科とかの形式で提唱され来たった我国の郷土教育は、この頃より郷土観念の附与、愛郷心の養成という新たな旗幟の下に更生するものであって、ここに我国郷土教育の第二の段階に到達するのである。（伏見猛彌氏発表の論文による）

第二節　奈良女高師附小の合科学習

奈良女高師は我国全体学習の発祥地といってよい。ここにおいては合科学習と呼んでいるからこの用語に従って論じて行こう。ただしここに我々の考慮しなければならないのは木下主事によれば学習を以て、「有機体が外界の刺激に反応して起こす所のあらゆる変化」とするのであるから学習の概念は普通の用語側よりも広くなるのである。すなわち教授の作用を児童の側から言ったものではなくて教授、訓練、養護を一括して、これを児童の側から学習と言ったのである。すなわちこれは児童中心の全体教育である。木下氏によれば合科学習はその暗示を家庭生活から得ている、本来の家庭生活をその方向に従って改善したところに氏の合科学習の特色がある。

木下氏の学習法とは、学習者自ら生命そのものを確把して、生々発展させて行く方法である。自ら生活することによって、生命そのものを把握することである。その生命は元来同一的のものであるから、学習法では生命を全一的に使用させつつ、その同一的発展を図ろうと言うのである。従って学習は全一的であり合科であるべきである。

氏においては学習を合科主義を以て一貫としている。それは合科学習を大中小の三種に分かち、尋常小学においては第三学年までに大合科学習を、中学年に中合科学習を、尋五、六の二年及び高等科に小合科学習をそれぞれ配している。

今その中、我々の必要なる部分、大合科学習について覗うて見よう。大合科学習とは、児童の生活内容に何等の彙類を施さず、また広く環境を整理して置いて、その間に学習生活を遂げさせるやり方である。教師の整理した環境の中において、児童に自由に学習せしめ、それを教師が指導して行くのであるから、環境整理は教師の最も重要なる仕事となる。

環境とは自然、社会、学校、家庭の四とす。これ等の交互に現れる四種環境中において児童は相互的に、あるいは独自的に学習するのである。この際教師の指導原理としては、

イ、　作為原理
ロ、　接触原理
ハ、　興味原理
ニ、　創作原理
ホ、　発展原理
を列挙している。

合科学習の実施されたのは大正九年四月からであるが、ここにおいては最近に至るまで、指導要領を作らなかった。すなわちここに奈良の特色たる環境中心と言うことが現れているのであって、題目中心ではないからである。したがって受持教師の性格によって、その合科学習の様式もかなり異なった色彩をもっている。

今その変遷を年代的に概括的に考えて見ると次の様になるのではないかと思う。
○試験時代（大正九年―大正十二年）
イ、　学習生活の単位を全級共通に採る。
ロ、　題材中心
○組織時代（大正十三年―昭和三年）
イ、　独自学に中心に置く
ロ、　現在の面影現れ環境中心に傾き始む
ハ、　教科書への顧慮あり
○現在（昭和三年以降）
イ、　合科学習指導要領作製

ロ、　環境中心従って設備の完全に重点

ハ、　合科学習様式

中学年になれば、内容において次の様に分かれる。（二年位から漠然たるの区別あり）

- 合科学習
  - 形式
    - 独自学習
    - 共同学習
  - 内容
    - 研究……お調べ
    - 発表……お話
    - 制作……お仕事
    - 運動……お遊戯

なおこれ等は大体の形式であって、教師によって、あるいは環境を広くとる人と、狭くとる人とがあり、さらにその重点を家庭に、あるいは自然におく人とがある。

次に合科学習の特色をあげる。

イ　環境整理を中心とする学習が本体となる。環境中心という場合、環境とはその内容上如何なるものを意味するかが問題であるが、それに関して次の様に述べている。

- 環境
  - 自然
  - 社会
    - 学校
    - 家庭
    - 社会（狭義）

そして環境に順応せしめこの環境を創造せしめ、包含的にその環境を整理せしめることが教育の本義と考えられている。したがって、合科学習指導要領を見ると四環境が循環的に現れる様にしてある。

ロ　児童の独自学習を尊重するから、その当然の帰結として、教師の人格にその成績の成否がかかることになる。そして本校においてはこの教師の活動範囲がかなり自由であることである。指導要領も教師によって自由である。学年のプログラムを定めず、専ら教師の自由裁量に任してある。

ハ　児童の学習題目の範囲が頗る広い、これは独自学習尊重の自然の結果である。

ニ　教科書の連関は教師の胸中に蔵されているだろうが、指導要領には具体的に現れている。

ホ　設備の完備、環境中心の全体学習であるから、必然的に教室の設備も、学習環境の中の重要素として重視される訳である。

以上は渡邊唯雄氏著の『低学全体学習の新研究』より転記したものであるが、なおその育ての親たる木下竹次氏の『学習原論』より転記すれば次の如くである。

一　分科と合科との意義

分科学習は学習生活を幾部門に分類して各別に学習する方法で、合科学習は学習生活を幾部門に分類せず之を渾一体として学習する方法である。従つて合科は不分科と云ふのが最も適当であるが、称呼の便利の為に斯く云ふのである。合科は分科を総合する意味ではない。従来の教育は分科主義を重視して各分科を更に幾つかの小分科に分類した。理科には動物、植物、鉱物と物理化学とがある。数学には算術、代数、幾何等があつて更に之を小分科に分類している。図画にも手工などにも種々の分類がある。実際の学習においては、部分の学習から始めて漸次に全体を構成せうと云ふのである。之が系統的で学習には最も有効な方法と信ぜられた。教科書も材料を分類的、系統的に配列し何れも単純より複雑に進む順序を取つた。

二　合科主義の重視

分科主義にも一応の理由はあるが、人間生活を余りに分類的に構成的に取扱うては、複雑微妙な人生の向上を図り文化の創造を進めて行くことは困難である。不消化物が他との関係上食物全体の一部分として人体に益がある様に、部分としては価値なく有害なものでも、人生全体としては価値のあるものもあらう。部分的の修得は容易に出来るにしても、之を一全体に構成し組織することは決して容易のことで無いから、折角修得したことも何等役立たぬこともあらう。教師から複雑に考えられても学習者は案外之を簡単に取扱ひ得ることがある。図画の学習などで之が明瞭にわかる。理論では困難でも之を実際の活動に訴えて行くと容易に出来るものがあつて、其の理論は漸次修得した方が宜しいことが沢山ある。何も理解一方で学習の順序を定めねばならぬことは無い。

又合科学習をすると事物を多方面から観察し工夫するから学習者の将来の生活に於て余り一方に偏することを妨ぐことが出来る。此の如き理由からして学習生活を渾一的、循環的に取扱ひ、漸次にその内容に開剖を行うて進行することが頗る有効な学習になることがある、此の合科学習には全科に対する合科学習と一科に対する合科学習とある。

三　全科的合科学習の実施期間

全科的合科学習の実施期間はどれ程が最も宜しいか、著者は今之を明確に定めることは出来ない。恐らく時と所と人との関係で実際では一定に出来ないものであらう。全科的合科学習は学習者の生活が分化不十分であって尚単純な時に生活に即して学習をする為に必要である。その生活が複雑になると此の学習が不必要になり不都合になるから漸次分科学習に移つて宜しい。況既に分科学習に移つても合科学習の精神を十分に活用して行くことが必要である。分類過重癖に陥らぬ様に戒心せねばならぬ。現在の状態では尋常小学校の始三ヶ年位は合科学習を実施するのが宜しからう。教師は合科学習によった方が分科学習よりも優るか劣るかと云うことには、十分注意して居らねばならぬ。吾々の経験によると合科学習の方が有効である。

四　所謂時間割の撤廃

全科的合科学習を実施すると自然に所謂教授時間割は撤廃される。時限画一の時間割は必要欠くべからざるものではない。反つて邪魔になることが沢山ある。時限を一定しないと休憩時間が交錯して互ひに妨害することはあるが、之は適当に方法を立てゝ防止するがよい。又よしや十分に防止することが出来なくとも学習精神が徹底すると、さほど他の喧噪が邪魔になるもので無い。尤も之は程度によることだから一概には言はれない。

時間を号音によって知らせるよりも、各教室に時計を具へて学習者各自に自分の時間割を定めるのが最良の策である。初学年児童でも容易に時計を利用することが出来る。所謂時間割を撤廃することは決して時間割を無視することでなく、寧ろ重要視することである。

五　材料のとり方

全科的合科学習に於ける材料は、勿論主として之を書かない所の教科者即ち環境の裡に求める。それも学習者各自に材料を求めて学習する時と共同に求めて学習する時とする。それは材料の種類によるので春の野山とか動物園とかを材料にすれば、共同材料を要求する必要はない。共同で材料を定めると学習上の便利が多い事があるが、之を定める時に雷同するものもある。又時には各自に意見をのべて協定の出来ぬ事もある。その時は幾程かの材料を取るが大抵は協定が出来る。学習者は協同学習の便利を知ることが出来るから、余り自説を固執しない。

学習材料は共同に定めてもその学習の方法は各自は何れも皆計画を立てゝ進行する。児童は常に環境中から材料を取るから長い間には、其の環境を大抵学習する。それが将来概念的に学習する基礎になる。之が生活拡充の基礎だ。この基礎の不十分なものは決して確実な学習を遂げることは出来ない。（学習原論）

奈良女子高等師範学校附属小学校の合科学習と並んで、東京女子高等師範学校附属小学校においてもまた、同じく児童の観点から低学年に一種の合科教授を実施している。同校の合科教授は作業主義全体教育とよばれ、故北澤種一氏の見解に基づくものであることは、すでに承知の通りである。この立場の合科教授もまた同校を中心として我が国にある程度実施せられているもののごとくであるから、その施設の実際について見ることとする。

第三節　東京女子高等師範学校附属小学校の全体教育

東京女高師附属小学校の全体教育は、これを一言にして言えば、特定の題材を中心とした合科教授であり、その形式は作業と遊戯とである。したがって同校の全体教育において最も中心的地位を占むるものは、「作業題材系統案」と称するものであって、同校の合科教授は、この作業題材を中心として行われている。この「作業題材系統案」は昭和二年に「低学年直観題材配材配当表」として発表せられ、昭和六年これに多少の修正を加えたが、昭和九年四月従来のお茶水より現在の大塚に校舎が移転し、環境が変化したために、同年これが全般的な修正を試み、「修正低学年作業題材系統案」として発表されている。

それに基づく「教育要綱」は、

低学年生活全体教育要綱

一　要旨　低学年ハ低学年児童ノ特殊性ニ立脚シテ其ノ生活ヲ指導シ、個性ヲ尊重シ社会性ヲ陶冶シテ独立ノ個人並ニ社会人タルノ素地ヲ養フヲ以テ要旨トス。

二　方法　生活ノ指導ハ合自然ノ方法ニヨリ直観ニ発スル一系列ノ活動ヲ輔導シ以テ生活ノ総合的全体教育ヲ行フ。其ノ形式ハ遊戯及ヒ作業トシ作業題材ハ児童ノ生活環境内ニ於ケル自然ノ事物現象文化材ノ事物現象ヨリ採ル、遊戯題材ハ児童ノ自然活動ヲ尊重シ身心ノ発達ニ適合セシム。

全体教育ノ指導過程ハ左ノ如シ

（一）直観　（二）説話　（三）作業　（四）発表　（五）遊戯

三　注意　1　学級ハ之ヲ児童ノ共働社会タラシメ教室ハ之ヲ児童ノ生活場所タルニ適セシム　2　教師ハ始業ヨリ終業ニ至ルマテ絶エス児童ト共ニ共働ス　3　学校生活ノ時間的区分ハ児童ノ活動状態ヲ顧慮シ其ノリズムニ適合セシム　4　各教科ハ特ニ教科

トシテ取扱ハス　5　低学年ノ範囲ハ尋常科第一、二学年トス（伏見猛彌氏の発表による）

一　作業主義全体教育の思想

奈良における合科学習が木下主事の学習論の必然的延長であるごとく、本校の全体教育思想もまた前主事故北澤種一氏の作業教育の思想から見ねばならぬ。氏が最も多く影響を被っているものは始めの頃にはプロゼクトメソッドである。その後外遊によって各種の新教育を実際に見るに及び児童中心的な作業主義教育思想が生れたと考えられる。特にクックの遊戯道の思想が氏の低学年全体教育思想の理論的基礎付けをなしている観がある。

その後作業教育序説を著わし、主としてブルゲルの作業教育学を紹介している。そして主としてドイツ流の作業教育思想を述べているが、氏自身の思想の展開は遂に見られなかったと言える。ただその著「現代作業教育」において原理として

イ、　活動の原理
ロ、　目的の原理
ハ、　本質的活動の原理
ニ、　現実性の原理
ホ、　社会生活の原理
ヘ、　共同作業団体の原理
ト、　労得の原理
チ、　指導の原理

を挙げているが、かかる原理をもつ作業教育がいかにして全体教育にまで発展するかは、明らかでないのである。

二　全体教育の沿革

本校においては大正八年に始めて低学年教育研究委員が設けられ、その研究事項は低学年児童の教育法をいかに改善すべきか。従来の経験を基礎としてコロンビヤ大学のホーレスマンスクールにおける教育法を参考として低学年児童の教育改善方策を研究したるに始まる。

A　試験時代（大正八年―大正十一年）

（イ）第一学年を児童生活連続的発展の一時期と見ること
（ロ）児童を活動せしめてその個性を発揮せしむること
（ハ）児童の作業によって教育すること
（ニ）児童の共同生活を尊重すること

右にホーレマンスクールのやり方すなわちプロゼクトメソッドを採用した。ただし全体教育にまでは発展せずして文科、理科、技能科の三分科主義になった。

B　組織時代（大正十一年―昭和二年）

大正十一年北澤主事の外遊、十三年帰朝、大正十四年四月低学年教育部が創立され、作業主義全体教育が企図された。その後昭和三年二月、児童教育臨時増刊にて実際方策を発表したが、ここに至って本校全体教育方策が確立されたと言える。

三　作業主義教育の特色

（イ）その低学年直観作業題材配当表の発表があって、愈々ここに本校全体の要項が確立された。さらに昭和七年においては直観題材に即し説話の研究という具体的の研究発表があったが、それは一種の指導要項と考えることができよう。すなわちここに至って本校全体教育の指導具体案が組織立ったということができると思う。

（ロ）その形式を遊戯作業とし作業題材は、児童生活環境中より自然の事物現象、文化的社会的の事物現象をとる。

（ハ）遊戯題材は児童の活動を尊重し心身の発達に適合せしむ。

（ニ）全体教育指導過程

直観→説話→作業→発表→遊戯

（ホ）設備の完備ということは全体教育においても重要問題であるから大いに力を入れている。特にその特色は教室を印象から作業への生活場たらしめんとしている。

（ヘ）直観作業題材配当表を立てこれに依って問題中心の全体教育を為している。したがって奈良においては、環境整備が教師の最大課題であったに比して、ここでは直観題材の選択が全過程を支配すべき最大要素である。そして全体としてプロゼクト的要素を多く含んでいる。

（ト）教科書との関連という顧慮がない。

（チ）共同作業の尊重を特徴としている。（低学年全体学習の新研究より）

第四節　東京女師田園教場

昭和九年に創立されたもので、炊事場、職員室、西教室（実験観察用器具備付）等の設備が着々進捗しようとしている。

一　作業園について

作業園として農園、花園、樹園を持っている。創設二ヶ年は収穫を考慮に入れずに来たのに比し、第三年度よりは収穫物がある程度まで収入に繰入れ得るようにと、陸稲を栽培して養雋会の資を得ようと努力し、樹園においては、教材樹木重要森林樹木等を植付けたごときその例と見てしかるべきである。

二　田園教場経営要目の決定

前二ヶ年の経営は、勿論ある程度までの基礎智識をもってのそれではあったが、いずれかと言えば試験時代であったということができる。

しかし本年度（昭和十年）はこの経験を元としての実施期である。役割として次のごとき分担がなされている。

教務係（経営一般）	庶務係（消耗品購入、保管交付、その他）
会計係（会計一般）	農園係（農園設計、種苗購入保管交附、栽培指揮）
花園係（花園設計、種苗購入保管交附、栽培指揮）	樹園係（樹園設計、種苗購入保管交附、栽培指揮）
肥料係（肥料購入、整理保管、交附）	農具係（器具購入、整理保管、補修）
備品係（備品購入、整備保管、補修）	営繕係（校地校舎設置補修）
営生係（衛生施設実施保険状態調査）	図書係（図書購入整理、保管）

昭和十年度末ようやく「田園教場作業実物教授案」が作成され、作業と、実物教授との二部面からなっている。

三　田園教場施設経営に関する研究発表

昭和十年十月十八、十九両日に渉って行われた。幼稚園から高等科まで、農園で栽培した甘藷や大根などを鬼の首でもとったようにして持ち帰った。作業園が隅々までほとんど利用され少々狭隘を告げる状態になったことや、作業を好み骨身惜しまずよく働くことなど、色々面白い結果を得ることができた。

新鮮な空気を吸い多量の日光に浴し、郊外の自然に接しつつ健康を増進し、事毎に経験を獲得する使命は益々発揮されて来る。（同校訓導村田氏発表）

第五節　愛知県第一師範学校附属小学校の郷土教育

愛知県第一師範学校附属小学校においては明治四十一年より郷土教育を実施している。勿論当時における郷土教育は東京高等師範学校附属小学校における郷土科と同じく直観初歩教授の意義を多分に持っていたのである。これが最近に至って復活して、昭和五年頃より再び熱心に郷土教育を実施し、全国中稀に見る施設を有するに至った。昭和六年に同校主事眞野常雄氏が著した『郷土教育の実際的研究』にも示されているごとく、「明日の郷土建設への純真なる郷土愛の覚醒」を図らんとするものであって、かかる郷土愛の啓培育成の為に大体次に述べるがごとき施設を実施しているのである。

一、郷土科　全学年に組織的に実施している。その目的は一面において各教科を郷土的に総合統一すると同時に、他面において郷土感の啓培育成を計らんとするにある。尋常科では一週一時間、高等科では一週二時間となっている。ただ第一学年においては合科教授を行っているので特別な時間はないが、その教育内容は常に郷土と関係を持っていることになっている。二学年以上は郷土科の時間が特設せられて、各時間ごとに学習問題が定められている。郷土科の教材は四種に分けられている。自然的郷土教材、郷土地理的教材、郷土史的教材、社会的教材とである。そして学年に依って郷土教材の配当方針を異にしている。すなわち尋二、三年においては自然的教材、郷土地理的教材、郷土史的教材を主内容とし、四年においては郷土地理的教材と郷土史的教材とを主内容とし、五年以上においては社会的郷土教材を主内容とすることになっている。我が国における総合教科としての郷土科の典型的なるものと見ることができよう。

二、郷土室、三、郷土修身、四、郷土遠足、五、郷土学芸会、等いずれも郷土感郷土意識の啓培助長に資することを意図しているものである。

第六節　成蹊学園小学部の自然科

大正十四年より成蹊小学校において自然科を開始した栗山氏は「児童の自発的研究を尊重した」自然科の指導を試み、主として児童の観点から従来の直観科に新しき内容を与えたのである。

直観科が理科の入門として行われる場合には当然教授要旨、教材選択が重要な意味を持ってくるのであろう。教師は予めいかなる教材に依っていかなる事項を教えるべきかの心構えを持っているからである。このことは、前述の東京高等師範学校附属小学校の直観科の場合によく覗われた。しかるに栗山氏の自然科の場合には、それは理科の入門ではなく、したがって教師はかくのごとき一切の心構えを持たないのが普通である。教材の選択排列もまた同氏の立場からすればそれ程困難ではない。

自然科が整然たる系統的な智識の教育を重視するものなら、材料は何でもよいとは言われぬが、自然科は智識それ以上に観察の練習、学習方法の訓練、学習に対する興味の滋養否もっと広く彼等の自発的研究の態度を養い生活指導に資せんとするもので、極言すれば材料はむしろ方便と言い得る。

栗山氏の自然科の教材は主として理科的なものである。女高師附属の作業題目のごときものと比べれば、同じく児童生活尊重の観点に立つとは言いながら、その間に大いなる相違を認めることができよう。このことは氏のいわゆる自然科と全体教育乃至は合科学習との実際的相違を明示するものと言うべく、全体教育乃至は合科学習は何等法規上の制限を蒙らずに児童の未分化的生活から出発しているのに対して、氏の出発点は仮令児童の未分化的生活であっても、それは算術、読方等の教科目と対意した一教科としての自然科であり、暗々裡には理科の準備教科としての予想を持つものと考えられるのである。ただ氏の自然科はそうした制限内において児童の生活を尊重し、児童の自発的研究を主とする点にその特徴が認められる。

第七節　玉川学園の労作教育

労作教育主張の根拠

一、全人教養、教育の内容は人間文化の一切を盛らなくてはならない。一切の文化財が教育の目標でありたい。小西博士の言をかりていえば、教育の理想は「真善美聖の価値創造」にある。学問の理想としての真、道徳の理想としての善、芸術の理想としての美、宗教の理想としての聖、その四つの価値即ち理想を創造することなのである。それにさらに加えて、身体の理想である健、物的生活問題としての富、この六つの価値創造、理想実現が教育の眼目なのである。

ペスタロッチーの要求せし頭と胸と手の教育、すなわち調和的人格が、バトラーの要求せる五つの文化を有する全人教養が、小西先生の要求される文化人格が、プラトンの要求した哲人が欲しいのである。しかも、多方面的な調和的人格と同時に、充実した、堅実な、物に徹した、ガッチリした、板についた人格が欲しいのである。そこに労作教育の大きな理由と使命とが存すると思うのである。

二、自学自律の教育、教育の形相こそは実にまた、労作教育でなければならない。ベルクソンは概念知は死だと教えた。物の真相を知るには、反省、分析、論理より入ると同時に、神秘、直観、体得にもよらねばならない。百聞は一見にしかず、しかも百見は一労作にしからず、生きた知識、ホントの道徳、シックリした趣味、生命でする宗教を体得せんとせば、何としても労作によらねばならない。この身につき、身にしみ、実証され、証得されたものでなければ生命がないのである。名は試行教育というもよかろう。工夫教育というもよかろう。体験教育というもよかろう。創作教育というもよかろう。が私は労作教育と呼びたいのである。労しみ働くこと、汗と親しむことは万人の義務であるし、誇りであるし、悦びであるから。そして、創作の作をとりて、恩師小西先生の呼ばれしごとく、労作教育と名づけたいのである。

三、個性尊重ということはまた、教育学上、神聖視されたる教育原理の一つである。しかして、「汝自身を知れ」とは、昔、ギリシャのデルフォイの神殿に掲げられた語で、ソクラテースの人生生活における標語とせし言葉である。実に、人間各自が、自己を知り、自己を発見し、自己を語り、各自のメッセージ使命を覚知する位、教育上崇いことはないと思うのである。教師の仕事は実に「天上天下唯我独尊」二つとなき唯一無二の自己を発見せしめ、それを尊敬せしめ、かつ尊重することだと思う。

日本は日本で、日本独特の文化を発揮し、充実し、実現することが、世界文化への貢献であり、国家の存在の理由であるごとく、各人は各人の本領を天地を使命と発揮し実現することが第一義であり人生の目的であるのである。かくてこそ、人生そこに善びがあり、感謝があり、感激があり、法悦があるのである。（小原國芳氏著より）

第八節　東京市富士小学校の合科教育

一　合科教育は子供のための指導

大人のために大人の立てたプランを模倣したり、将来のために現在を犠牲にする準備のための学習ではない。考えられた子供の殻の中に棲息する存在ではなくして、生々撥溂たる生活事実の中に成長欲求の充足のために活動している子供である。すなわち内面的必然の発展的作用によって創造的進化を営む存在であるからである。

二　生活単元による指導である

生活単元による学習の本質は興味原理によって一つの仕事を構成するものである。その興味原理の特色は流動性と固定性とによって維持せられている。流動性というのはヘルバルトの多方的興味のごとく、空間的にも関連をもってつながるものであって、五月に遠足した上野が十月頃の綴り方となって現れたり、去年の正月に体験した喜びが、今年の正月の期待となって現はれたり、ふだんに製作された手工の作品が、クリスマスの劇においてサンタクロースのおもちゃに用いられたりするがごときものである。

固定性というのは、かくのごとく変転極まりない流動性の中核において、求心的に統制する力である。観音様の題材が一年の時も、二年の時も三年の時も繰り返されて現れるにもかかわらず、その興味の中心には必然的な要求に支配されて、各々の場合において決して同じ内容を持たない段階的中心があるものであるし、お富士様とか三社様、運動会は季節独特の最高興味を現して決して他の場合には現れて来ないものである。

また幼年期の特色である図画の題材が学年の進むにしたがって消えてゆく「お花、太陽、お山、おうち、汽車、汽船、軍艦、自動車、飛行機、飛行船、人物、お化」等に限られているごとく、また一般学習においても家庭、お友達、オボサンゴッコ、学校のごとき範囲を出でざるがごときも固定的興味の限界的であると考えられている。

三　発展的学習指導である

発展というのは意識進化の姿である。前の単元的生活を素材として、より高次的な飛躍の意識である。山内得立氏の階層的構造の展開である。この発展は繰り返しの原理と関連性とによって営まれる。生物学の教えるところによれば、動物が受胎すると、アミーバーから現代までの進化経路幾万年を急速度によって母体十ケ月に繰り返すという。この原理は意識の発展原理に適用せられるものではなかろうか、かの幼児三、四才の頃が質問期といわれるが、まことにそれは事実であって、同じ質問を幾度でも繰り返す。繰り返すことは繰り返しても、それは決して同質の繰り返しではなくて、内容意味の拡充されて繰り返しである。

発展の今一つの姿である関連性は、繰り返しの時間発展に対して、空間的発展である。すなわち一枚の絵を画いて、次にそれの説明文が生まれ、その絵の鑑賞によって童謡、作曲、舞踊の生まれるがごときはそれである。これ等はそれ自身として単純に意味をなすものではなくして、関連の中心生命が各種の姿に表れた意味において価値を構成するものである。

四　事実を事実とする学習指導である

観念を観念したり、夢を弄ぶ学習ではない。生活の如実の姿を如実にし、社会の姿を社会の姿にして行く学習であり、筋肉によって体験し、作業によって生活の実相を事実にするのである。

五　郷土的学習指導である

子供のための子供の学習といっても、その子供は山の手の子供、浅草の子供、農村の子供である。浅草の子供は浅草の文化を呼吸して育った浅草の子供であって、決して山の手の子供や、農村の子供ではない。生まれの素質、育ちの環境における生活者である。この郷土の上に愛郷心や愛国心や社会思想を孕む生存者である。（上沼久之亟氏　体験富士の学校経営）

第九節　東京市富士見小学校第二類による教育

一　学校生活の本質

我等の任務は「学校生活を通して我が皇国が求むる所の小学校教育を行う」ことである。勿論学校の仕事は広く家庭にも社会にも関係しているが、直接には「学校生活」ということが中心になっている。

この「学校生活」の本質は何であるかといえば、「価値創造に最も適する学校の経験」または「経験改造に適する心身の活動」であるということができる。

学校の経験は新しい問題の解決とか、興味の充実とか、欲求に対する満足とかを得ようとして高次な生活段階へと進んで行く価値創造の精神活動である。この生活が学校生活の本質である。

二　中心価値

我々が創造しようとする価値の諸相は極めて多いが、我々日本人の中心価値は「皇国愛」にある。多くの価値も結局はこの中心価値に関係づけられて意味を持つものである。

三　教科の本質

経験生活を整理し、系統立て児童の陶冶に適する形にこれを還元したものすなわち教科である。

この見地から学校の生活をすなわち学校の教科を考えて見る時、価値創造の経験生活は決して現在の教科目だけではないということ、真の教科という意味から考えて、そこに生活を単位とした渾一的な全体的な経験生活があるということである。

我々の言う第二類の生活とは、この分科的でない、生活を単位として渾一的な全体的な生活そのものの中に陶冶価値を見出してから行こうとする行き方である。

そうして現在の教科目単位の分科生活を便宜上一類の生活と呼ぶ次第である。

四　第二類生活の本質

第一類生活は分科的であるが、第二類生活は渾一的の生活を中心としている。この渾一的生活は最も普通の場合では「生活の実際形態」という具体的の生活の形をもって現れてきている。

第一類が各教科目に分かれて、論理的順序に配列され、大体学問的の順を進めているに対し、第二類では時と処と必要とを根源とした生活の実際形態を以て生活するのであるから児童の要求、関心に適応していることが第一義で、それには抽象的でない具体的な姿があるのである。実践的な直接経験が重んぜられることもその本質上当然のことであって、すべてが了解されるためには、身をもって体験され感得されるという行き方をとる。

要するに第二類生活の本質は、生活そのものを中心として具体的な形態的な教育活動であるということができる。我々はこの生活を一つの学校における教科どして見るのである。

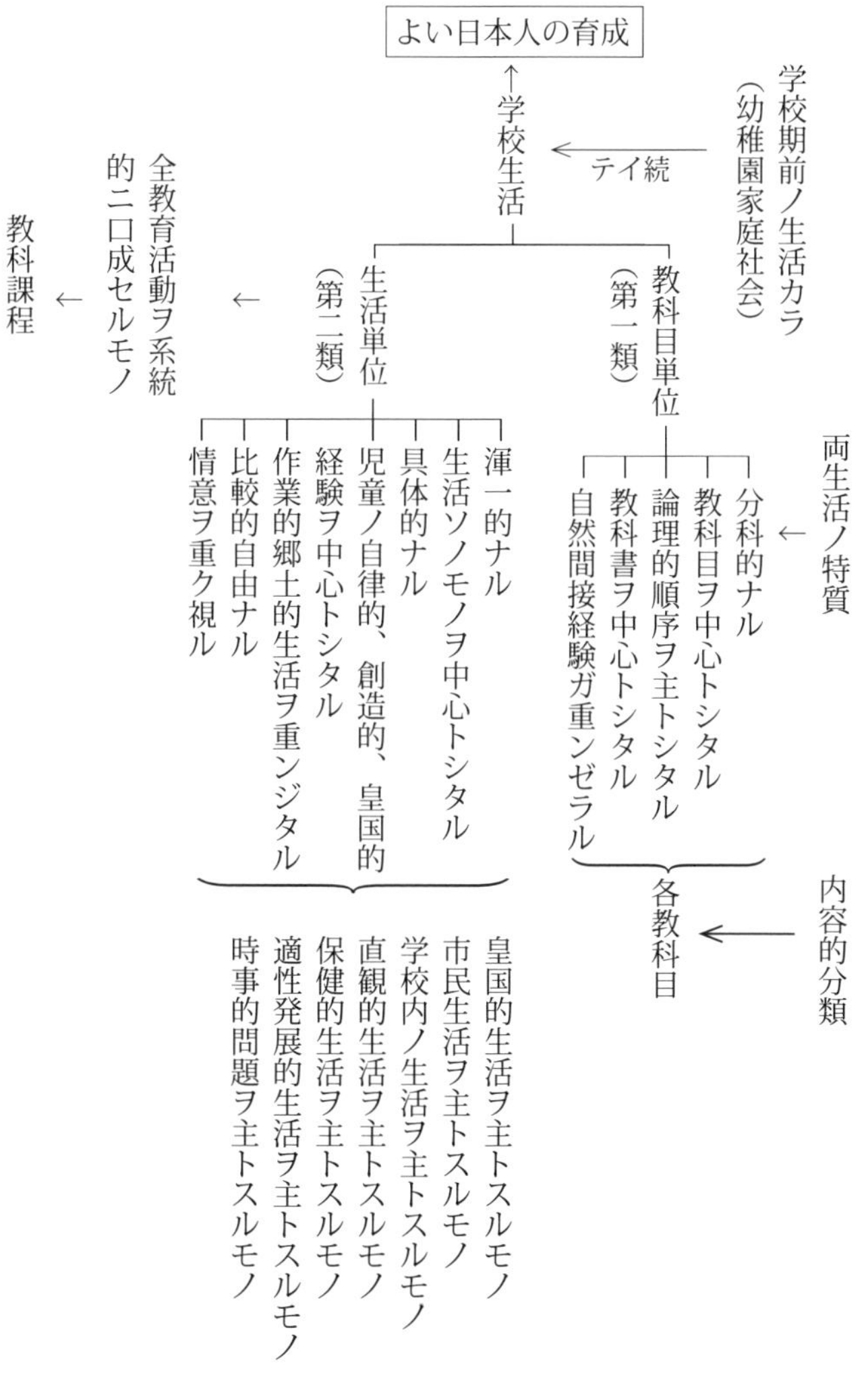

（富士見小学校、第二類教科生活指導要目）

第一〇節　東京市浅草小学校の生活科

一　指導方針

本校職業指導の実現を図るため、特に生活科を設けて低学年においては専ら児童生活環境の裡に営為発展しつつある児童自らの具体、全一的なる生活体験を指導し、上学年に進むにしたがって、漸次彼等の生活環境を通して職業に関する理解を深めると共に、進学就職指導の徹底を期するものである。

二　生活科の特設とその指導精神

小学校教育はすなわち国民教育であるが、その観点を異にするならば、これをすべて公民教育であるとも言われ、あるいは職業指導とも見られ、あるいは生活指導とも言えるであろう。しかしこれはいずれも余りに広義に解した場合、ないしは一面のみを強調した場合に言えるのであって、すなわち将来公民生活をする職業人として立つそのための素地をつくるのであると見れば一年生から公民教育も職業指導をもなしつつあると見られないこともない。勿論確かにその基因とはなるのであるが、私共は少々その観点を異にして、児童自らの生活発展のための自発自由な生活体験の学習をこそ希望するのであり、職業指導そのものも前述のごとく広義に解すべきではないと思う。少なくとも尋常小学校における職業指導の直接的な取り扱いは第五六学年にあるので、低学年における教育は、現在における彼等の生活発展の過程でありそれが善導に外ならないのであって、その一分野が発展して、上学年における直接的の職業指導ともなり、これらの全教育が将来社会人として立つ彼等の教養となるのではないかと思う。

しかるに本校において職業指導の実際的指導方案の一つとして生活科を特設せるは、低学年においては具体全一的なる生活学習の発展を図りその連続的生活体験の学習を中学年においてなし、上学年において直接職業指導を主としてなさんとする意図によるものであるが、これを便宜上生活科の名の下に取り扱うのである。生活科そのものの目標は、

1　児童直接の生活事実に即し、環境に即して生活指導をする。

2　分析的他教科に対して総合的生活科である。

3　高学年における職業指導を主としての生活科である。（同校編著の書による）

第十一節　東京市小島小学校の合科学習

本校は、昭和八年四月以来、尋一、二学年にいわゆる合科学習を実施し来った。我らはどこまでも児童の自然生活に即し、これを価値的に導かねばならぬ。すなわち実際指導の方法上、生命的に自然的に、確実にを、根本方針とする。これこそまた労作教育の精神の低学年における具現である。

まず我らは低学年児童の日常生活を、指導上の具体的方法決定の基礎とせねばならぬ。彼等愛児は――特に新入児は――狭い家庭的生活がその中心をなし、その近接環境――家小島町、七軒町、三筋町、区、市の郷土文化――に育まれている。そして彼等は知的生活よりもむしろ情意の生活を営み、単一的末分科の具体的な生活をしている。興味の動くままに心身を働かせ、じっとしていられない遊びの生活をつづけている。

しかし我等は児童の自然生活を尊重はするが、我等は児童の自然生活をそのまますべて学校に持ち込むものではない。陶冶を忘れたる教育は成り立たない。我等はどこまでも児童本然の生活を基調として、生命的な文化価値創造を助長するものである。また日本

精神涵養の国民教育理想を根底におくものである。
本校合科学習の本質は
1　目的的である
2　郷土を基底とする
3　児童生活を基調として価値的に導く
4　労作的である（同校編著の書による）

第十二節　東京市滝野川小学校の総合学習

一　教育方針

1　教育の原理

国民教育は言うまでもなく、我が国民文化の基礎を培養して、善良なる日本人を育成するにある。さらにその教育方針に副う指導の原理として次の五原理を認めている。

イ、自発創造の原理
ロ、環境相関の原理
ハ、趣味欲求の原理
ニ、社会共存の原理
ホ、身体自育の原理

以上の五原理は、各々特殊的態様を有していることは、言うまでもなく明らかである。しかしながら、同時にまた五原理は相互に関連して、具体的指導の内容となり、またかかる原理を重視し適用するところに、具体全一の発展的指導は期せられるのである。

2　教育の方針

児童心身の状態を、常に観察して、環境を整備し、自主的学習を行わしむることにより、具体全一の人格陶冶を行う。

イ、児童を中心として学習を進めること
ロ、環境の整理をなし、生活に即したる学習をさせること
ハ、個別的取り扱いを関係的立場において重んずること
ニ、自発創作的に学習を指導すること
ホ、過程を尊重して、内面的活動を価値あらしめること
ヘ、心理的順序を本体として論理的順序に進むこと
ト、自律的の生活をなさしめ自律的態度を養うこと
チ、協同学習をなさしむることによりて、社会的人格を養うこと
リ、あらゆる学習を通して国民的自覚を得しむること
ヌ、生活を体育化して強健なる身体を養う

二　合科教育

教育とは、陶冶性に立つ一つの価値生活姿態でなければならぬ。教育される者と、教育する者との間に、その素材を通して作用さ

れる、この三者の交流と融合とが、十全の機能を発揮するところに、本質はある。

いわゆる従来の旧教育が多年の牙城を追われて、その魅力を失うた所以は、あまりに非現実的、非生活的であり過ぎたからである。換言すれば、教育する者のみの一方的意識の抽出と、冷たい概念の露出とであって、教育される者の具体的意識と生活事実を無視しすぎたからである。

児童の人生的必然である「こどもの世界」を黙殺して、大人本位の仮想世界に当てはめようとしていたからである。

合科教育は、けだし、これ等の欠陥に目覚めて、地殻を破り出たものであろう。この教育は児童の本来世界に生活させつつ、そこに伸張性の必然力を残りなく触発誘導しようとするものである。それ故、児童中心、能動的、自覚的、創造的、具体的、生活的であって、一面社会的協同的、地方的でもあるのである。

「子供の生活を生活せしめることによって、子供自身の生活発展を図ること」をその出発点とし理想とするのが合科教育である。不可分的、具体全一な生活傾向を、もっとも合自然的な方法で全人的に向上発展せしむることが合科教育の本質である。

合科教育の事実上から、二つの重要な性質を考えることができる。

1　総合全一の状態において学習せしめる

2　児童の生活乃至直観的事物に対して学習せしめる

3　可及的に児童の自主学習、独自学習を重視する

三　総合学習

分科教育の欠陥の一つは、あまりに文化修得の態度や方法を一方的に偏せしめることである。あまりに分析的に、あまりに局部的に、あまりに末梢的に陥る傾向少なしとしない。実は一つの事物あるいは事象であるにもかかわらず、ある時は理科的な部面のみを

つつき、ある時は地理、国史等として、その一局部のみを吟味、検討する。かくしてそれ等の研究は、大きく統一される何等の機会に恵まれず、終いにばらばらのまま散在せしめられるのである。これは現代文化の欠陥であり、特に分科教育の大きな欠陥である。物の真髄に徹し、あるいは全体的真理を掴むには、単なる分科学習だけでは事足りない。全体から出た部分であり、全体に統合される部分である以上、この見地に立っての学習方法がなければならない。これを本校では「総合学習」と呼ぶのである。尋三までは合科学習を、尋四以上は、毎週水曜日第一時限を「総合学習時間」として特設し、専らその学習にあててある。

第十三節　神奈川県川崎市田島小学校の文化科

昭和以降我が国の一部に提唱せられた文化教育学の思潮に応じて、いわゆる文化科の施設を実施した学校中、その代表的なるものは、川崎市の田島小学校である。同校は文化科の主張者たる入澤宗寿博士の指導の下に、校長山崎博氏の経営にかかるものであるから、我が国における文化科の代表的施設とみていいだろうと思う。もっとも同校の特設文化科は、別に生活科、郷土科とも呼ばれることがあって、必ずしもその名称が一定していない。田島氏は同校の生活科について、

自然文化の生活学習を中心とする教科であるから、自然及び文化科あるいは文化科の名において言われる教科と本質を同じくするものである。ここに主張する生活科はその内容において第一郷土文化を全文化への関連において統一的な体験構造として理解せしめようとするものである。第二は国民文化的の生活を主観と客観、生活と発表と了解との関連においては把捉せしめようとするのである。国民儀式と国民年中行事と国民家庭行事とを通じて国民文化たる国民芸術、国民童話、神話、伝説物語と修身と国史と国語とを生活させ体験させるのである。

と述べおられる。

名は生活科であっても、直観科乃至は観察科というがごとき種類のものではなくて、郷土文化と国民文化とをその統一的な体験構

造において児童に理解せしめんとする目的を持つものである。

同校における生活科は、全教科の中心的地位を占めていて、それによって全教科が郷土文化乃至は国民文化との有機的関連において、児童に体験せしめられるのである。生活科の教授課程は、直観、説話、発表乃至は、直観研究、整理の方法をとり、児童の体験、生活を中心とする。同校の教育施設が生活教育、体験教育と呼ばれているのはこのためであり、また郷土文化を力説する点は郷土教育とも考えられるのであるが、その本質は客観文化の体験という点にあるのであって、郷土文化と国民文化とを総合的、関連的に体験せしむることを目的とするものである。したがって仮令その教材が、「児童の心意発展段階に応じて具体化」せられていたとしても、同校「生活科」の規定原理は依然として「文化」に置かれるものであり、これを教材の観点から生まれた合科施設と見ることは決して不当ではない。(伏見猛弥氏の著による)

第十四節　岡山県倉敷小学校の低学年全体学習

一　低学年教育方針

1　低学年児童の心意形態が未だ分化せずして具体的に統合せられている事は定説であって、教育方案もまた、全体統合的になされなければならぬ。

2　幼年児童心理の特徴たる、意識の交替性に応じて教育方法の流動性を発揮しなければならない。

3　彼等にはまた旺盛なる自発性の発動があると共にまた他面、他律的態度も強いからこの両方面において適切なる指導を要求する。

4　上述のごとき意味より低学年教育においては、全体学習補導案による教育方案をば中心として、この全体学習案の自然的なるしかしてまた合理的なる運用によって、低学年　教育道の中心なる達成を図る。

5　幼年期は人類文化への初歩の導入期でありその基礎学習時期であるから、その導入においては純正を期すると共に正確を期し、しかも偏知的でなくして全人的なるを期すること。
6　全体的理想的個性の十全なる発展の基礎として自然的個性の取扱を閑却せざること。
7　教育労為総てを児童の現実生活より出発して即実性に満ちた教育方針たらしむることを期し、具体的なる郷土的生活事実を素材として、労作表現を通じての体験によって、現実と理念との止場を企図する事が必要である。
8　学校衛生に留意して養護的教育を十分になすと共に、積極的に健全なる身体の育成を図り将来生活への基礎を堅実にすること。
9　環境による教育を重視し、環境施備の調整に留意するが、それは常に全体的関連において全体統一的効果をもたらす様に施設し、特にその施設は低学年児童らしく経営して彼らの心理的特質に適合せしめる。

二　全体学習の本質

1　児童の生活を重視する学習である。児童の生活をただ単なる大人の縮図と解する偏見をさけて、児童には児童の独特の生活があり、この児童独特の生活を重視しこれに適合するの方案としての全体学習なるものを考えたい。
2　この自然的なる方法によるところの文化財の獲得、基礎的知識の収得を重視するということを以上の本質に加える。
3　児童が郷土的環境の下において営む体験を陶冶財として取り上げる。すなわち郷土直観、郷土体験の重視ということである。
4　郷土的生活事実から出発するということは、児童の全人的体験を重視するということである。偏知的でなく、情意的に全人的に教育する方策である。
5　労作体験に訴える学習である。児童は表現を好む、製作を愛する、模倣に長ずる。これ等の点を捕えて、学習形式としては主として作為に訴えることをその本領とする。

6　かかる全体学習は自然必然的に、中心統合的結果を将来する。しかも中心統合の原理が外部に存するのでなく、児童の生活その中に存することに着眼する。（渡邊唯雄氏著より）

第十五節　島津新治氏の低学年の生活学級経営

一　低学年生活教育の提唱

1　歴史的事実と生活教育。人は生の要求を充足せんがために、種々の活動をなすものであるが、環境の刺激に対して、反応の仕方を収得する。その反応を有効にするためにはその反応の仕方を絶えず改造していくのである。刺激対反応の経路は生活そのものであり、学習である。

2　社会思想の推移と生活教育。時代は流れ、社会は動く。社会的価値は常に変動し、従来価値のあったあるものを失い、新しく価値を有するものが次から次へと起こって来る。

3　教育哲学の進歩と生活教育。教育の目的は、各児童の地位の絶えざる改造、生命の絶えざる更新である。この絶えざる更新と改造は、児童の成長であり、発展である。かかる教育の目的は、活動の中にあるもので、活動の外から定むべきものではない。

4　教育における郷土と生活教育。郷土の生活とはすなわち児童の生活である。郷土的体験のすべてが児童の生活である。郷土に基調を求めぬ教育は、結局生活に根ざさぬ教育となる。

5　生活指導と生活教育。教育とはすなわち生活指導を意味する。生活経験の中に生命は発動し、躍進し、生命価値は実現せられるのである。それを望ましき方向へ変化し、助成し、改造することが、指導であり、教育である。故に生活指導とは、価値を体験させることによって価値意識を高めることである。

6　個人差に適する教育と生活教育。真の個人差に適する教育においては、知識の分量のみを考えてはならない。個人の目的、立場、興味、趣味、傾向の相違すなわち質の方面について考慮せなければならぬ。個人差の教育は、生活を生活とする全体生活としての個人差の教育でなければ真実なものということはできない。

氏は以上のような見地より新教育の急務を論じておられる。さらに論を進めて、

二　生活教育提唱の根拠

1　生物学的根拠。自己の生活を更新することによってその生命の維持発展が遂げられるのである。児童の生活を不備不完全なものだとして、完全な大人の生活目標を定めて、不備不完全な児童の生活を補導していくことが教育であるという教育観は根底から破壊せられなければならない。真に児童のための教育は、動物の生活における行動の変化から出発して、児童が環境の中に生活し、その生活を発展していく過程を基として建設せられている生活でなければならぬ。

2　社会学的根拠。社会学的に考察するなれば、教育は社会生活の上に力強く立脚する生活教育でなければならないということを了得することができる。社会生活に立脚する教育は、共同生活の過程がその根本の観念となる。社会的環境の中に生活せしめて刺激を与え、これに対応する途を獲得せしめて、児童の経験の性質を更新し、社会生活の存続と発展とを願うものである。

3　哲学的論拠。生命は価値に憧れ、目的を追求し、意義を充足するの作用であり、内面から出る根本要求が実現せられるところに生活活動があり、実在の生命が存在する。哲学的論拠に基づく教育においては、概念、抽象の生活を捨てて具体的、内面的な生命実　在の力強き堅実な発展としての生活でなければならぬことを要請する。低学年教育のすべては生活に向かって進み、刺激と反応、印象と表現、個人と社会との相互関連の上に立つ生命実在の全生活を陶冶の目的とし、方法の過程としてとらなければならない。

4　実生活からの論拠。児童の生活と学校教育とが本質において全く一致し、そこに僅かの間隙さえも認めないものでなければなら

ぬ。それは生活を通じて生活を体験する生活教育でなければならぬことを証明するものである。学校教科は児童をして社会教育の各方面に接触させる手引であり、現代文化の本質と一致し、その精髄を包括すべきものである。ここに生活教育と社会生活との一致する契機が存在するのである。(島津新治氏　著より)

第四章　カリキュラムの問題

教育の価値を云々する前に、我々は、我々の要求する教育に伴う様な教科課程すなわちここにいうカリキュラムの問題について慎重に考究せねばならぬ。教育の価値を論じながら、カリキュラムについて考えないのは、あたかも、児童の体質云々を論じながら、その栄養方面保健方面の諸施設を考究せぬと同じである。

今日カリキュラムは、従来の伝統的教科目においてさえ、それは欧米に長く使用せられた教科目と題材組織法であって彼我共通的の文化学習においては、幾分、間に合うかもしれぬが現代教育革新という見地から眺めたり、教育勅語の旨趣より考えられた、日本国民としての協同社会建造の目的より考察されたりすれば、当然それは改められねばならぬものであり、新しい要求に添うように再構成されなければならぬ性質のものである。

我々はまずこの伝統的教科目が、如何にして構成せられたものであるか、検討して見るがよい。カリキュラムの提唱者として名ある高山潔氏は次の四項を挙げている。

第一　原始的教科目、中世紀以来の 3R´s 読み方、書き方、算術を、骨子とする。読み書き、そろばんは我が寺子屋の教科目であった。

第二　学者の主張により吾人住居の自然的環境を知るには自然科学と地理学、社会生活、国民生活の沿革を知るには、歴史学、社会の一員としての資格を造るには公民科の研究を、必要とすると主張し、ついに理科、地理、歴史、公民科等が増課せられた。

第三　社会生活の実際的要求から実業的科目を、また家庭生活の要求から家事科裁縫科等が増課せられた。

第四　教育者の主張、学校教育は特殊目的を有す。この目的達成のためには特殊科目を教授せねばならぬと力説して図画、手工、音楽、体操等が増課せられた。

以上の教科目成因に徴して見ても、了解せられるごとく、それ等の教科目は全く、形式的または実用的の理由のみからせられたもので、今日の教育体系と今日の文化的体系とから考察する時には、著しく不満な点の存することは争われない事実である。

かかる不満の点を自覚した諸外国においては、現代社会の教育哲学と、教育科学の主張からして、カリキュラムの根本的構造が、真面目に教育社会の問題として拾い上げられている様である。

米国のごとき教育革新に熱心なる国は、初等学校及び中等学校の新カリキュラム構造によって、初等教育及び中等教育の改善を達成せんとする企図がすでに一九一七年以来コロンビア大学師範大学の一附属学校リンカーンスクール（公立学校カリキュラム構造学実験学校）において進められていて、米国の大富豪ロックフェーラー氏のごときは、約二百万弗をこの研究のために寄附し、一九二三年新校舎を建設し、現在約百人の斯道専門研究家及び教師を以て、研究部を組織し、満四歳より十八歳に至るまでの各階級児童五百六十人を収容して、各学級を編成し、カリキュラムの学理及び実験研究に従事している程である。本校はさらにニューヨーク市内外の幾百の公立学校に実験的連絡を保っている。（高山氏の報告による）

こうした考察をして来れば、合科学習、総合学習、生活科学習において、カリキュラムを真剣な問題として取り扱う意義も略々察せられるかと思う。すなわち現行の教科課程は、宜しく社会化、生命化、個性化という三原則に照らして再構成せられねばならぬ。

こうした考察に便する意味から、以下各校における、学習題材の実際を拾い上げて見ることにする。

一　東京高等師範学校附属小学校直観科題材

第一学年

四　月	一年生の教室（1）　学校の庭に咲いてる花（1）　野辺の草花（1）
五　月	ちょう（1）　秋の草花の植え付け（1）　学校の庭に咲いてる花（1）
六　月	蜂と花アブ（1）　かたつむり（1）　金魚と亀の子（1）
七　月	噴水（1）　蝉（1）
九　月	秋の草花（3）
十　月	蟻（1）　秋の果物（1）
十一月 十二月	秋冬の森（6）
一　月	ふくじゅ草と松（1）　ねずみとねこ（1）　ねずみとりのわな（1）
二　月	なんきんねずみ（1）　牛と馬（2）　鶏とあひる（1）
三　月	卵から雛（1）　梅にうぐいす（1）

（大正十三年八月、括弧内は予定時数）

これによって見ると、同校の直観教授は大部分植物乃至は動物の直観題材を主とし、それに例えば「噴水」とか「凧とこま」とかのごとき簡単な物理現象「秋冬の森」とか「川と海」とかのごとき著しき自然現象の題材を加えている。大体において「理科入門」と見るべきである。教授法も全く教師中心主義のもので、教授要旨も予め定められているし、教材も注意事項も正確に規定されている。ただその教材の排列が「既知の事物より始めて、漸次未知の事物に及び、観察を主とするものを先にし、漸次思考を多く要するものに進む」という原則に基づいて「初学年から事物の直観教授を行う」ように組織せられているのである。この細目に関する限り、同校の直観教授は、主として「低学年における理科乃至はその準備」と見なければならない。

昭和五年頃からの郷土教育の必要が各方面に叫ばれるや、これに刺激されて、昭和六、七、八、三ヶ年の実施結果として、改訂案が発表せられた。

四月	さくら、犬、種子まき、蝶
五月	花束、はと、牧場、遠足
六月	飛行機、ほたる、玩具の電話機、かたつむり
七月	しゃぼん玉、箱庭、噴水
九月	朝顔、月と星、夕立、蟻
十月	小鳥、花屋の店、遠足、種子採り
十一月	いも掘り、落葉拾い、椎の実拾い、秋の果物
十二月	山吹鉄砲、きびがらの琴、弥次郎兵衛
一月	お正月、ねずみ、雪
二月	おもちゃ、げんとう、風ひき、うぐいす
三月	風車、つくし、汽車と電車

この改訂案の前の教授細目と異なる点は、飛行機とか汽車とか電車のごとく比較的都会の児童の生活に近い教材を増加したことであろう。大正十三年の教授細目に比すれば、この改訂案においては、まず第一に他教科との連絡と言うことが特別に考慮せられ、単に理科の準備にとどまらず、「広く他教科との連絡を計って合科的に」取り扱っている。次に児童の作業を著しく加味していること

もまたこの改訂案の特徴と言える。

二　成蹊小学校の自然科

大正十四年より成蹊小学校において自然科が開始され、「児童の自発的研究を尊重した」自然科の指導を試み、主として児童の観点から従来の直観科に新しい内容を与えた。

	一年	二年	三年
四月	最初の取扱い 桜のお花見 鳩 春の野遊び 私の学校 砂場遊び 積木遊び 校内の草花	学校の近く 学校の近く 学校園の手入れ てんとうむし 摘み草 チューリップ 鶏とひよこ	なづなの花と虫めがね なづなの花と虫めがねの使い方 つくし 潮干狩り 蛙の卵とそのかえるころ 草木の芽 花と虫
五月	朝顔の鉢植え 端午のお節句 めだかと金魚 つつじの花遊び 桜の葉とさくらんぼ 紙の飛行機	チューリップのお舟遊び おたまじゃくし 鯉のぼりと鯉 竹と筍 蚕 小川と笹舟	ちょうの採集 たんぽぽ 公園 寒暖計 いたどり細工 春の七草

	雀と燕 動物園	鎮守様	水を測る遊び
六月	かたつむり トマト 夏の果物 衣替え 花屋ごっこ 箱庭遊び 葉の絵	水中の動物 むし歯と衛生 卵 野菜 サイホン遊び 蛙 鼠 蛍	スイートピー あぶらむし 柳の実験と挿し木 梅雨と夏の衛生 どじょう 梅の実 初夏の野辺 蚕のうじ
七月	朝顔 七夕祭 水遊び 虹遊び 糸電話 夏休みの用意	ボーフラと蚊 噴水遊び 蟻 水鉄砲 いもり 水遊びと実験 蟻地獄	好きな昆虫 ベビーボート 蚕の蛾 墨流し 夏の気候 臘葉 とんぼ

（以下省略）

成蹊の所謂自然科と全体教育乃至は合科学習との実際的相違としては、全体教育乃至は合科学習は何等法規上の制限を蒙らずに児童の未分化的生活から出発しているのに対して、成蹊の自然科の出発点は、「仮令児童の未分化的生活であっても、それは算術、読み方等の教科目と対立した一教科」としての自然科であり、暗々裡には理科の準備科としての予想をもっているものと考えられる。

ただそうした制限内において、児童の生活を尊重し、児童の自然的研究を主とする点にその特徴が認められる。

三　愛知県第一師範学校附属小学校

当校においては明治四十一年より郷土教育を実施している。勿論当時における郷土教育は東京高等師範学校附属小学校における郷土科と同じく「直観初歩教授の意義」を多分に持ったものと考えられる。

尋一	尋二	尋三	尋四	尋五	尋六	高一	高二
ワタシドモノガツカウ	あおいこうえんの大つばき	花祭	学校の位置と四周	我が附属小学校	我が市の沿革	我等の家 我等の郷土	大名古屋市の発展
ノウジヤウ	矢田川	かんしょうえん	家の職業	私共の町内	同	同 親族と故旧	市民生活と公衆道徳 社会生活と新聞
オウチノヒト	私どものいえ	家のもんどころ	市内の交通	氏神と氏子	織田氏の武将	同 愛知県の地勢断面図	同 本市の上下水道
カタヤマジンジヤ	片山じんじや	第三しだんのてがら	同	愛知県地勢断面図	我が市の慈善事業	相続、戸籍 同	本市の自治 同

イシガメ	がくこう えん	春の矢田川	覚王山	古橋源六郎	尾張土地の変動	家屋と家計 気象観測	議員の選挙 同

——第一学期（四月・五月）

以上は同校の郷土科教授配当表の一部であるが、配当表より考え、諸施設より考えても、いずれも郷土意識の啓培という同校の郷土教育的観点から支持発展せられているものである。

大正八、九年までの郷土科、もしくは教育郷土化（ママ）という主張は、最初は直観初教授の立場から、さらに進んで

1．郷土観念の付与

2．郷土愛の覚醒

の二点から力説されたものであった。

然るに大正八、九年頃から児童中心の新教育思潮が勃興し、従来の郷土教育観は、その立場をかえて、強調され促進されるようになった。児童中心の新教育思潮は、児童の生活活動を中心とするのであるから、郷土教育の主張と必ずしも一致するものではないけれども、事実上において、児童の生活の大半は、その郷土的環境の中において形成されるものであるから、郷土を中心とした教育が、児童の生活に最も近接したものである点において郷土教育と児童中心の教育とが相関連してくるのである。

これは大正九年から開始せられた奈良女子高等師範学校附属小学校の「合科教育」においても、大正十四年から実施せられた東京女子高等師範学校附属小学校の「全体教育」においても、郷土を中心として、その中に未分科の教育をするということが見られる。故に児童中心主義の教育において、別に郷土教育ということを標榜はしてないが、その基底に、郷土に則せる未分科的取扱いということは見逃せない事実である。

四　奈良女子高等師範学校附属小学校

「低学年学習生活の標準」なるものは昭和六年発表されたものである。同校の合科学習は、整理された環境の中に、児童を自由に生活せしめ、その生活を指導するというのが、その根本主張である。元来児童の生活は全一的のものであるけれども、その生活の内容をただ単に在来発表した様な、研究、談話、遊戯、作業（お調べ、お話、お遊び、お仕事）とすれば、それは、児童の生活形式をは言えるが、生活内容ではあり得ないという結果が、次のごときものを発表させることになったのである。

1　科学生活（研究、応用）

イ　天然物　｝疑問、観察
ロ　自然現象｝蒐集、記述
ハ　人工品　｝理解、制作
ニ　数量生活―数系統の確立、日常計算数学に関する諸萌芽の育成、概測実験実測、問題構成及び解決

2　道徳生活（修養、実行）

イ　家庭の子供―親の言いつけを守る、兄弟仲よくする、わがままを言わぬ
ロ　学校の生徒―よく遊ぶ、よく学ぶ、きまりを守る、すなおにする
ハ　社会の成員―迷惑をかけぬ、親切にする
ニ　日本の国民―皇室を尊ぶ、国を愛する

3　芸術的生活（創作、鑑賞）

イ　美術方面—生活の絵画、簡易な彫刻、簡易な工作及び裁縫
ロ　音楽方面—歌曲の鑑賞、平易な唱謡、簡単な作曲、器楽の初歩
ハ　文学方面—生活表現の文、童謡、童話、児童劇
ニ　演出方面—表情遊戯、簡単な劇

4　経済的生活（生産、消費）
イ　時間—予定を立てて仕事をする、時間を節約利用する
ロ　労力—創作的に仕事をする、準備をよくする、順序を考えて仕事をする、専心に仕事をする、丁寧に仕事をする、後始末をよくする
ハ　貨財—物の価を知る、物を作り出す、節約利用する、道具の使い方を考える

5　社会的生活（自律、協同）
イ　家庭生活—自己の地位の自覚、分業的生活、職業の理解、和楽的生活
ロ　学校生活—独自学習、相互学習、学級、学校自治会、協同作業、学芸会、運動会、学校記念日
ハ　郷土生活—地方行事、社会における出来事、地方自治体、会社工場等の経済機関、郷土を中心とする人間関係、郷土を中心とする歴史的関係
ニ　国家生活—祝祭日、記念日、国家の重大事、国際関係、選挙、納税

6　宗教的生活（敬虔、感謝）
イ　自然—造化の妙
ロ　家庭—敬神崇祖の実践
ハ　学校—諸儀式の厳粛、学習活動の忘我境

ニ　郷土―神社仏閣への参拝、碑碣の由来、郷土の祭礼仏典等宗教的行事、郷土の偉人

ホ　国家―皇大神宮、歴代天皇、忠良賢哲、国旗

7　体育的生活（衛生、運動）

イ　衣食住の生活―清潔に注意する、栄養に注意する、正しい習慣をつくる

ロ　仕事―姿勢をよくして仕事をする、歓んで仕事をする、戸外作業を多くする、適当に仕事を転換する

ハ　遊戯体操―進んで遊戯をする、歓んで体操をする、戸外運動をする

ニ　休養―睡眠をよくする、過労をさける、適正な娯楽をとる

次に学習指導要項を考察してみよう。従来奈良女子高等師範学校附属小学校においては、学習内容を示さず、整理せられたる環境の内部で児童各自が自由に学習題材を選んで学習が行われると主張されたのであるが、実施後の反省により、教科書との連絡その他において、幾多の困難も存することであるので、指導系統案の必要は最近、同校においても認めている。昭和九年十一月の学習研究にはその由を清水甚吾氏が発表しておられる。不幸にしてその指導系統案を手にしていないので、ここには鶴居氏の尋三合科学習指導要項、第一学期分のみ掲げることにする。

生活環境	生活内容
一　学校 国家 （行事）	一　始業式――前学年における生活の反省と本学年における大体の学習計画 二　入学式――新入学児童に対する心得 三　天長節――天皇陛下の御聖徳、君が代、天長節の唱歌の大意、国旗の意味の概略 四　開校記念日――記念日の意義と児童の心得 五　聖武天皇祭――聖武天皇の御功業と郷土奈良特に東大寺の大仏正倉院

二　自然（興福院附近、三笠山、浅茅が原）	一　春の山野と自然景観――冬より春への気候の変化、春の気候と動植物との関係、草花、昆虫の採集と研究 二　春の自然と郷土の社会景観――春の自然が人の生活に及ぼす影響
三　家庭（和楽）	一　春の家庭的行楽より家庭生活の幸福、和楽の必要へ――家庭組織の大要と自己の地位、家庭道徳としての孝悌 二　家庭的分業――各自の家庭における仕事の自覚と和楽との関係
四　社会（市内の名所旧蹟）	一　各自の家庭の位置する歴史的遊覧的都市としての郷土奈良――所謂奈良朝時代成観と現在の奈良との大要の比較 二　市内における主なる名所旧蹟――開化天皇陵、猿澤池、興福寺、片岡、雪消の澤、春日神社、白藤の滝、洞の紅葉、三笠山、手向山八幡、東大寺、八重桜、興福院、法華寺
五　学校（行事）	一　畝傍、橿原方面遠足――奈良盆地の自然景観、奈良と畝傍、橿原地方との関係 二　見学事項――利用する交通機関、車中よりの沿線の展望、畝傍神武天皇陵、奈良県農事試験場、橿原神宮、考古館、久米寺
六　自然（物象）	一　風雨露等の自然現象――成因 二　これ等の自然現象と動物及び人間生活との関係――利害

七　家庭（行事）	一　祖先の祭祀――祖先と家及び自己との関係、祖先との家風祭祀の大切なる所以、祭祀に対する心得 二　誕生日その他の慶事の日における心得
八　社会（市内の会社、工場、市場、店舗）	一　社会生活の展望――分業と協同、生産と消費、社会の恩 二　社会、工場、市場、店舗等における人の活動――電気会社、瓦斯会社、麻布工場、南部公設市場、餅飯殿の店舗
九　学校（組織設備）	一　社会の断面としての学校――人的要素、物的要素 二　校長、教師、使丁等の職能と児童との関係――家庭組織との比較 三　設備と学習能率――物的要素の利用に対する心得、学校の恩
一〇　自然（物象）	一　夏の自然――春との比較、夏の気候と動植物及び人間との関係 二　梅雨――梅雨の原因、梅雨期の天気の特色、梅雨期の衛生、梅雨と農家 三　夏至――地球の公転と夏至、夏至の日の日の出、日没、日没時間、正午における影の長さ、夏至と気温 四　夏の自然と社会景観の変化――店頭の装飾陳列の品々と路行く人
一一　家庭（衣食住）	一　家庭における主なる食物――主食物、副食物、間食物の種類 二　家庭における被服――衣服類、洋服類、下着類 三　家庭における建物の大要――宅地の形状と家屋の建て方としての関係建物の種類と構造の概略

一二　社会（電燈会社）	一　社内の見学――発電配電系統の観察 二　電気と日常生活――電燈会社よりの電力の供給を受けているもの
一三　学校（行事）	一　学期末――第一学期の学習の整理と反省 二　終業式――夏休み中の生活の仕方

ここには生活内容が、あらゆる角度から、示されているが、小学校教育、国民教育として最も苦心を要する国定教科書との関係をいかにするか、これらの生活内容の中に、いかに織り込んで生活させるかの問題が具体的に示されてないのが遺憾である。

五　東京女子高等師範学校附属小学校

環境を整理しつつも、あくまでも、児童の個人的の色彩を認めていく傾向に反し、東京女子高等師範学校附属小学校の全体教育は、題材を中心として、共同作業を試みる点において、明らかにその性質を異にしている。こうした根本的の性質の差異により、ここに採られてくる学習題材も自ら異なってくるべきである。次に東京女子高等師範学校附属小学校の「作業題材系統案」を示してみることにする。なお奈良女子高等師範学校附属小学校の合科学習は尋一より尋三まで行なわれ、東京女子高等師範学校附属小学校の全体教育は尋一、尋二の二ケ年にわたり施行されるものである。

	尋常科第一学年	尋常科第二学年
四月	○私たちの学校　○大塚公園　○簸川神社　○護国寺　○天長節	○上野公園　○学校のお庭　○一年生の歓迎会 ○私のからだ　○天長節
五月	○お節句　○学校園　○遠足　○植物園　○私のからだ	○お節句　○愛宕山　○遠足　○お天気　○海軍記念日
六月	○カレンダー　○隅田公園　○梅雨 ○たべもの　○私のもの　○私の家	○梅雨　○時計　○石神井　○乗物
七月	○夏の虫（ほたる）　○七夕祭　○お手紙　○夏休み	○七夕祭り　○お野菜と果物　○お盆　○夕立　○夏休み
九月	○夏休みの展覧会　○空を飛ぶ虫　○お月見　○秋の田　○お祭り	○夏休みの展覧会　○二月十日　○学校園　○お月見 ○稲田登戸　○秋の果物
十月	○鳴く虫　○秋の草花　○靖国神社　○遠足　○運動会	○遠足　○寝る時起きる時　○運動会　○体育デー　○植物園
十一月	○明治節　○日比谷公園　○売買ごっこ　○風車　○道を通るもの	○明治節　○動物園　○私の家　○紅葉と落葉　○開校記念日
十二月	○冬の用意　○電車とバス　○クリスマス　○冬の病気	○山手線廻り　○草木の冬ごもり　○クリスマス　○年の暮れ
一月	○お正月　○お客遊び　○霜と雪	○お正月　○集め物展覧会　○こよみ　○霜と雪　○温室（本校）
二月	○節分　○紀元節　○氷　○蜜柑	○節分　○紀元節　○氷と寒暖計
三月	○雛祭り　○地久節　○一年間のこと	○雛祭り　○地久節　○陸軍記念日　○一年間のこと

前出奈良女子高等師範学校附属小学校の項において、生活内容だけ示されても、これを教科書との関係の上にいかに行うかが問題であると述べた論から言って、我々は当然ここに細案を見る必要がある。

第一学年

題目	直観要項	発展事項
梅雨	天候——晴れ、曇り、雨 梅雨——細雨、雨水、水たまり 雨雲、かび腐ったもの 梅雨時の気持ち（うっとうしい、むし暑い、湿っぽい） 植物の成長、緑の濃さ 蛙	調査——六月中のお天気調べ 図画——雨降りの様子 制作——てるてる坊主 唱歌——「雨が降ります」 「雨、雨降れ降れ」
靖国神社	学校から九段まで（バス） 護国寺、音羽通り、江戸川、電車の交差点、 飯田橋、九段坂 神社の境内 大華表、大村益次郎の銅像、社殿、 戦利品としての大砲及び砲弾、 噴水のある池、遊就館	発表 九段に行くまでの道、靖国神社の境内、遊就館 図画・記述 九段につくまで、境内の様子、 お参りした感想、遊就館の中 共同製作 社殿、銅像、大華表、お池の噴水、遊就館にあるもの
売買ごっこ	お店 お花屋、お菓子屋、本屋 お金 種類、一銭、二銭、五銭、十銭 お帳面 売店の帳面、買い手の帳面	共同遊戯 店屋になるもの、買い手になるもの 数量の取扱 物の売買のお金の受け渡し、 お金の計算おつりと差し引き総計等

第一学年

題目	直観要項	発展事項
梅雨	天候 梅雨時の気持ち うっとうしさ、じめじめしていること、むし暑さ かび かびのつく物、かびの色、かびの臭い、 かびのつく所 食べ物、飲み物	図画、記述 梅雨時の様子、雨降りの様子 説話 梅雨時の衛生、梅雨と植物 調査 六月の天気しらべ
時計	時計の種類 懐中時計、腕時計、置時計、掛時計 その他形状及び価格 時計の見方 一日の時間、午前と午後 一日の生活と時刻 時報、学校の鐘、食事、寝起きのきまり	説話 時の記念日 製作 時計 一日中の生活と時刻を表す絵グラフ (時間・時刻に関するもの)
お盆	祖先のおまつり お墓まいり、盆市、おかざり、お供え物、 お花、迎え火、送り火 提灯 盆提灯、ほうづき提灯、盆燈、籠、 たいまつ、灯籠流し	発表・記述 祖先の話 説話 お盆の話 図画 提灯、たいまつ 供養 飼育していた鳥、虫類のおまつり

山手線巡り	東京附近省線略図 東京附近の省線電車 　山手線、中央線、京浜線、赤羽線、 　横須賀線、総武線 山手線駅名 　他線との連絡 　駅シグナルの種類	記述 　山手線の様子 説話 　交通網の発表過程 　乗車の心得 共同製作 　省線巡り双六 調査 　駅間の時間 　一廻の時間

同校は、これを最初昭和二年において、「低学年直観題材配当表」として発表し、昭和六年に多少の修正を加えたが、昭和九年四月には、従来の敷地たるお茶の水より現在の大塚に移転したので、自然環境に変化を来し、同年全般的な修正をなし、題目も「修正低学年作業題材系統案」として発表したものである。

なお同校の「低学年生活全体教育要綱」を参考に掲げると次の通りである。

一、要旨　低学年ハ低学年児童ノ特殊性ニ立脚シテ其ノ生活ヲ指導シ個性ヲ尊重シ社会性ヲ陶冶シテ独立ノ個人並ニ社会人タルノ素地ヲ養フヲ以テ要旨トス

二、方法　生活ノ指導ハ合自然ノ方法ニヨリ直観ニ発スル一系列ノ活動ヲ補導シ以テ生活ノ総合的全体教育ヲ行フ其ノ形式ハ遊戯及ヒ作業トシ作業題材ハ児童ノ生活環境内ニ於ケル自然ノ事物現象文化的社会的ノ事物現象ヨリ採ル遊戯題材ハ児童ノ自発活動ヲ尊重シ心身ノ発達ニ適合セシム。全体教育ノ指導課程ハ左ノ如シ

（一）直観　（二）説話　（三）作業　（四）発表　（五）遊戯

三、注意（1）学級ハ之ヲ児童ノ共働社会タラシメ教室ハ之児童ノ生活場所タルニ適セシム
（2）教師ハ始業ヨリ終業ニ至ルマデ絶エズ児童ト共ニ生活シ共働ス
（3）学校生活ノ時間的区分ハ児童ノ活動状態ヲ顧慮シ其ノリズムニ適合セシム
（4）各教科ハ特ニ教科トシテハ取扱ハズ
（5）低学年ノ範囲ハ尋常科第一、二学年トス

以上によって考えるに合科学習は、奈良女子高等師範附属小学校のごとき児童に共通的の学習題材を示さない行き方と、東京女子高等師範附属小学校における共通的の学習題材を示す行き方との二つに大別することが出来る。いづれの行き方をとるにしても、我々はここにそれが教育である以上、低学年教育としてのカリキュラムを構成して、あやまらざる指導を目指さなくてはならぬ。我々は両高等師範附属小学校のいづれの（前者は生活内容、後者は作業題目）ものにも、教科書との緊密なる関連を示してもらえなかったことは、はなはだ遺憾なことであるが、この問題は合科教育において、最も困難にして、しかも留意しなければならぬ問題ではあるまいかと思う。

（この項の中における表は伏見猛彌氏の著による）

第五章　我が校における総合的取扱

我が校における総合的取扱は、その端を大正九年の直観科設置時代よりすでに萌芽していると見なければならない。勿論そういう意味は、直観科がそのまま総合的取扱へと発展したというのではなく、直観科は直観科として、総合的取扱は総合的取扱として、各々それ自体に意味もあり、独自の立場もあることは認めるのであるが、その間に相交錯して生活指導という教育思潮の底面にあるということを言わんとしているのである。

我が校において直観科の教授細目を世に発表したのは昭和二年であるが、当時の直観科特設の必要の項をみるに、その目的は決して、低学年における理科の準備的学習ということがその全体ではなく、低学年の生活を直観を通して陶冶充実させるということであった。今その要旨を概観すれば、「自然は人間が生れ落ちるとただちに教育に従事する」子供の思想感情は、子供が母の胎内からこの自然界へ足を踏み入れると同時に、自然という教育者によって堅実に培われてきたのである。

したがって子供は、この自然界に発現している自然物または自然現象に対して強烈な興味をもって相対し彼等の周囲をめぐる各種の事物現象と相俟って、彼等の心身の健全な発達を保ってきたのである。

教育という仕事は、この児童の自然性の発育に即して行うところに最も能率をあげ得られるものであると思う。

最近日を追って種々の教育学説、及びそれに伴う教育方法が考究されてきているが、その帰するところは、児童の純真な、ありのままの本性を中心として教育を実施しようとする祈念に外ならない。

また教育の目的が、個人の生活を最も完全に導き、完全な個人によって形作る国家の健全な発達を望んでいるものである以上、どこまでも、児童の生活対象である周囲の事物、現象に対して適当な方案を立て、彼等の生活を正しく導くべく努力しなければならぬ。また事物を正しく観察判断することは、その事物について正しい理解を得るのみならず、生活上遭遇する種々の事物に対して正確な判断、理解を得、やがて能率の高い生活をなし得る基である。

それ故児童が日常接する自然界、人事界に至っての事物に対して、実験や観察思考を練磨する直観科の学習は、とりも直さず他教科学習の根源を養うことになり、一方他教科と相俟って児童を教育の理想に導くものである。

この意味において児童の生活教育の徹底を期するため、本校においては、大正八年以来直観科を特設し、理論実際の両方面からその研究を持続してきたわけである。

以下少しく項を分けて、直観科特設の必要を述べてみよう。

一　児童心理に立脚して生活教育の徹底を図る。

児童は好新性の本能が盛んで彼等をめぐる周囲の事物及び現象に対して興味を感じ、疑問を抱き追求心を起こすものである。これ等の本能、衝動を利用、活用して教育することは、能率を挙げる上に最も有効である。

二　諸教科学習の根源を養い、教育能率を高める。

児童は環境を作る事物、現象に直接して生活している間に、それ等に対する概念を構成し、拡充しつつ成長してきたのである。しかしてこれは取りも直さず諸教科学習の根源をなす要素である。故に学校教育においては、これ等児童の環境をめぐる事物現象に対してある方案を立てて児童の生活を指導することは望ましいことである。

三　科学的訓練に資する。

国民が科学的に訓練されていると否とは、国家の発展上実に重大な影響を及ぼすものである。しかして、全ての訓練の過程にある児童が、この精神この趣味に対する程度の如何はやがて一国の科学の発展を左右すると言ってもよい。それ故、学校教育を始める当初から徐々にその訓練を施すのである。

直観科の要旨

「直観科ハ、児童ノ生活ニ密接ナル関係ヲ有スル事物及ビ現象ヲ直観ニ訴ヘテ学習セシメルコトニヨッテ、観察力ヲ修練シ、思考力及ビ想像力ヲ養ヒ、以テ発表能ヲ錬成セシメ兼ネテ事物及ビ現象ニ関スル思想ヲ明確豊富ニシ、且ソレ等ニ対スル親情ヲ滋養スルヲ以テ要旨トスル」

なおこれを分解すれば

一　観察力の修練

本科のように物象に直接して学習する学科においては、各感覚器官を活用して知覚、認識するには最も好機会である。しかしてこの観察力は、諸学科の学習において、まさにまた日常生活上において、すべての精神作用の礎となるものである。

二　思考、想像力の養成

観察して得た知識は、これを思考作用に訴えて概念化し、新事実の上に活用しなければならぬ。また観察、思考を基として、起こり得べき問題を想定することは、創造作用の基礎をなすものである。

三　発表能の練成

観察、思考、想像の結果は、これを言語、文字、絵画、図表、態様等で発表することによってその結果を確証し、またそれ等の作用を進展し、発表の技能を練成することになる。

四　明確豊富なる思想

物象に直接して得た思想は堅実であって、やがて立派な精神活動の基となるものである。かかる思想が物象を学習することによって、明確にかつ豊かに得らるることは特に本科の生命である。

五　物象に対する親情の涵養

物象に対して親情の念を有するには、よくその形態、習性、人生との関係について理解がなければならぬ。親情の念はやがて、その物に対して追求的に学習する態度を作り出すことになり、延いてはすべての問題に対して自発的に研究するようになる。

直観科教材の選択排列

学習材料の選択

一　児童が容易に直感し得られる材料であること

本科で取り扱う事物、現象の研究は、その物象に直接して行わねばならぬことは申すまでもない。他教科の学習のように、過去の経験を基にして、掛図や模型によって観察させ、理解させることは最も厭うところである。

容易に直観し得らるるとは、殊に豊富な材料で各自が思う存分学習できるとともに、複雑な操作を要しないものの意味である。

二　児童に興味を感ぜしめ得る材料であること

児童殊に低学年の児童にあっては、学習と興味は陰の形に添うように、常に連関して考えるのでなければ十分学習能率を上げることの難いことは、すでに心理学的に証明されていることである。

生理的の活動、精神的の活動においても、内部から要求し、興味を感じてきたものでなければ如何に与えようとしても、それはまったく徒労で、よし与えたとしても、それは単なる一時的表面的に貼付したに過ぎない。したがって、かかる非心理的の知解は、まったく生命を失いその知識以外に発展活動なく、忘却の程度も甚だしい。これに反して興味ある学習材料は、これを知解するに容易であるばかりでなく、これに連関した他の事物に対しても、積極的に学習する態度を養うことができる。

それ故児童に自発的に学習せしめ、充実した活動を望むには、常に興味ある材料を提供しなければならぬ。

三　児童の理解、活用に適する材料であること

いかに興味ある材料でも、それがただ好奇心を満足させるだけ、または難解なものでは、児童がその程度に応じて思う存分実験、観察し、教師の手を離れて自由に学習することも出来ないため、十分理解いた知識となり得ないのみならず、これを活用して一層学習を発展させることも望まれない。

故に、本科で学習する材料は、興味のあることと同時に、児童の程度に応じて十分理解し得られ理解の喜びを味わい得る材料でなければならない。

四、他教科の学習材料中特に実験や観察を必要とする材料であること

各教科それぞれ独自の目的を達するため、十分に実験や観察を行わなければならない材料でも、学習組織及び準備の都合でそれ等

を行うことが困難で、模型や挿絵や説話で終わらせる場合がある。この欠を補うため、本科では特にこうした材料、中でも読本の教材から多くの材料を選択している。

五　代表的基本的材料であること

限りない事物現象を限りある時間に最も有効な結果をもたらすよう学習するのであるから、その材料たるや、数多の材料の模式的要素を多く含んだものでなければならぬ。

六　戸外学習に適する材料であること

自然の物象が、自然の位置において発現している姿について学習するのでなければ、その物象、またはそれと連関している他の物象について十分理解し統整された自然界を知ることが困難である。

また、自然を友として生活内容を形作ってきた児童の心身の健全な発達を望むには、殊に溌溂たる戸外の自然物象に直接して学習しなければならぬ。

学習材料の排列

一　実験観察に最も都合よい季節に合わせる

自然物象の発現する時機や存在する時間は、季節と密接な関係を有するもので、その季節を離れてはまったく学習し能わぬ場合があるし、もし出来たとしても十分予期の目的を達しられない場合が多い。故に学習に都合よい季節に排列することが肝要である。

二　児童の興味を感ずる材料を先にする

児童殊に低学年の児童にあっては、感情や衝動が主となって、学習材料に対する態度が定まるものである。科学上、生活上必要なものであっても、興味を惹かないものについては比較的無関心である。それ故、教材の選択上、児童の興味あるものを選ぶと共に、これを学習材料として排列する場合においても、興味ある教材を先にすることが必要である。

三　他教科における学習との時間的関係を顧慮する

他教科の学習材料中、特に実験や観察を必要とする材料である故をもって選択、排列された教材は他教科との時間的関係を顧慮し、その少しく前または後に学習するよう排列するがよい。

四　児童の心身の発達に適するようにする

学年によって児童の知識の内容、理解の程度が異なることは申すまでもない。すべて理解は既知の事項と連絡して進んでいく時に最も能率が上がるものであるから、教材の排列も未知から既知へ、易から難へ、直観から思考へ、形式から内容へと、児童心身の発達程度に適するようにすべきである。

直観科教授の要領

直観科の学習も児童教育の一部面に過ぎない故、その学習指導の根本方針は、他教科における学習指導のそれと何等異なるところはなく、やはり、児童の個性を尊重し、その学習活動に根底を置いて成るべく自由に立案させ、試行させ、反省させ、批判させるのでなければならない。

以下直観科の学習を指導する上について、その指導の要領を個條を追って説明しよう。

一　学習材料に直接して、児童自らが実験、観察、考察しながら学習させる。

直観科においては、学習材料に直接して児童自らが自己の力量に応じて学習していき、生きた知識を得るのでなければならぬ。それには、模型や絵画や説話等によって抽象的に学習させたり、少ない材料で少数の児童の実験観察するのを傍観しているようなことでは、十分本科の目的を達するわけにはいかぬ。しかして実験や観察は、児童の程度すなわち児童の過去の経験を整理し、それと密接に関係づけ、漸次正しく詳しい観察をなし得られるように導き、それを基にして考察の指導をなすべきである。

二　なるべく戸外の学習を本体とする。

学習材料の存在し発現している現状に赴いて実地について学習することは、生活体として統整ある自然界を理解する上に最も必要なことである。

しかしこの際注意すべきことは、教師において、予め実地踏査をなし、学習材料の主体、副体管理の方法等を十分考究し、徒に児童の注意を散乱したり、不経済に時間を費やすことなく、敏活に学習出来るよう訓練することが肝要である。

屋外で学習し難い動物の飼育実習、蒐集品を基としての学習、鉱物の学習等はいづれも学習に好都合な設備準備の下になさなければならぬ。

三　観察した事項は、これを言語、態様、文字、絵画などによって発表させる。

直観によって得た事項を発表させることは、発表の技能を練成する上に大いなる価値があるばかりでなく、観察の不明瞭、不確実な点を発見し、再観察によってこれを一層明確にする上に多分の貢献をなすものである。

しかしてこれが発表は、最初は言語によることを主とし、漸次児童の筆写、描画能力の発達するにつれて文字、絵画、図表等によって発表し得られるよう指導すべきである。

直観科学習帳は、尋常二年に進んだ時分から所持させ、最初は容易な部分の写生をさせ次第に文字による記述を加味するがよい。因みに本校所定の直観科学習帳は、横十五センチメートル縦十センチメートル表紙は厚く黒布製、両紐をもって綴じ、一方に鉛筆挿をつくる。これポケット用として携帯に便にしたものである。紙数は三十枚（内二十枚は白紙、十枚は五ミリメートルの方眼紙）紙質は消しゴムを使用出来る良質のものである。

四　直観はこれを教師指導のもとにのみにとどまらず、児童が独立して試みるように奨励する。

児童が教師を離れて直観して得た知識は、その内容において貧弱誤謬あるいは尊いものがあるが、これ等は善導のいかんによって、児童が自然に親炙する念を養い、独自研究の態度を養う好機を作るものである。

五　主要材料の学習と併せて、その関係材料をも学習させる。

学習の主体となる材料と同所に存在したり、発現したりして共存関係にあるものについては、適宜主要教材の学習と併せて学習を指導したいものである。

六　植物の栽培、動物の飼育、動植物の採集等の容易なものは、これを実習させる。

植物を栽培したり、動物を飼育したりすることを継続して行わせることは、本科の目的を達成する上にすこぶる有効なものである故、その容易なものについては、実習を指導するがよい。

動植物を採集したりこれを保存したりすることの学習も同様である。

七　他教科学習に有効な準備を与え、またその遺漏を補成するようにする。他教科の学習材料中、特に観察や実習を必要とする故をもって、直観科の学習材料に選択されたものを学習する際には、それ等の教材の学習と密接な連絡をはかることに努め、それに対して有効な準備を与え、かつその欠陥を補成し、遺漏を充たすよう指導に努める。

八　常に活《(ママ)》材料を補充して、児童をして生気ある学習をなし得るようにする。

本科においても、要目を制定し、細目を編纂して、大体その案によって学習を指導すべきことは、他教科の学習と同様であるが、教科の性質上、本科においては一層その活用に意を用いることが肝心である。それ故教師は、予定された材料にのみ拘泥することなく、常に周囲の事物現象に注意し、細目の材料の伸縮、あるいは他の材料を補充する等、常に児童が生気ある学習をなし得るよう指導しなければならぬ。

尋一第一学期

週	題目
第一週	学校と学校の庭
第二週	善光寺の鳩
第三週	春の野に咲く草花と蝶
第四週	秋の草花の種蒔き
第五週	つつじの花
第六週	兎
第七週	藤の花
第八週	おたまじゃくし
第九週	雀と燕
第十週	金魚といしがめ
第十一週	かたつむり
第十二週	蛍
第十三週	はすの葉
第十四週	噴水
第十五週	ぼうふりと蚊

尋二第一学期

週	題目
第一週	桜の花
第二週	学校園の春の草花
第三週	鶏とひよこ
第四週	種子蒔き
第五週	春の野辺
第六週	蜘蛛
第七週	筍と竹
第八週	水鼓
第九週	田植え
第十週	梅の果実と桜の果実
第十一週	おたまじゃくしと蛙
第十二週	四方
第十三週	蟻
第十四週	池中の生物
第十五週	胡瓜と茄子

尋三第一学期

週	題目
第一週	春の学校園
第二週	菜の花と蝶
自第三週 至第四週	種子蒔きと植え替え
第五週	端午の節句
第六週	青山通りの商店
第七週	蚕と桑
第八週	春の七草
第九週	初夏の野辺
第十週	梅雨
第十一週	日比谷公園
第十二週	雨水の行方
第十三週	雷と夕立と虹
自第十四週 至第十五週	蝿と蚊

第二学期	
第一週	学校園の秋の草花
第二週	朝顔
第三週	こおろぎ
第四週	とんぼ
自第五週至第七週	秋の果物
第八週	家鴨と雁
第九週	菊
第十週	上野動物園
第十一週	しゃぼんだま
第十二週	秋の木の葉
第十三週	秋の校外
自第十四週至第十五週	教室のストーブ

第二学期	
第一週	夏休み中成績品展覧
第二週	蝉
第三週	笹舟
第四週	水鉄砲
第五週	金王八幡宮
第六週	秋の七草
第七週	蝙蝠
第八週	月と星
第九週	稲の取り入れ
自第十週至第十一週	いろいろな種子
自第十二週至第十三週	人間の防寒法
第十四週	草木の防寒
第十五週	冬の気候

第二学期	
第一週	夏休み中成績品展覧
第二週	浄水場
第三週	秋鳴く虫
第四週	秋の気候
第五週	竹とんぼ
第六週	玩具飛行機
第七週	秋の田畑
第八週	きのこ
第九週	原宿駅
第十週	海
第十一週	紅葉と落葉
第十二週	油菜の種子蒔き
第十三週	野菜類
自第十四週至第十五週	いろいろな燈火

第三学期	
自第一週 至第二週	正月の飾り
第三週	猫と鼠
第四週	牛と馬
第五週	霜と霜柱
第六週	雪
第七週	氷
第八週	梅と鶯
第九週	人のからだ
第十週	蛙の卵

第三学期	
第一週	寒暖計
第二週	山羊
第三週	風車
第四週	凧
自第五週 至第六週	小鳥類
第七週	雛祭り
第八週	木の新芽
第九週	接木
第十週	春の気候

第三学期	
第一週	冬休み中成績品展覧
自第二週 至第四週	人のからだ
第五週	茄子と胡瓜の種子蒔き
第六週	冬芽
第七週	銅と鉄
第八週	磁石
第九週	家畜
第十週	蛙の卵

以上の直観科の趣旨によって見るも、またその題材表によって見るも我々がこの直観科を通して低学年児童の生活特に郷土における生活を指導せんとする意図は十分に把みとることができる。しかしそこには、今日見られるような児童の生活に対する深い洞察がなく、依然として児童の生活を分科的に指導する立場をぬけ切れないでいる。そこに直観科が他教科の基礎訓練であるというような

考え方が生まれてくるのである。かかる教育観、児童観に立つ直観科は低学年児童の全生活を指導せんとする意図はなお薄弱なものであり、依然として低学年における理科の準備学習的指導という傾向を脱することはできない。

これが総合的取扱へと推移した有力なる原因となっている。すなわち低学年の教育はその生活を生活させることによって、陶冶指導せんとするもので、ここに総合的取扱の教育が生まれたのである。教育思潮を発展的に見るに、大正十三・四年時代にかけ全盛を極めた自由主義の教育やダルトンプラン、あるいはプロゼクト法による教育が強調されてきた。この自由主義の教育にしても、ダルトンプランの教育にしても、児童の本質を認識することによって児童の生活をその内部より指導せんとするところに起こってきた教育主張である。故にこのことを考えるには、どうしても児童観の推移ということに着眼せねば解決せられぬ問題である。

しからば児童観はいかに推移したか。これはすでにこの稿の最初において、論じたところであるが、再びここに概観して見ることとする。

年次		教育施設	施設校	児童観
明治年代	29	庶物科	東京高師附小	空想的な児童観
	34	観察科 直観科 郷土科	東京高師附小	
	41	郷土教育	愛知第一師附小	

年代	年	内容	学校	児童観
大正年代	5	自然科	成城学園	神聖視された児童観
	8	直観科	青師附小	
	9	合科学習 ［自然科 直観科］	奈良女高師附小 ｛京都師附小 新潟師附小 天王寺師附小 山形師附小 滋賀師附小｝	
	10	直観科	女子学習院	
	12	直観科細目 郊外教授案	東京高師附小 全国各小学校	
	14	全体教育 自然科	東京高師附小 成蹊学園	
昭和年代	2	直観科細目 郷土教育施設	青師附小 全国五〇〇校	一個の人格としての児童観
	4	直観科施設 観察科	師附小一〇〇校中五一校 東女師附小	
	6	総合的取扱 郊外教授細目	青師附小	
	9	田園教場	東女師附小	

我が国において児童研究の最も盛んであった時代は明治三十年代と、大正五・六年以後の数年間であった。それ前掲の教育施設の表にも見えるように、明治二十九年には東京高等師範学校附属小学校において直観科の前身ともみられる庶物科が置かれている。これは児童直観重視の表れで児童直観が、地理、歴史、理科、数学の初歩として教授上の便宜という点から生まれたことも認めなければならないが、これは大正五年以後数年間に、各校に直観科自然科が続々として置かれていることをみれば、ただ単に教授上の便宜からとのみ片付けるわけにはいかない。児童直観の重視ということは児童の学習生活に対する研究考察が深められてきた結果と考えることも決して無理ではない。すなわちこうした施設の増加は児童研究の旺盛と大体平行していることが認められるからである。

明治三十年代は、すでに子供を小さい大人とは考えていなかった。だが、残念ながら子供について充分なる研究が為されていたと考えることはできない。その結果大人の中の子供らしさを子供の中に投げ込んで、それを子供の真の性質と考えていた。いわば非常に空想的な児童概念であった。このことは巖谷小波氏のおとぎ噺の中によく表れている。子供を子供のままに見ようとはせず、大人の考える子供性を子供に押しつけて「大人の中の子供」を強制した。大人がこんな風だろうと考える子供であったのである。

これが大正五・六年時代の児童研究となると、そこに考えられる子供は、最早大人の気持ちでみられる子供ではなく、子供独自の世界を持つものとして、大人の世界と平等の権利を与えられた子供の世界であった。子供の世界が神聖視され極度に尊重された時代であった。その結果子供に課題して作業させることは大人の越権であるとされ、子供の自由が極度に認められた時代である。こうしたところから奈良女子高等師範学校附属小学校における合科学習において児童に共通の生活題材を示さないことが起こったのではあるまいかと考える。しかしこの児童観は実際問題としては、よほど考えられなければならぬ。極度に児童の自由活動を認めることは児童自体の奔放な活動を誘発することになるからである。これは当時の成城学園の学習状態にも見られた一つの教育の危険性であった。これは、子供は放っておいても育つという教育観に立つことになるので、ここに研究の不足の点が見出される。

カントは、「人は教育によってのみ人となることが出来る」と言い、あるいはルソーがエミールによって代表させた自然児のごとき、これらの時代の人なり児童なりの概念は、この創造発展していく社会より抽象された人であり、絶縁された児童であったのであるが、我々はここに再度児童観を変えて、社会の中に育つ児童、環境の中に育つ児童を現実に生かして見なおさなければならない。教育即生活論の中に導かれてくる児童は、創造的発展を為す現実社会の中に、現実に生きる児童すなわち、自己以外の人々との間に人格的交渉の生活を営む児童である。

要約すれば

1　児童は現実社会に生きている児童である。
2　児童は現実社会より驚嘆の機会を与えられ、学習の興味をもそこから起こしている。
3　現実社会においてこそ児童の個性に対する適切な教育も可能である。
4　児童に対する刺激力も、指導力もこの現実社会においてこそ可能である。
5　したがって、児童の経験を刻々に整理し、生活全体を統整しながら、無限の方向に不断に進展努力する自由意志の働きも現実においてのみその指導陶冶が可能である。

この児童観教育観に立ち、この児童の現実生活を価値的に指導せんとする立場より、当然我々は従来の未来準備説に導かれた大人の中の子供への教科単位の教育を捨て、生活単位の総合的取扱を実験的に取り扱おうとする結論に到達したのである。

次に掲げるものが、昭和六年以来我が校において実験的に取り扱われてきたところの生活題材一覧表である。第一、第二、第三の各案とも尋常第一学年において実験的に実施されたもので、第一第二第三と三つの案が提出された理由は、三人の異なる指導者によって、ここ数年間実験されたことによるのである。我々はこの生活題材を選択決定するのにいかなる態度を執ったのであろうか。

言いかえれば教育の対象である児童をいかに観たか。我々はルソーやペスタロッチの教育観の洗礼を受けているので勿論、明治末期に考えられた、大人が自分の子供時代のことを思い出して、それをそのまま子供にあてはめるという、大人の中の子供という空想的な児童観は捨てている。さらにまた大正中期のエレンケイの主張した「児童の世紀」中に描かれたいわば児童の純真さを傷つけまいとして児童の我儘を無批判に許すという神聖視された児童観をもとらない。これらの児童観を止揚させてそこに児童の生命を、その生活をまともに凝視することによって、児童を一個の人格としての存在とみる立場をとるものである。すなわちルソーや、エレンケイの思想のように、環境から抽象された児童とは見ていない。具体的に言えば

児童の心の働きが非社会的であることを認める。すなわち

1　自己中心的である。

2　感情的に動いている。

3　自己流の関係把握をする。

4　総合的な判断が困難である。

5　矛盾を矛盾と感じない。

以上のごとき心の働きを持って、環境の中にある児童の生活を見つめることへと、我々の眼は注がれる。そこに我々は、

1　実在論的な

2　汎心論的な

3　人造論的な

児童特有の生活を発見する。つまり責任のない児童の世界を見出す。彼らの生活は遊戯であり、遊戯が彼らの現実である。

かかる見地から生活題材を選ぶ時は、その標準はおおよそ次のごときものとなる。

1　低学年児童の生活である遊戯としての形態を備えること。

2　低学年児童の生活特徴である活動性に富むものであること。

3　低学年児童の生活は持続性少なく変化を好む故に、その生活の発展が変化に富むものであること。

4　低学年児童の生活は分化以前のものである故全一的なるものであること。

5　低学年児童の生活は、直観的である故、直観しやすきものであること。

6　低学年児童の生活は論理的でなく、想像的なる分野を含むものなる故かかる点を考慮し、想像的に興味あるものであること。
7　すべて我々の生活は郷土を離れてはなきものなる故、郷土の中に題材を選ぶこと。
8　しかも以上の諸項によって選ばれたる題材の配当は低学年児童の心理的発達を考え季節を考慮して、秩序あるもの系統あるものたらしめること。
9　更に以上を総括し、これの運営上児童の学習が、経済的に、能率的に行われるよう按配すること。

次にかかる立場より構成された過去数年間の総合的取扱の実験案を示そう。

低学年における総合的取扱の実験的姿態

実験第一案

月別	題目	関係教科・教材
四月	入学式	修　親の恩
	学校と学校生活	修　喧嘩をするな　行儀よくせよ　始末よくせよ
	明治神宮	読　オミヤガアリマス
	桜	読　ハナ　唱　さくら
	学校園	読　サルカニ　唱　うさぎ　池のこい　修　自分の物と人の物

月	行事	教材
	神宮外苑	
	身体検査	修 食物に気をつけよ
	天長節	修 天皇陛下 忠義 唱 日の丸の旗 君が代
	開校記念日	
	靖国神社	
五月	端午の節句	修 元気よくあれ
	遠足（代々木宝物殿）	修 友達は助け合え
	外苑児童園	
	青山善光寺	読 ハト、マメ、マス、オテラガアリマス 唱 鳩
	海軍記念日	修 忠義
	駒場農科大学	読 ウマ ウシ
	朝顔移植	
六月	ムシバデー	
	時の記念日	
	梅雨	修 食物に気をつけよ 読 ミノ、カサ、カラカサ、アメガヤミマシタ 唱 アメ

	田植え	修　物を粗末に扱うな
	夏至	
	かたつむり	修　生物を苦しめるな　読　デンデンムシ　唱　かたつむり
七月	蛍	修　生物を苦しめるな　読　ホタルガトンデイマス
	郵便	
	七夕	読　ホシ
	大売り出し	
	ぼうふりと蚊	
	水遊び	
	お盆（中元）	読　ハス
	学期末と夏休み準備	修　食物に気をつけよ　なまけるな
九月	震災記念日	
	身体検査	
	夏休み中の経験発表	
	箱庭	読　ハコニワ
	学校園	読　アサガオ　ヘチマ
	二子玉川	修　人に迷惑をかけるな

	お月見	読 ツキ、ガン、ユウガタ、唱 つき
	砂遊び	
	秋季皇霊祭	修 親の恩 親を大切にせよ 親の言付を守れ 家庭
	氏神様（金王八幡）	
十月	桃太郎	読 モモタロウ 唱 桃太郎
	宮城と日比谷公園	読 サルトカニ、アヒル
	神嘗祭	
	秋の果物	読 クリヒロイ
	公設市場	読 オキャクアソビ
	秋の自然界	読 ガン、木ノハ、キクノハナ、月、クリヒロイ 唱 がん、木の葉
	運動会	読 ウンドウカイ 修 元気よくあれ
	靖国神社	修 忠義
	私の家	修 兄弟よくせよ、家庭、親の恩、近所の人 読 犬ノヨクバリ ハナ モノサシ ヒノシ ニイサン ネエサン マサヲ イ□□ ミヨチヤン オヤネコ コネコ ユウガタ

		唱　人□　犬
十一月	明治節（体育デー）	
	遠足（稲田登戸）	読　オヤ牛ト子牛　木ノハ　カラスガイマス
	菊	読　キクノハナ　唱　菊の花
	上野動物園	読　サルトカニ　アヒル
	七五三のお祝い	修　親の恩
	火	読　ヒケシ
	新嘗祭	
	牛若丸	読　ウシワカマル
十二月	猫と鼠	読　ネヅミノチエ
	乗物	読　ヒコウキ
	教室のストーブ	
	冬の自然界	読　ユキ　ユキダルマ　読　オ正月　モチノマト
	冬至	
	クリスマス	
	身体検査	読　オクスリ　目ト耳ト口
	大正天皇祭	

一月	カレンダー製作	
	観兵式	修 天皇陛下　読 ヒコウキ　唱 ヒコウキ
	冬休み中の経験発表	読 オ正月　モチノマト　カゲエ
	正月の遊び（かるた会・はねつき・すごろく会）	
	花咲爺	修 うそをいうな　読 ハナサカジジイ
二月	一年生入学試問	読 コレラ
	節分	
	紀元節（梅の節供）	唱 紀元節　君が代
	青山通り	
	大江山	読 大江山　唱 大江山
三月	雛祭り	読 ヒナマツリ
	地久節	唱 常若の歌
	陸軍記念日	修 天皇陛下　忠義　唱 へいたいさん
	卒業式	修 よく遊びよく学べ　唱 蛍の光

実験第二案

月別	題目	関係教科・教材
四月	学校	入学式　私たちの学校　本校と附属　先生と生徒 お教室　お友達　整頓　学校園
	明治神宮	鳥居　参道　交通道徳
	春	木の芽　草の芽
	泰安庫	御真影　日本の国　皇室と国民　儀式　作法
	国旗	日の丸の旗　家の紋　作法　旗日　連隊旗　軍艦旗
	お店ごっこ	自治的な活動　お金の数え方
	郵便やごっこ	切手の種類　他人への感謝　世はお互いの助け合い
	お人形さんごっこ	ぬりえ　唱歌
	四月の祝祭日	
	学校の記念日	
五月	端午の節句	修　元気よくあれ
	遠足（代々木宝物殿）	修　友達は助け合え
	外苑児童園	
	青山善光寺	読　唱　鳩

	海軍記念日	修 忠義
	駒場農科大学	読
	朝顔移植	
六月	童謡読本作製	読
	スクラップブック作製	手工（切り抜き）
	濁音カルタ作製	図画 読方の連絡
	学芸会ごっこ	お互いの批正
	郊外教授（日比谷公園 宮城）	
	八百屋さんごっこ	算術（売買）
	シャボン玉遊び	作り方 読方 ぬりえ
	お客さま遊び	言葉づかい 礼儀
	明治神宮菖蒲園拝観	
	算術カード遊び	
	グループの指導	協同訓練
七月	七夕祭	短冊つくり 星の観察 ぬりえ 手工（御馳走つくり）
	花火	ぬりえ 花火 マッチの取扱について
	童謡ぬり絵の整理	クレヨンの取扱 色彩について

月	題目	内容
	成績品の整理	整理の必要　整頓と人格
	夏の仕事の準備	
九月	始業	
	花屋さん	居室と花　美的生活と趣味の向上　花の種類
	実測練習	メートルの読み方　書き方　目測　歩測　実測練習
	お店ごっこ	品物の売買
	お祭り遊び	お宮などの製作　ぬりえ　提灯つくり
	乃木神社参拝	路上における作法
	動物園校外教授	電車乗降の作法　動物の名　形態　手工　動物の切抜作業
十月	童謡読本の作製	
	読本の書写	
	ぬり絵より創作へ	
	運動会	修　共同と協力　公明正大　規律
	友情	綴　御見舞状の作製
	秋の木の葉	木の葉蒐集
	レコード鑑賞	美的情操の養成
	東京湾一周	修（他人に迷惑をかけるな）

	算術	式の立てかた　答案と数字
	読み方	朗読と声の音量　質　句読の意味と朗読上の注意
	夏休み作品の処理	日記分の処理
	お教室の飾り	
十一月	ぬり絵	雀の家　ざくろ　みかん採り　鳥の家　きつつき　コスモス 菊の花　りす　すみやき
	通信	修身（仲ヨク）手紙の書き方
	七五三	図画　手工（お土産袋の作製）
	木の葉集め	木の葉の紅葉　落葉　色と形の美
	多摩河原校外教授	車中の作法　水の作用　魚の直観
十二月	大売り出し	算術　図画（ポスター）手工（お店つくり）
	お正月の遊び	羽子　羽子板
	クリスマス	クリスマスの飾り付け　ぬり絵　唱歌　クリスマスツリー クリスマスプレゼント
一月	七草の話	七草がゆと一年中の主な行事
	カレンダーの話	カレンダーの見方とその利用法
	算術遊び	算術（加算）

	学校ごっこ	学用品の調査　学級の整頓　清潔　教室の設計　等
	野外の観察とその学習	明治神宮参道　青山通りのしらべ
	ぬり絵	図　お餅やき　夜まわり　おぞう煮　もちつき　たき灯　ラジオ体操
二月	学習発表会準備	地理　算術　手工　図画　唱歌
	図書の整理	修身　手工
	直観の要項をまとめたる読本の作製	
	紀元節	修身　日本の紀元　重大な儀式
	カレンダーの作製	算（数の加え方）図画（図案）
	雛祭り	手（お雛様の作製）
	皇太子さま御生誕御祝に関して	日本国民の赤誠 皇太子様の御歌
	学級自治について	修（反省　週番制）
三月	雛祭り	読
	地久節	唱　常若の歌
	陸軍記念日	修　天皇陛下　忠義　唱　へいたいさん
	卒業式	修　よく遊びよく学べ　よい子供　唱　蛍の光

実験第三案

月別	題目	関係教科・教材
四月	入学式	
	学校生活	読方
	神宮参拝	
	明治神宮	読 ヘイタイススメ 図画
	身体検査	
	分科指導	読方 サイタイサイタサクラガサイタ コイコイシロコイ ススメ ススメ ヘイタイススメ 豆細工 自由画 体操 算術（数える方法）
	お祝日	修身 読方（アサヒガアカイオヒサマアカイ） 図画 体操（日の丸の旗）
	開校記念日	
	靖国神社大祭	
	天長節	修
	分科指導	算術
五月	端午の節句	読方 ココマデ オイデ ソロソロ オイデ 手工 鯉のぼり

	鳩ぽっぽ	読方　ハトハトオミヤノヤネカラオリテコイ
		算術　名数数え方　体操と唱歌遊戯
	数字ひろい	算術　数の排列
	全校遠足	読　ソラガハレタキレイニハレタヒロイノハラデウシガナク
		図画　修　トモダチ　ケンカヲスルナ
	いなか	読方　カアカアカラスガナク　デタデタツキガ　図画
	体操練習会	唱歌　遊戯　算術（運動会のところ）
		修身（ゲンキヨク）読方（ハシレハシレ　シロカテ　アカカテ）
	忠義なお話	修身　チュウギ　木口小平
六月	童謡読本作製	読
	スクラップブック作製	手工（切り抜き）
	濁音カルタ作製	図画　読方に連絡
	学芸会ごっこ	お互いの批正
	校外教授（日比谷公園　宮城）	
	八百屋さんごっこ	算術（売買）
	シャボン玉遊び	作り方　読方　ぬりえ　読方
	お客様遊び	言葉づかい　礼儀

	明治神宮 菖蒲園拝観	
	算術カード遊び	
	グループの指導	協同訓練
七月	七夕祭	短冊つくり 星の観察 ぬりえ 手工（御馳走つくり）
	花火	ぬりえ 花火 マッチの取扱について
	童謡ぬり絵の整理	クレヨンの取扱 色彩について
	成績品の整理	整理の必要 整頓と人格
	夏の仕事準備	
九月	始業式	
	夏休みのこと	綴方
	分科指導	読方
	お月見	
	おまつり	読方
	分科指導	算術
	学用品の買い方	算術（一〇以下の加算引算の形式練習）
	分科指導	算術（数の増減 数の構成） 唱歌 体操 修身 モノヲタイセツニ

十月	遠足	読 アシタハエンソク 修 生きものをあわれめ 図画 綴方 発表
	月見	読 オツキサマ 算術 ススキトリ コオロギトリ
十一月	ぬり絵	雀の家 ざくろ みかん採 鳥の家 きつつき コスモス 菊の花 りす すみやき
	通信	修身（仲ヨク）手紙の書き方
	七五三	図画 手工（お土産袋の作製）
	木の葉集め	木の葉の紅葉 落葉 色と形の美
	多摩河原校外教授	車中の作法 水の作用 川魚の直観
十二月	大売り出し	算術 図画（ポスター）手工（お店つくり）
	お正月の遊び	羽子 羽子板
	クリスマス	クリスマスの飾り付け ぬり絵 唱歌 クリスマスツリー クリスマスプレゼント
一月	七草の話	七草がゆと一年中の主な行事
	カレンダーの話	カレンダーの見方とその利用法
	算術遊び	算術（加算）
	学校ごっこ	学用品の調査 学級の整頓 清潔 教室の設計等

	野外の観察とその学習	明治神宮参道　青山通りのしらべ
	ぬり絵	図　お餅やき　夜まわり　おぞう煮　もちつき　たき火　ラジオ体操
二月	学習発表会準備	地理　算術　手工　図画　唱歌
	図書の整理	修身　手工
	直観の要領をまとめたる読本の作製	
	紀元節	修身　日本の紀元　重大な儀式
	カレンダーの作製	算（数の加え方）図画（図案）
	雛まつり	手（お雛様の作製）
	皇太子さま御生誕御祝に関して	日本国民の赤誠 皇太子様の御歌
	学級自治について	修（反省　週番制）
三月	雛祭り	読　ヒナマツリ
	地久節	唱　常若の歌
	陸軍記念日	修　天皇陛下　忠義　唱　へいたいさん
	卒業式	唱　よく遊びよく学べ　よい子供　唱　蛍の光

今我々はこの稿を終えるに当たって、我々の実験時代を反省的に見ていこう。

低学年と言ってもここに我々の意味しているものは尋常第一学年のみを目標としている。

第一章において我々は、低学年の教育はいかにあるべきかを決定するに際しては、教育の対象たる児童の本質と児童の生活とを凝視せねばならぬことを説き、しかもその児童は教育学説の深化発展に伴い止揚された児童観に立脚する児童であることを決定した。

第二章においては、第一章より必然的に児童の本質と児童生活とを見てきた。その結果児童は終始興味に向かって活動を続ける環境内の一個の人格として存在するものであり、しかもその生活は、興味と活動とに満たされる未分化の遊戯であるとした。

第三章においては、かかる現代教育史上における児童観に立って施行されてきた代表各校の施設の発展を歴史的に展望し、あるいはその現状をありのままに観て自校の施設の学的客観性を掴もうと試みた。

第四章においては、低学年教育を、そうした児童観（教育観）に立って実施するには、当然具体的な教科課程（カリキュラム）を作製せねばならぬ必要を説き、奈良女子高等師範学校附属小学校と東京女子高等師範学校附属小学校とにおける二つの代表的な立場を眺めて、我等の行くべきカリキュラムの方向を決定した。

第五章すなわち最後の章においては、我が校が、現在の低学年教育を行うまでに辿った姿態を描き、その歴史的発展と、根拠に触れたのであった。我が校は本年（昭和十一年四月）に現在の世田谷の校舎に移転したので、突然その環境に一大変化をきたし、いわば市街の中から半ば田園的の地に来たのであるから、生活題目の上にも変改《（ママ）》をきたしている。それは、実際篇の上に表れてくることであるので、ここには省略する。

低学年総合的取扱の教育を実施して、児童の上には如何なる結果をきたしたかを反省的に眺めると

1　一時間毎に区分された単元の中に追い立てられることがなく、一単元の生活題材の下に数時間ないし十数時間の生活を営むので、低学年児童らしい悠々とした、せまらぬ生活を楽しんでいる。

2　興味と必要とから学習生活を続けているので、作業や学習の上に活気がある。

3　自らの必要と内部的の要求による作業であるので、その作業の多くは命ぜられるものでなく、自発的のものであるから、活動が常に自発的である。

4　しかもその作業は、分科以前の作業であるから、総合的であり、全一的である。修身、読み方、書き方、綴り方、図画、手工、唱歌、体操等と、各分科されたものを合わせたものではなく、最初よりも全一体のものであるから、かえってその中に、これ等各教科の姿を認めるわけである。

5　児童の生活は常に活動的で静止しているものではない。故に彼等を、作業の間にすなわち為すことによって学ばしめることになるので、注入教育でなく、義務的でなく、興味の中に学ぶことができるのである。

6　生活題材（学習題材）は郷土よりとられるものであるから、生活題材としては固定的なものが基準を示してはいるが、指導者によって自由に加除することができる自由性を認める。故に社会的な要求に応ずる範囲も分科による指導より大きいものがある。

7　郷土は地理的の環境のみを示すものではないので、自然国家的見地に立つものへと発展的になってきている。

以上のような事項は多少の相違はあるが、何れの実施校においても、ほとんど例外なしに児童の受けてくる恩恵であろうと考えられる。

我が校として実施上特に考慮した諸点は

1　単に児童に低学年児童としての本質に添うような生活を指導するだけに止まらず、それ等児童は必然第二の国民として、国家的見地より民族的見地より要求される点にあるので、その指導の上に多少の強制干渉のあることを認め、生活題材は共通題材とする立場をとった。

2　児童の生活は気分本位に流れる傾きがあり、自己流の解釈をする傾きが多分にあるので、その生活の処理においては、特に、国家的の要求を重視し、国家の要求する教科書にとられている。学習指導の系統案を破らざるよう、生活題材との関係を密接に関係づけることに努力した。この点は、各校の生活題材の上にはあまりよくうかがわれぬ遺憾な点である。ただ単に、その生活題材の中にその学年に配当された教科書のかくかくの内容が関係するということは述べられているが、それでは、その教科の系統案が無視され、したがって児童にも系統なき無理な要求を強いることになるので、この点は我が校においては特に慎重に考慮し苦心して生活との関係を求めてきた次第である。

3　国家の要求する教科書におけるその教科の系統、教材の難易等をあまりに破る傾向があり、あるいは破らねば生活題材の中に関連付けられない場合は、強いてこれを総合的に取り扱うことを避け、国家の教科書における系統を破らざる意味において、また総合的取扱に束縛せられざる自由の意味において分科的取扱を認めている。これなどは我が校の進歩的なる態度と考えている。

4　さらに児童取扱いが、分科的にならざるを得ぬ場合がある。それは、その担任の学科に対する得意不得意、あるいは健康上やむを得ぬ場合、すなわち具体的に言えば楽器演奏の自由ならざる場合等は総合的な生活の中に単に唱うことならまだしも、教育としての唱うことを考えたとき、他にその指導を求めねばならぬ。また健康上十分なる体育的指導、児童の最も好む野外の運動を通じてその生活を指導せねばならぬ場合等も、やむを得ず他の指導者にまかせねばならぬ場合が考えられる。能う限りかかることに陥らぬよう人の配置の上に考慮はするも、やむを得ざる時はかかる場合の分科指導も認める。

以上のごとき立場態度において、我が校の低学年における尋常一学年総合的取扱は為されているのである。その取扱上、特徴とする点は2・3・4の三項にわたる点であろう。これらの実際については実際篇の部を検討して頂けば幸いである。

沖山光略年譜

年号	西暦	歳	教育関係・事項	著作
明治三八	一九〇五		八丈島大賀郷村に生まれる	
大正一四	一九二五	二〇	東京府青山師範学校を卒業 東京市港区桜川小学校訓導	
大正一五	一九二六	二一	九月　早稲田大学文学科講義録の全科を修了	
昭和三	一九二八	二三	東京府青山師範学校付附属小学校訓導 四月　二松學舍専門学校本科（夜間）入学（第一期生）	
昭和六	一九三一	二六	三月　二松學舍専門学校卒業	
昭和一〇	一九三五	三〇	バイイ『生活表現の言語学』（小林英夫訳）を読む	『一點凝視の讀方教育』（南光社）
昭和一一	一九三六	三一		『低学年における総合的取扱の研究』
昭和一二	一九三七	三二	一二月、言語学者小林英夫と出会う	（小林訳『言語学原論』の全文筆写）
昭和一四	一九三九	三四		『日案式教材精説尋一讀方指導書』（小學館）
昭和一七	一九四二	三七	厚生省嘱託となり、軍人援護教育に関する指導要領編集。全国	

昭和二一	一九四六	四一	に伝達講習を実施、主任講師 九月　文部省教科書局嘱託 一〇月　文部省教科書編纂委員を委嘱される	
昭和二二	一九四七	四二		輿水實・花田哲幸との共著『こくごの学習指導』第一学年上、第二学年上…（修文館） 『ユニット式展開の新国語学習指導書』第一学年前期~第六学年上（小学館）
昭和二五	一九五〇	四五	一一月　第一回ソシュール祭（ソシュール誕生日）に参加	輿水實との共著『言語教育と言語教材』 東京教育大學新國語教育學會編　新國語教育大系・5（金子書房）
昭和二六	一九五一	四六	小林英夫主宰の「ソワレの会」に参加~五七年四月まで	『国語の学力調査とその実態』（教育図書研究会） ※漢字の学年配当作成。
昭和二八	一九五三	四七	栃木県日光・清滝小学校（実験学校）の指導（前後それぞれ二年を含めて七年間） ※　五五年、文部省「筆順の手引き」を作成	『国語学習における診断・治療の技術』（新光閣書店） 『国語の学力調査とその実態』科学的根拠に立つ国語教育の改善　改訂増補（教育図書研究会）
昭和三二	一九五七	五二	六月　短波放送が清滝小学校の実践を一週間にわたって現地取材し放送	富山民蔵との共編『当用漢字（使い方）辞典』（教育図書研究会） 『読解力向上の理論と実践』（金沢書店）

昭和三三	一九五八	五三	一一月　文部省教科調査官	『意味構造に立つ読解指導』（明治図書）
昭和三四	一九五九	五四	第一回ロンドの会（東京学芸大学付属世田谷小学校）開催	『読解指導の原理と方法』構造的読解の基礎理論（新光閣書店）
昭和三五	一九六〇	五五	第二回大会（第一回に同じ）	『目的論に立つ読解指導』（明治図書）
昭和三六	一九六一	五六	第三回大会（静岡・都田小）	『読解のつまずきとその指導』（新光閣書店）
昭和三七	一九六二	五七	第四回大会（静岡・都田小） ※　六三年第五回大会で全国構造国語教育研究会と改称（静岡・新居小）	二月　『読解と構造的思考』（明治図書） 『文章機能に立つ読解指導』（明治図書） 『読解における生産的思考』（明治図書） 共編『国語指導法事典』（明治図書）
昭和三八	一九六三	五八	六五年十二月まで『初等教育資料』編集長を務める　※	『読解能力開発への道』（新光閣書店）
昭和三九	一九六四	五九	第六回大会（静岡・新居小）	『読解の基本的学習構造』（明治図書）
昭和四〇	一九六五	六〇	二月、文部省四教科調査官の静岡・新居小訪問、座談 第七回大会（和歌山・妙寺小）	『学習過程の構造とトレーニング』（新光閣書店）
昭和四一	一九六六	六一	三月　文部省を定年退官 東京・調布市立第二小学校の講師として構造的読解を指導 第八回大会（栃木・清滝小） 「全国ロンドの会」使用	二月　教科調査官共著『教科における思考と構造』（東洋館出版社） 『小学校国語科基本的事項の指導』学習指導要領の構造的解明（明治図書） 編著『読解のひとり歩き』（明治図書）
昭和四二	一九六七	六二	第九回大会（神奈川・山王小）	三月　編著『講座・国語教育の構造と思考』I

			全国構造国語研究大会と呼称 組織的研究への動きが高まる	基礎理論（明治図書） 三月　編著『講座・国語教育の構造と思考』Ⅱ 小学低学年（明治図書） 編著『講座・国語教育の構造と思考』Ⅲ 小学中学年（明治図書） 編著『講座・国語教育の構造と思考』Ⅳ 小学高学年（明治図書） 編著『講座・国語教育の構造と思考』Ⅴ 基礎学習（明治図書）
昭和四三	一九六八	六三	第一〇回大会（東京・調布二小） 全国構造教育研究会に改称	『構造国語教育入門』（明治図書） 『構造教育研究』九号に「講座」を掲載
昭和四四	一九六九	六四	「講師団セミナー」で三プロセス十操作について検討 第一一回大会（富山・上市町）	二月　編著『思考過程の分析と評価』理解・表現・思考能力開発のために（新光閣書店） 研究誌の「講座」、連載となる
昭和四五	一九七〇	六五	第一二回大会（大阪・横山小）	『構造思考トレーニング』（明治図書） 編『教科における思考学習の開発』（新光閣）
昭和四六	一九七一	六六	第一三回大会（千葉・六合小）	『表現学習における構造思考』（新光閣書店）
昭和四七	一九七二	六七	構造教育研究所長 第一四回大会（静岡・新居小）	編著『読むことの系統的指導』（新光閣書店） 七月　『人間教育の原点』（不二書房）
昭和四八	一九七三	六八	全国構造学習研究会に改称 第一五回大会（和歌山・妙寺小）	二月　『形象理論と構造学習論』（明治図書） 五月　共著『教科における思考と構造　その

昭和四九	一九七四	六九	構造学習研究所長 第一六回大会（福島・月舘小）	発展』（東洋館出版社） 編『生きて働く読書指導』（新光閣書店） 編『ひとり歩きと磨き合い学習』（明治図書） 七月　編著　構造学習シリーズ1『処理能力に着目した国語科指導の改善』（明治図書）
昭和五〇	一九七五	七〇	第一七回大会（佐賀・鹿島小）	九月　構造学習シリーズ2『国語科指導の基本と基礎』（明治図書）
昭和五一	一九七六	七一	第一八回大会（青森・道仏小）	七月　構造学習シリーズ3『低学年における読むことの基本的指導』（明治図書） 七月　構造学習シリーズ4『中学年における確かな読みの指導』（明治図書）
昭和五二	一九七七	七二	第一九回大会（栃木・今市小） 学校・行政一体となり企画運営 「未来に生きる学習」を謳う	一月　構造学習シリーズ5『高学年における開かれた読みの指導』（明治図書） 二月　『人間変革の学習論』（不二書房）
昭和五三	一九七八	七三	第二〇回大会（福島・月舘小） 「未来に生きる『ひとり歩き』」を強調 博報児童教育振興会の第九回博報賞（国語教育部門）受賞	「占領下における魂の雄たけび」『石森延男国語教育選集第二巻』の【解説】を執筆 『構造学習』講座　六二（五〇回）―六六（五四回）号
昭和五四	一九七九	七四	第二一回大会（長崎・時津小） テーマ「主体の構造化をどう	『構造学習』講座　六七（五五回）―七一（五九回）号

			図ればよいか」	
昭和五五	一九八〇	七五	第二二回大会（千葉・佐倉小）国語科及び他教科・領域の実践発表。テーマ「構造的な見方・考え方をどのように育てるか」	『構造学習』講座 七二（六〇回）―七六（六四回）号
昭和五六	一九八一	七六	第二三回大会（青森・小坂小）テーマは前大会と同じ	『構造学習』講座 七七（六五回）―八一（六九回）号
昭和五七	一九八二	七七	第二四回大会（静岡・砂丘小）テーマ「一人ひとりの児童の思考能力の開発」	『構造学習』講座 八二（七〇回）―八六（七四回）号
昭和五八	一九八三	七八	第二五回大会（三重・湯ノ山）最初の学校外開催。テーマは前大会と同じ	『構造学習』講座 八七（七五回）―九一（七九回）号
昭和五九	一九八四	七九	第二六回大会（和歌山・大新小） テーマ「一人ひとりの思考能力の開発」	『構造学習』講座 九二（八〇回）―九六（八四回）号
昭和六〇	一九八五	八〇	第二七回大会（青森・根城小）テーマ「一人ひとりの思考力の開発	『構造学習』講座 九七（八五回）―一〇〇（八八回）号
昭和六一	一九八六	八一	第二八回大会（山梨・河口湖）二度目の学校外開催	『構造学習』講座 一〇一（八九回）―一〇五（九三回）号

			テーマ「子どもの思考構造を高める学習の創造」	
昭和六二	一九八七	八二	第二九回大会（神奈川・箱根湯本…三度目の学校外開催） テーマは前大会と同じ 大会での最後の講演となる	『構造学習』講座 一〇七（九五回）— 一一一（九九回）号
昭和六三	一九八八	八三	第三〇回大会（栃木・清滝小） テーマは前大会と同じ 「沖山先生を囲む会」	『構造学習』講座 一一二（一〇〇回）号 「加算的思考から構造的思考への変革（1） （最後の執筆となる）
平成元	一九八九	八四	第三一回大会（青森・飯詰小） テーマは前大会と同じ	
平成二	一九九〇	八五	八月　没	

沖山光著作目録

（二松学舎大学附属図書館に収蔵されているものには「＊」を付した）

Ⅰ　著書

『一点凝視の読方教育』　南光社　一九三五年

『ユニット展開の新国語学習指導書（こくご 一）』　小学館　一九四七年

『ユニット展開の新国語学習指導書（こくご 三）』　小学館　一九四七年

『ユニット展開の新国語学習指導書（第五学年 上）』　小学館　一九四八年

『ユニット展開の新国語学習指導書（第六学年 上）』　小学館　一九四八年

『国語の学力調査とその実態』　教育図書研究会　一九五一年

『国語学習に於ける診断・治療の技術』　新光閣書店　一九五三年

＊『読解力向上の理論と実践』　金沢書店　一九五七年　九月

＊『意味構造に立つ読解指導』　明治図書　一九五八年　五月

『読解指導の原理と方法　構造的読解の基礎理論』　新光閣書店　一九五九年
＊『目的論に立つ読解指導』　明治図書出版　一九六〇年一〇月
＊『読解のつまずきとその指導』　新光閣書店　一九六一年
＊『読解における生産的思考』　明治図書　一九六二年一〇月
＊『読解と構造的思考　思考の原理と方法』　新光閣書店　一九六二年　二月
＊『文章機能に立つ読解指導』　明治図書　一九六二年　四月
＊『読解能力開発への道』　新光閣書店　一九六三年一一月
＊『学習過程の構造とトレーニング』　新光閣書店　一九六五年
＊『小学校国語科基本的事項の指導
　　学習指導要領の構造的解明』　明治図書出版　一九六六年　四月
＊『構造国語教育入門』　新光閣書店　一九六八年
＊『構造思考トレーニング』　明治図書出版　一九七〇年
＊『表現学習における構造思考』　新光閣書店　一九七一年
＊『人間教育の原点』　不二書房　一九七二年　七月
＊『形象理論と構造学習論』　明治図書出版　一九七三年　二月
＊『人間変革の学習論』　不二書房　一九七七年　三月

Ⅱ　共著

＊『言語教育と言語教材』（新国語教育大系5）　金子書房　一九五〇年　九月
＊『教科における思考と構造　国語・社会・算数・理科』　東洋館出版　一九六六年　二月
＊『教科における思考と構造・その発展』　東洋館出版　一九七三年

Ⅲ　編著

＊『読解の基本的学習構造』　明治図書出版　一九六四年　四月
＊『講座・国語教育の構造と思考』1〜5　明治図書出版　一九六七〜六九年
＊『思考過程の分析と評価
　理解・表現・思考能力開発のために』　新光閣書店　一九六九年
＊『読解のひとり歩き』　明治図書　一九六九年　三月
＊『教科における思考学習の開発』　新光閣書店　一九七〇年　一月
『生きて働く読書指導』　新光閣書店　一九七四年
＊『ひとり歩きと磨き合い学習』　治図書出版　一九七四年　七月

＊『処理能力に着目した国語科指導の改善』（構造学習シリーズ1）　明治図書出版　一九七四年　七月
＊『国語科指導の基本と基礎』（構造学習シリーズ2）　明治図書出版　一九七五年
＊『低学年における読むことの基本的指導』（構造学習シリーズ3）　明治図書出版　一九七六年　七月
＊『中学年における確かな読みの指導』（構造学習シリーズ4）　明治図書出版　一九七六年　七月
＊『高学年における開かれた読みの指導』（構造学習シリーズ5）　明治図書出版　一九七七年　一月
＊『読むことの系統指導　理解訓練から読書指導まで』　新光閣書店　一九七二年

Ⅳ　共編

『当用漢字（使い方）辞典』　教育図書研究会　一九五七年

Ⅴ　論文・記事ほか

共に歩む	『コトバ』三巻一〇号	一九三三年一〇月
一点を凝視する読方教育	『読方綴方の心理学的実践研究』	一九三五年
作品処理に関する研究	『綴方教育実践叢書』	一九三五年
教育と宗教を語る座談会	『真理』一巻八号	一九三五年　八月
	『小学三年の学習』一巻一号	一九四六年一二月
学科解説・練習教材	同右　同巻二号	一九四七年　一月
	同右　二巻三号	同　年　五月
第二学期国語学習指導の重点は何か	『低学年教育技術』一巻六号	一九四七年　九月
一、二年国語学習指導案	『低学年教育技術』一巻七号	一九四七年一〇月
東京第一師男附属校	『教育技術』二巻一一号	一九四八年　二月
三年指導計画能力の低いものを中心に	『中学年教育技術』一巻一二号	一九四八年　三月
一年生のこくご	『一年生のこくご・しやかい』	一九四八年　四月
中村氏の発表を読んで（安藤新太郎氏と共同執筆）	『教育技術』三巻一号	一九四八年　四月
討議・新しい国語の学習指導形態はどんなものか	『コトバ』復刊三号	一九四八年　五月
国語教育講話　国語教育のゆくえ	『教育技術』三巻四号	一九四八年　七月
国語教育講話　全一的な言語学習をねらって	『教育技術』三巻五号	一九四八年　八月
国語のおへや	『小学三年の学習』三巻六号	一九四八年　九月

中学年の単元学習―「わたくしたちのじびき」について　『コトバ』復刊七号　一九四八年　九月
今後に残された問題―国語教育講話―3―　『教育技術』三巻七号　一九四八年一〇月
れんしゅう　『小学三年の学習』三巻一一号　一九四九年　二月
我が校の読書指導　『教育技術』三巻一一号　一九四九年　二月
国語学習資料　『小四教育技術』二巻三号　一九四九年　六月
国語科・六月の指導資料　『小五教育技術』三巻三号　一九四九年　六月
六月教材学習資料　国語科　『小六教育技術』二巻三号　一九四九年　六月
国語科学習資料　『小五教育技術』三巻四号　一九四九年　七月
国語科学習資料　『小六教育技術』二巻四号　一九四九年　七月
一まいの紙　『小学二年の学習』三巻六号　一九四九年　九月
十月のおべんきょう　『小学一年の学習』三巻七号　一九四九年一〇月
教育資料室　国語科　『小五教育技術』三巻七号　一九四九年一〇月
教育資料室　国語科　『小五教育技術』三巻八号　一九四九年一一月
教育資料室　国語科　『小五教育技術』三巻九号　一九四九年一二月
十二月のおべんきょう（一）（二）　『小学一年の学習』三巻九号　一九四九年一二月
小学校国語の教育課程
（共同執筆・「低学年」項担当）　『国語教育講座』第七　一九五〇年
つづきまんが　カタカナまる　『小学二年の学習』四巻一号　一九五〇年　四月

カタカナまんが　こぐまのくろちゃん　『二年の学習』五巻五号　一九五一年　八月
漢字教育の諸問題—漢字調査を中心にして　『実践国語』一二巻一三六号　一九五一年　九月
漢字力調査にあらわれた誤答の実態について　『測定と評価』二巻一号　一九五二年　一月
カタカナ連載まんが　ガー子ちゃんまちへいく　『二年の学習』六巻二号　一九五二年　五月
カタカナ連載まんが　ガー子ちゃんまちへいく　『二年の学習』六巻三号　一九五二年　六月
国語　がー子ちゃん　まちへいく　『二年の学習』六巻五号　一九五二年　八月
夏季特別講座　国語科基礎学力の指導　『小五教育技術』六巻六号　一九五二年　八月
特集 国語科の新生面 国語科における診断と治療　『小二教育技術』五巻八号　一九五二年一〇月
追憶　『実践国語』一三巻一四七号　一九五二年一一月
〔垣内松三〕—垣内先生と国語教育　同右
二年生の言語生活　『国語教育実践講座』第七巻　一九五三年
国語　まいごのもんちゃん　『二年の学習』七巻二号　一九五三年　五月
国語　カタカナ　かげえ　まいごのもんちゃん　『二年の学習』七巻三号　一九五三年　六月
一年生はどのくらい読めればよいか　同右　同巻四号　同　年　七月
犯し易い誤りの分析と指導—国語科　『小一教育技術』七巻八号　一九五三年一一月
国語　おやゆびひめ　『児童心理』八巻二号　一九五四年
国語　3・3・3ちゃんエンゼル・クイズ　『二年の学習』八巻二号　一九五四年　五月
　『三年の学習』九巻二号　一九五四年　五月

ミミーちゃんのおべんきょうまんが　『三年の学習』九巻四号　一九五四年　七月

一年生の読みの調査はどのようにしたらよいか　『小一教育技術』八巻八号　一九五四年一一月

国語の基礎学力と基礎学習（宮川利三郎氏と共同執筆）　『国語教育の諸問題　反省と提案』　一九五五年

文字学習における診断と治療　『国語の基礎学力』（明治図書講座 第二巻）　一九五五年

これだけやって三年生　『二年の学習』八巻一二号　一九五五年　三月

文字指導の問題点　『実践国語』一六巻一七五号　一九五五年　四月

教育漢字の学習程度と誤り　『教育心理』三巻八号　一九五五年　八月

実験学校における調査　『教育調査』四巻一七号　一九五五年　九月

一年生はどれだけ読む力をつければよいか　『小一教育技術』九巻八号　一九五五年一〇月

ことばの抽象化と具体化　『実践国語』一六巻一八二号　一九五五年一二月

特集　作文の指導　必要量の抵抗　巻頭言　『初等教育資料』七七集　一九五六年一〇月

文字　『国語の系統学習』　一九五七年

研究と主張　『国語指導の実際』　一九五七年

学力向上の道　『実践国語』一八巻二〇〇号　一九五七年　六月

「読解力向上の理論と実践」を書き終えて　『実践国語』一八巻二〇三号　一九五七年　九月

書くことの学習心理（共同執筆）　『ことばの教育』一九巻一一号　一九五七年一〇月

特集　理解と練習　巻頭言　『初等教育資料』九一集　一九五七年一一月
読解の本質　『読解指導の研究』第四　一九五八年
信頼と感謝　『真理』二四巻三号　一九五八年　三月
読解操作の重点　『実践国語』一九巻二〇九号　一九五八年　三月
読解に関する問題点　『実践国語』一九巻二一〇号　一九五八年　四月
基礎学力の診断と学力向上の対策　『カリキュラム』一一二号　一九五八年　四月
碁石か将棋の駒か（時論）　『実践国語』一九巻二一四号　一九五八年　八月
特集　子どもの生活と文化　巻頭言　ことばによる思考　『初等教育資料』一〇四集　一九五八年一一月
読解指導の反省　『実践国語教育』二〇巻二二一号　一九五九年　三月
構造的読解指導の背景―構造的読解論による読解過程（一）　『実践国語教育』二〇巻二三〇号　一九五九年一一月
指導計画作成および学習指導の問題点について　『初等教育資料』一一六集　一九五九年一一月
文章を読む方法の初歩（二）構造的読解指導の背景　『実践国語教育』二〇巻二三一号　一九五九年一二月
構造的読解指導の背景（三）　『実践国語教育』二一巻二三二号　一九六〇年　一月
構造的読解指導の背景（四・完）　『実践国語教育』二一巻二三四号　一九六〇年　二月
小学校国語の調査結果の概要
―昭和34年度　全国学力調査　『文部時報』九九〇号　一九六〇年　二月
流れにさおさすたくましさ　『初等教育資料』一二八集　一九六〇年一一月

子どもの作文から見た「安全」の問題	『初等教育資料』一三〇集	一九六一年　一月
読解と構造的思考（一）	『実践国語教育』二二巻二四九号	一九六一年　四月
読解と構造的思考（二）	同右　同巻二五〇号	同　年　五月
実験学校の使命	『初等教育資料』一三八集	一九六一年　九月
国語の学力について	『小六教育技術』一四巻九号	一九六一年一〇月
国語教科書の変遷とその背景	『初等教育資料』一四一集	一九六一年一二月
「説明的な文章読解の指導計画」について	『これからの読解指導』	一九六二年
基本的読解における思考過程	『実践国語教育』二三巻二六二号	一九六二年　四月
質問箱 （共同執筆）	『初等教育資料』一四八集	一九六二年　七月
国語教育―戦前戦後の授業風景を中心に （木藤才蔵氏と共同執筆）	『初等教育資料』一四九集	一九六二年　八月
巻頭言　ことばの表情	『初等教育資料』一五一集	一九六二年一〇月
国語教育者と言語学的・哲学的教養	『国語教育の科学』第六部第一章担当	一九六三年
Ⅲ 各部会研究協議の記録・国語部会 （木藤才蔵氏と共同執筆）	『初等教育資料』一五七集	一九六三年　三月
新しい時代の要求する学力	『小五教育技術』一六巻一四号	一九六三年　三月
構造的読解の提案	『小四教育技術』一六巻一号	一九六三年　四月

『文章を読む』ということはどういうことか
―書き手との人間的接触を―　『児童心理』一七巻六号　一九六三年　六月

国語授業の改造提案　読みの初歩的な能力の育成　『小二教育技術』一六巻六号　一九六三年　九月

Ⅲ 各部会研究協議の記録・国語部会
（木藤才蔵氏と共同執筆）　『初等教育資料』一六九集　一九六四年　二月

科学時代に即応する読解学習　『実践国語』二五巻二九〇号　一九六四年　四月

学習の構造化とは？（1）、（2）、（3）　『教育手帖』二一七号　一九六四年一〇月
同右　二二一号　同　年一一月
同右　二二四号　同　年一二月

Ⅲ 各部会研究協議の記録・国語部会
（木藤才蔵氏と共同執筆）　『初等教育資料』一八二集　一九六五年　二月

部会報告　国語
（木藤才蔵氏と共同報告）　『初等教育資料』一八八集　一九六五年　八月

〈研究資料〉読解学習過程の構造をめぐって　『初等教育資料』一九一集　一九六五年一一月

各部会研究協議の記録　国語部会
（藤原宏氏と共同執筆）　『初等教育資料』一九五集　一九六六年　二月

「読み」におけるつまづきの発見と指導　『児童心理』二一巻七号　一九六七年　六月

構造学習における思考過程　『教育手帖』三一一号　一九六七年　八月

情報時代の教育変革としての思考学習　『教育研究』二四巻九号　一九六九年　九月

初等教育資料三〇〇号に寄せて　随想　『初等教育資料』三〇〇号　一九七三年一〇月

二松学舎大学で育ち、二松学舎にそのまま奉職した身は、それがどこの大学でも普通に教授されているものと思い込んでいたが、実はそうではなく、おそろしく専門的であったことに今さらながら驚く。しかし、考えてみれば、それはそうなのである。国文学科を例にとれば、常に二〇人を超える専任教員が存在し、通年でその科目を講じている。我々が受講していた時代には、何単位までという制限もなかったから、国文学と言わず漢文学と言わず、取りたい講座を取りたいだけ取っていた。国漢に詳しくならないわけがない。受講生は、自ずと専門家になっていった。沖山光兄は青山師範、早稲田、二松と学校を替えて学ばれている。その遍歴を見るとき、孟母三遷ではないが、結句、本学に辿りついたのではなかろうかと思うところがある。

国語教育を実践するに際して必要なものは何か、といった問いに、簡単に応える学者には信用がおけない。深い洞察力をもって、全身全霊を傾けて、学生、生徒、児童に応えていかなくてはならない。そうしてそれを文法解析にもっていってはいけない。

国語は諸科目の理解のためにも一等重要である。その戦後の礎となる処に兄は存在した。漢字ひらがなの現行の形式に、換言すれば、本学も関わっていたことになる。今、国語教員を志向する後輩たちに、この伝記を届けることができるのは、まことに喜ばしいことである。昭和二二年四月からの新学制開始に合わせ新しい教科書を編集するのに際して、文部省に国語担当者は教科書局長・第一編集課長のもとに二人、調査課長のもとに五人が所属していたという。しかし、この布陣で、しかも一年足らずでそれを制作することは至難であった。そこで編集協力者が集められた。その時に教科書局嘱託の辞令を受けたのは沖山兄を含む七名であったという。昭和二一年、官庁用語もそれまでの文語文片仮名書きから口語文平仮名書きが原則となり、「当用漢字表」、「現代仮名遣い」が公布され、最後の国定教科書「みんないい子」が編集を開始された。編集責任者は文部省教科書局第一課国語担当の児童文学者石森延男であったが、その石森の書き下ろした原稿の清書と各学年の配当漢字の決定を担当したのは兄である。その大変さは察するに余りある。石森はもちろんであるが、それを正確な口語文平仮名書きにただして清書し、漢字を配していく兄の営みにはただただ頭が下がる。と同時にその場面に存在できた興奮を思う。

話は逸れるが、筆者の恩師貴志正造先生は、角川書店の創始者、角川源義氏の懐刀であった。そのような縁で、筆者の夫は、その角川氏の最後の著作『語り物文芸の発生』の校正をお手伝いする名誉に浴した。貴志先生は編集者として直に接した柳田国男の謦咳を折に触れてお話しくださったが、そこには著者と編集者を超えた関係がほの見えたものである。表舞台に立つ者ばかりでは何事も成立しない。光の当たるところに存在する者の陰には必ずそれを下支えする沖山兄のような、貴志先生のような、有能な部下が存在するものなのであろう。

さて、最後に、本書を制作するに当たり、タイトな日程の中での面倒な編集作業をお引き受けくださった東京学芸大学出版会の藤井事務局長、校正等を御担当くださった下村育世様に、記して篤く御礼申し上げる。

磯　水絵

二〇一八年二月吉日

*なお、本書の刊行にあたり、二松學舍大学東アジア学術総合研究所の刊行助成を受けた。

執筆者紹介（掲載順）

磯　水絵（いそ　みずえ）

二松学舎大学文学部教授

業績：『説話と横笛——平安京の管絃と楽人——』（勉誠出版、2016 年）
「院の北面——西行と長明——」（『西行学』第 8 号、2017 年）
「中世の医事説話について——諸道の説話の研究に向けて——」（『二松學舍創立百四十周年記念論文集』、2018 年）

太田　由紀夫（おおた　ゆきお）

元東京都公立小学校校長、全国小学校理科教育研究協議会副会長

業績：『新理科で問題解決の授業をどうつくるか』（明治図書、2009 年、共著）
『若い先生のための授業ヒント集——学習指導のポイント』（教育同人社、2015 年、共著）
『未来に生きる子どもづくり——構造学習論の発展と充実の軌跡』（東京学芸大学出版会、2015 年）

榎本　善紀（えのもと　よしき）

東京都教職員研修センター教授、元二松学舎大学 教職支援センター 特別招聘教授

業績：「読解リテラシーと国語教育」（『二松学舎大学人文論叢』第 93 輯、2014 年）
『江戸時代語辞典』（穎原退蔵著、尾形仂編、角川学芸出版、2008 年、共著）
「主体的な学習活動を通して、国語への関心を深め、自ら学ぶ意欲を高める指導の工夫」（『東京都教育研究員報告書』、1999 年）

樋田　明（ひだ　あきら）

全国構造学習研究会員、元東京都公立小学校校長

業績：「国語教育における構造学習」（『国語教育史研究』第 12 号、2011 年）
「構造学習論の再評価と実践への展望」（中央大学大学院、2011 年、修士論文）
『思考力を高める読みの指導』（全国構造学習研究会編、明治図書、1987 年）

小渕　朝男（おぶち　あさお）

二松学舎大学 教職支援センター 教授

業績：「上田薫の道徳教育思想」（『二松学舎大学論集』第 56 号、2013 年）
「道徳の授業をつくるために」（『生活指導』第 715 号、2014 年）
「子どもの人権と学級集団づくりの展開」（『生活指導とは何か』、高文研、2015 年）

戦後日本の国語教育　二松學舎に学んだ沖山光の軌跡

二〇一八年三月三十一日　初版第一刷発行

編者　沖山光研究会

発行者　村松泰子

発行所　東京学芸大学出版会

東京都小金井市貫井北町四-一-一　東京学芸大学構内

郵便番号　一八四-八五〇一

電話番号　〇四二-三二九-七七九七

ＦＡＸ番号　〇四二-三二九-七七九八

E-mail　upress@u-gakugei.ac.jp

http://www.u-gakugei.ac.jp/~upress/

装丁　池上貴之

印刷・製本　平河工業社

ISBN 978-4-901665-54-4

落丁・乱丁本はお取替えいたします。